JN495772

2011년도
대한민국학술원 선정
우수학술도서
이 도서는 대한민국학술원에서 선정한
"2011년도 우수학술도서"로서 교육과학기술부의
지원으로 구입 배부한 것임.

공정거래형법

시장의 공정성과 공정한 형법

이 상 돈

法 文 社

머 리 말

시장은 공정해야 한다. 공정성(Fairness)은 모든 시민이 시장에 참여하는 자본주의사회에서 그 체제의 병폐에도 불구하고 체제를 유지시키는 최소한의 도덕적 요구이다. 그러나 이 도덕적 요구는 경제적으로도 기업의 생산효율성을 높이고 시장의 조정기능을 안정화하는 데 필수불가결하다. 다시 말해 공정성은 자본주의체제가 지속하기 위한 조건이 된다. 이렇게 볼 때 시장의 공정성은 도덕성과 경제성이 합류하는 수렴점이 된다. 기초법학자인 나로서는 법과 경제에 대한 법사회학적 논의를 전개함에 있어 법경제학의 배양처인 독점규제와 공정거래법의 문제를 비켜갈 수가 없다. 또한 형법학자인 나는 형법의 세계화와 전문화 현상의 첨병인 카르텔에 대한 (형)법적 적정규제와 같은 문제를 외면할 수도 없다. 이것이 내가 공정거래형법을 연구하게 된 계기이다.

이 책은 지금까지 내가 펴낸 단행본들 가운데 경영법 분야(예: *기업윤리와 법, 부실감사법, 공익소송론, 조세형법론, 윤리경영과 형법*)에 속하면서, 동시에 형법분야(예: *형법강의, 형사소송법, 형법의 근대성과 대화이론, 헌법과 형법정책, 의료형법, 치료중단과 형사책임 등*)에 속하는 책이다. 이 점을 다음 도표가 개관할 수 있게 해준다.

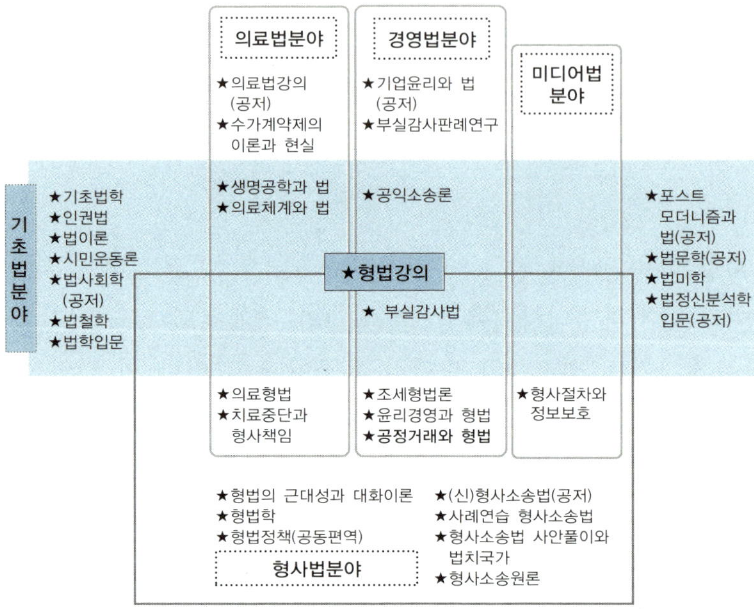

이 책은 4장으로 이루어져 있다. 제1장은 공정거래형법의 전반을 개관하고 조망하며, 미래를 전망한다. 그런 전망에서 볼 때 가장 중요한 공정거래형법인 카르텔죄와 시장지배지위남용죄를 제2장과 제3장에서 각각 심도 있게 다룬다. 기업결합이나 경제력 집중은 형법의 영역으로부터 많이 떨어져 있다. 개별적 불공정거래행위는 형사불법의 구조를 탄탄하게 갖고는 있으나 전통적인 형법에 의해서도 통제가 가능할 뿐만 아니라 보편적 법익을 보호하는 공정거래형법의 전형은 아니다. 그래서 이 세 분야는 이 책에서 다루지 않았다. 물론 이 분야들에 대한 나의 연구가 충분하지 않아서 다루지 못하는 측면도 있다. 좀 더 시간을 두고 살

펴볼 것이다. 마지막 제4장은 독점규제의 새로운 패러다임으로서 동의명령제도를 다루고 있다. 이 제도는 공정거래(형)법의 패러다임을 부분적으로 경성법(hard law)에서 연성법(soft law)으로 전환시키는 중간법의 기제이다. 아직 실무화되기는커녕 법제화되지도 못했지만, 결국은 도입될 것이다. 그리고 독점규제를 권위적 규제방식을 유연하고 소통적인 규제방식으로 진화시키는 데에 일조를 할 것이다.

이 책은 내가 그간 개간해온 전문형법의 영역들, 즉 증권형법, 조세형법, 부실감사법, 의료형법 등과 함께 나란히 할 수 있을 것 같다. 전문형법은 단지 형법이 아니다. 다른 법분과, 그리고 다른 학문과도 학제적・통섭적 교류를 해야만 한다. 그렇기에 이 책에서도 나는 때로는 경쟁법학자들과, 때로는 경제학자나 철학자들의 생각과 맞서지 않을 수 없었다. 지식과 경험의 부족을 느낀다. 그 부족함에 대해 나와 다른 분야의 전문가들, 특히 경제법학자들이 애정과 호기심이 어린 이해와 관심을 가져주었으면 하는 바람을 가져본다.

끝으로 대학원 시절 나에게서 공정거래형법을 전공한 이상현 교수(숭실대)에게 고마움을 전한다. 이 교수를 선봉대에 세움으로써 나의 공정거래형법 연구도 수월해질 수 있었다. 또한 현재 공정거래형법으로 논문을 쓰고 있는 고려대 대학원 박사과정의 박혜림 양에게도 고마움을 전하고 싶다. 박혜림 양은 지난 3년 6개월 동안 공정거래법 분야의 문헌세미나를 성실하게 이끌어주었고, 이는 내게 커다란 뒷받침이 되었다. 이상현 교수가 앞에서 끌고, 박혜림 양이 뒤에서 밀지 않았다면, 이 책은 불가능했을 것이다. 이 두 사람이 이 책에서 내가 전개한 공정거래(형)법의 이론들을 발판으로 삼아 더 높이, 더 멀리 그들의 학문세계를 펼칠 수 있게 되기를 기원하며, 또한 믿어 의심치 않는다.

2010년 11월 중순
고려대학교 연구실에서
이 상 돈

차　　례

제 1 장　공정거래형법의 조망과 전망

제 2 장 카르텔과 형법

제 3 장 시장지배적 지위남용과 형법

제 4 장 동의명령제와 형법

출처와 생성

제1장의 글의 대부분은 2003년 법제연구(통권 제25호, 2003), 167~195쪽에 게재된 "공정거래질서와 형법정책"에서 나온 것이다. 이 논문 이후에 계속된 경영관련 형법분야에 대한 연구들(예: 부실감사법, 공익소송론, 조세형법론)에서 성장한 이론들을 배경으로 하여, 이 책 제2장에서 다루는 카르텔죄와 제3장의 시장지배지위남용죄, 그리고 제4장의 동의명령제에서 새롭게 밝힌 이론들을 포괄하거나 그것들과 접점을 이룰 수 있도록 2003년의 논문을 수정·보완한 글이다. 특히 보호법익으로서 소비자주권, 카르텔의 형사불법지수, 동의명령제 등의 내용이 보완되었다.

제 1 장
공정거래형법의 조망과 전망

I 공정거래형법의 현황

1. 공정성 – 시장의 경제성과 도덕성의 수렴점

자본주의체제가 발전할수록 시장과 거래의 공정성(fairness)은 더욱 더 중요해진다. 많은 사람들은 자유로운 시장이 재화를 불평등하게 분배하더라도 공정성이 어느 정도까지는 사회적 통합을 이뤄내는 힘을 발휘한다고 믿기 때문이다. 그 믿음은 나름대로 근거를 갖고 있다. 왜냐하면 공정성은 생산의 측면에서는 중장기적으로 '경제적 효율성'을 증대시키고, 분배의 측면에서는 그렇게 증대된 효율성에 따라 각 개인에게 분배될 재화의 몫을 증대시키기 때문이다.[1] 또한 공정성은 자원배분의 합리성이라는 후생경제학적 버전에서 이해될 경우에는 미약하나마 재화의 지나친 편중분배도 얼마간 지양시킬 수 있는 이념의 출발이 되기도 한다. 더 나아가 공정성은 경제영역에서 사회적 약자나 소수자인 사람들(예: 소비자, 노동자)의 비판적인 감시적 참여를 허용함으로써 얼마간 경제의 민주성을 실현할 수 있게 하기도 한다. 물론 공정성의 이념은 노동자의 완전한 경영참여와 같은[2] 경제민주주의의 이상적인 실현에까지 이르지는 않는다. 그 대신 공정성의 이념은 소비자주권의 이념에 바짝 다가서고 있다.

이와 같은 시장과 거래의 공정성은 우리나라가 개도국에서 벗어나 OECD 회원국이 된 시점을 전후로 하여 우리나라의 경제영역에서도 점차 가장 중요한 도덕적 정언명령이 되어가고 있다. 시장과 거래의 공정을 담보하는 대표적인 법은 「독점규제 및 공정거래에 관한 법률」[3]이고, 이 법을 관장하는 국가기관은 공정거래위원회이다. 공정거래위원회는 세칭 '경제검찰'로 불리며 그 위상이 날로 높아지고 있다. 경제검찰이라는 비유는 공정거래(형)법 위반에 대한 수사의 실질을 공정위가 하기 때문만이 아니다. 공정위는 검찰이 수사와 공소유지 및 형집행을 통해 생활세계를 도덕화 하는 것처럼, 불공정거래행위를 통제함으로써 시장영역을

---

1) 이는 롤즈(Rawls)의 최소극대화(maxmin)원칙(John Rawls, *A Theory of Justice*, 1971)에 대한 나의 법경제학적 해석이라 할 수 있다.

2) 이를테면 생산라인의 확대, 해외투자 등과 같은 개별적인 경영판단과 전략에 대해 노동자(노동조합)가 경영자와 공동으로 결정하는 제도를 들 수 있다. 국내에서는 2003년도 현대자동차의 단체협약에 포함된 내용의 일부가 이러한 경향을 갖는 것으로 볼 수 있다.

3) 이하에서 '공정거래법'으로 약칭한다.

도덕화한다. 하지만 공정위의 도덕화 기획은 근본적으로는 경제적 효율성과 조화되는 선에서만 이루어진다. 또한 그래야만 한다. 물론 주관적 권리의 체계로 재구성된 도덕을 제도화한 근대형법이, 사적 복수의 악순환이라는 역사와 비교해 볼 때, 상대적으로 분쟁해결의 사회적 비용을 감소시킨다는 법경제학적 이해에서[4] 보면 검찰의 도덕화 기획도 거시적인 경제적 효율성과 아주 무관하지는 않다. 하지만 공정거래위원회에 의한 시장의 도덕화 기획은 그런 미약한 경제적 효율성을 넘어서 적극적인 의미, 이를테면 후생경제학적 관점에서 말하는 최적의 배분적 효율성, 바꿔 말해 파레토최적(Pareto optimal)에 수렴될 수 있는 효율성을 동시에 추구한다. 그러니까 파레토가 말하는 '사회구성원 모두에게 가장 높은 효용을 가져다주는 자원배분'이 가능한 시장상태는 공정거래위원회가 기획하는 도덕성과 기업이 지향하는 효율성이 수렴되는 지점이 될 수 있다.

2. 공정거래형법의 현실

현행 공정거래법에는 중요한 불공정거래행위의 대부분에 벌칙조항이 마련되어 있다. 이 공정거래형법은 이와 같은 의미에서 경제성과 도덕성이 균형잡힌 시장상태를 구축하는 데 필요한 인프라로서 기능할 것이 기대된다.

(1) 공정거래형법의 역할범위 그런데 현행 공정거래법은 ①

---

4) 이런 해석으로 Peters, *Rationalität, Recht und Gesellschaft* (Suhrkamp 1991), 202쪽; 이상돈, *형법학; 형법이론과 형법정책* (법문사, 1999), 50쪽 참조.

단지 시장을 경쟁적 구조로 짜는 데 그치지 않고 ② 개별거래행위의 공정성을 실현하는 과제를 함께 짊어지고 있다.

1) 경쟁적 시장구조, 재벌규제, 개별거래의 공정성 앞의 경우에 형법은 시장구조정책을 현실에 옮기는(Implementation der Politik) 도구가 되고, 뒤의 경우에 형법은 경제생활세계에 이미 문화적으로 전승된 도덕규범을 확인하고 관철하는 제도의 성격이 더욱 두드러진다. 또한 시장구조정책의 수단으로서의 형법도 다시금 앞서 설명한 경제성과 도덕성이 수렴되는 시장상태, 즉 경쟁적 시장구조의 구축에 직접 기여하는 경우(①-1)와 간접적으로 기여하는 경우, 예컨대 반재벌정책(예: 지주회사 설립금지, 대규모 기업집단 소속 계열회사 사이의 상호출자나 상호채무보증의 제한 등)처럼 경제력 집중을 억제하는 정책을 수행하는 경우(①-2)로 나뉠 수 있다. 공정거래법의 역할을 시장구조정책에 국한할지(②의 배제) 아니면 개별거래행위의 공정성 확보까지 포함할지, 또 그 중에서도 반재벌정책(①-2)은 제외하고 독점규제정책(①-1)에만[5] 국한할지가 경제법학에서는 큰 논란이 될 수 있다.

2) 핵심형법과 차별화되는 공정거래형법의 역할범위 이 논란은 경제체제에 대한 이데올로기적 대립의 냉전을 형성한다. 하지만 공정거래질서의 확립에서 형법이 어떤 역할을 해야 하는지는 그와 같은 경제법학적 논의에 들어가 어떤 입장을 취할 것인지를 먼저 결정해야만 비로소 정해질 수 있게 되는 것은 아니다.

---

5) 예컨대 반재벌정책을 공정거래법의 과제로 보는 권오승, *경제법*, 1999, 93~94쪽, 238~240쪽; 이에 반해 독점규제에 국한하자는 견해로 이문지, "한국 경쟁법의 어제, 오늘 그리고 내일", *경영법률* (17집 4호), 67~108쪽; *한국 독점규제법 비판* (자유기업센터, 1997), 59~60쪽 참조.

어떤 역할이든 간에 형법규범으로서 정당성을 가질 수 있는지는 다양한 형법이론에 의해 독자적으로 검토될 수 있다. 다만 이런 논란의 전개 자체는 경쟁적 시장구조의 형성과 유지가 공정거래법이 작동해야 하는 '중심영역'이고 재벌규제정책은 그 다음, 그리고 개별거래행위의 공정성 확보는 가장 '주변영역'에 속한다는 잠정적인 판단을 가능케 한다. 공정거래형법도, 형법학의 전통적인 법익론, 이를테면 인격적 법익론에서 바라보지 않고, 핵심형법(형법전)으로부터의 독자성을 인정받기 위해서는 차별화된 역할과 기능을 수행해야 한다는 관점에서 바라본다면, 그 중심적인 임무는 경쟁적 시장구조의 확립에 있고, 재벌규제는 그 다음, 그리고 개별거래행위의 공정성 확보는 가장 나중의 것이 된다. 거꾸로 보면 개별거래행위의 공정성 확보는 기존의 형법전에 의해서도, — 특히 사기죄나 배임죄, 횡령죄, 업무상 배임수(증)재죄, 업무방해죄 등의 규정에 의해서 — 상당한 부분은 확보될 수 있다.

(2) 편향적 법운영 공정거래형법의 정당성에 대한 검토에 들어가기에 앞서 공정거래위원회의 실무현실은 비판적 관점의 출발이 될 수 있고, 또한 그래야 한다.

1) 개별불공정거래 편중 공정거래위원회의 활동을 종합적으로 평가하면 경쟁적 시장구조의 확립보다는 개별거래행위의 공정성 확보에 상당히 편향된 모습을 보인다고 할 수 있다.

> 예를 들어 2009년도의 공정거래법 위반유형별 사건처리 구성비를 보면 개별불공정거래행위는 72.7%, 시장지배지위남용은 1%, 카르텔은 8.8%, 경제력집중은 3.3%, 기업결합은 2.2%를 차지하고 있다.[6]

이처럼 시장의 구조적 불공정성보다 개별거래행위의 불공정을 시정하는데 집중하는 실무는 '부도덕한 시장 속의 도덕적 개인'이라는 모순적인 인간상을 전제할 수 있다. 공정하기 어려운 구조 속에서 그 구조는 그냥 놔둔 채 개별적인 거래행위만 공정할 것을 요구하는 것은 '집단적 책임의 개별적 귀속'이라는 비판을 면하기 어렵다.

2) 규제편의성 이런 편향성의 원인에 대한 분석은 다양할 수 있지만, 개별거래행위에서 불공정성이 좀 더 명확하고 승소가능성이 높다는 분석[7]은 주목할 만하다. 비록 형사처벌에까지 이르는 경우는 적다고 해도, 형사 고발권을 쉽게 행사할 가능성을 가지고 있을 때 공정거래위원회는 자신이 내리는 시정명령이나 각종 의무이행확보수단(예: 부당이득세, 과징금, 가산세, 공급거부, 관허사업의 제한 등)도 실효성을 가질 수 있다는 생각을 갖기 쉽다.[8] 그런데 형사 고발권은 어떤 행위가 공정거래형법에 위반되는지를 분명하게 판단할 수 있을 때 자유로운 활용이 가능하다. 헌법적으로 높은 명확성이 요구되는 형사불법이고, 공정거래위원회가 고발권을 자유로이 활용할 수 있는 가능성을 확보하는 범죄유형은 공정거래형법 가운데에서도 개별적인 불공정거래행위라고 볼 수 있다. 바로 이런 점으로부터 개별적 불공정거래행위는 공정거래위원회의 통제대상에서 제외되어야 한다는 비판에도 불구하고 공정거래위원회의 통제가 그런 행위유형에 상당히 편향되는 이유를 이해할 수 있다.

---

6) 공정거래위원회, *2009년도 통계연보* (2010), 26쪽.

7) 서정, *독점규제법 집행에 관한 연구* (서울대 석사학위논문, 1998), 24쪽.

8) 이 점은 공정거래위원회가 계좌추적권 같은 강제수사권을 확보하려는 강한 경향을 보이는 데서도 잘 드러난다.

(3) 형법의 집행흠결 하지만 이런 편향성에도 불구하고 개별적인 불공정거래행위를 범죄화하는 규정은 다른 공정거래형법 규정과 마찬가지로 법위반행위에 대해 실제로 적용되는 확률이 현저하게 낮은 현상을 보이고 있다.

1) 현 상 1981년~2009년까지 법위반에 대한 조치의 내용을 유형별로 보면 형사고발은 총제재조치건수인 12,609건의 약 1.2%밖에 차지하지 않는다. 형벌과 가장 유사한 징벌과 예방기능을 가진 제재인 과징금도 12.2% 수준이다.[9] 그러니까 공정거래형법은 다른 어떤 전문형법에 비해서도 집행의 흠결(Vollzugsdefizit)[10]이라는 현대형법의 특징을 매우 두드러지게 보이고 있는 셈이다.

고 발	161건	약 1.2%
과 징 금	1,543건	약 12.2%
시정명령	5,088건	약 40.3%
시정권고	891건	약 7%
경 고	4,926건	약 39%
총 계	12,609건	

도표 1: 제재유형들의 비율

2) 원 인 이런 집행의 흠결은 물론 공정거래위원회가 형벌권 발동의 전제인 전속고발을 일반적으로 다른 통제수단이 효과를 충분히 발휘할 수 없는 경우에만 보충적으로 사용하는 경향, 그리고 경제영역에다 사법의 칼날을 지나치게 휘둘러 경제를 그르치지 않으려는 절제[11]에서 비롯된다.

---

9) 이 통계는 공정거래위원회, *2009년도 통계연보* (2010)의 통계로 산출된 것임.

10) 환경, 경제 형법 등의 영역에서 집행의 흠결을 구조적으로 분석·비판한 Peter-Alexis Albrecht, “Das Strafrecht auf dem Weg vom liberalen Rechtsstaat zum sozialen Interventionsstaat”, *KritV* (1988), 182~209쪽 참조.

11) 이런 관점에서 전속고발권의 합헌성을 근거지운 헌재결 1995.7.21, 94헌마191 참조.

하지만 여기서 간과할 수 없는 또 다른 중요한 이유가 있다. 그것은 공정거래위원회가 제재한 사건의 다수를 차지하는 개별적인 불공정거래행위의 불법이 갖는 특징이다. 즉, 개별적인 불공정거래행위는 공정거래법 이외에 소비자기본법이나 광고사기 등을 규제하는 표시·광고의 공정화에 관한 법률 등의 다른 법률이 규제하는 행위와 그 불법의 실질이 많은 경우에 중첩되고, 더 나아가 기존 민법상의 불법행위나 형법전의 재산범죄(예: 사기죄)와도 중첩된다는 점이다. 다시 말해 개별적인 불공정거래행위는 검찰의 수사와 통제가 직접 미칠 수 있는 반경 안에 있는 범죄행위로도 해석될 수 있는 것이다. 여기서 공정거래위원회는 재산범죄적인 요건을 충족할 가능성이 보이는 개별적인 불공정거래행위에 대해서는 행정법적 제재만을 가하고, 형벌권의 행사는 검찰의 판단에 내맡기는 권한존중의 태도를 가질 수밖에 없다.[12] 이런 태도는 공정거래형법을 동원하는 비율의 현저한 저하를 가져온다.

12) 이런 절제와 권한의 상호존중은 법사회학적으로는 경제체계와 사법체계 사이의 통합(Systemintegration)의 의미를 지닌다. 전속고발권의 주체인 공정거래위원회와 검찰권의 주체인 검찰 사이의 상호존중은 체계통합의 매개점이 된다. 제71조는 이를 제도화하고 있다. 여기서 제71조 3항은 검찰이 고발이전에도 수사를 할 수 있다는 것(박미숙, "공정거래법상 전속고발제도", *형사정책연구소식* (2002, 11/12) 7쪽)이 아니라 — 특히 고발가능성에 대한 예측이 어려운 점을 고려하면 — 원칙적으로 수사를 자제하고, 설령 하더라도 임의수사만을 허용하는 것으로 해석되어야 한다. 반면 공정거래위원회는 고발에 관해 재량을 가지지만, 명백하고 중대한 위반에 대해서는 반드시 고발함으로써(제71조 2항) 사법체계를 존중하여야 한다.

3. 공정거래형법의 개혁과제

이상과 같은 공정거래형법의 현실은 이중적인 개혁의 과제를 던져준다. 첫째, 공정거래법의 중심영역(시장구조정책영역)은 놔두고 주변영역(개별적 거래행위)에서 형법이 주로 기능하는 현실을 어떻게 바꿀 것인가 하는 문제이다. 이 문제를 두고 두 가지 방안, 즉 형법을 실제로 '시장구조정책의 현실화'(Implementation der Politik) 수단으로 기능하게 하는 방안(형법의 정책도구화)과 정반대로 그런 수단의 자리를 다른 법에 내주고 형법은 철수하는 방안(비범죄화; Entkriminalisierung)이 대립전선을 펼칠 수 있다. 어떤 방안이 어떤 불공정거래행위에 대해 적절한 것인지는 시장구조정책의 대상이 되는 불공정거래행위들의 불법이 형사불법이 될 수 있는지, 만약 그렇지 못하다면 형법 이외에 다른 어떤 법적 통제가 적절한 제재수단이 될 수 있는지에 대한 법이론적 성찰을 거친 후에야 비로소 대답될 수 있다.

둘째, 공정거래형법은 자신이 주로 기능[13]하는 공정거래법의 주변영역에 들어가서도 막상 집행되지 않는다는 모순, 그러니까 형법 이론적 용어로 '상징형법'(symbolisches Strafrecht)[14]의 상태를 어떻게 극복할 것인가 하는 과제가 있다. 이 과제를 해결하려면 개별적인 불공정거래행위의 불법이 형사불법에 속하는지에

13) 여기서 기능함이란 실제 처벌됨이 아니라 전속고발권의 행사를 통해 형사처벌될 수 있다는 위협의 도구로 기능함을 말한다.

14) 이에 관해선 Hassemer, *Symbolisches Strafrecht und Rechtsgüterschutz*, NStZ (1989), 553쪽 아래(배종대 · 이상돈 편역, *형법정책* (1999), 318쪽 아래 참조).

대한 형법 이론적 성찰도 필요하지만 그보다는 핵심형법이라고 부를 수 있는 형법전의 재산범죄규정들과는 별개로 전문화된 형법이 개별적인 불공정거래행위가 일어나는 영역에서도 필요하고 정당한가 하는 점에 대한 법이론적 성찰이 필요하다.

Ⅱ 불공정거래행위의 불법구조

이 성찰은 먼저 불공정거래행위의 중요유형을 개관하고 각 유형들이 갖는 불법의 구조를 전형적인 형사 불법의 그것과 비교할 것을 요구한다.

1. 불법의 기능주의적 유형화

현행 공정거래법이 규정하는 대표적인 불공정거래행위는 범죄행위로 통제되기도 하고 과태료가 부과되는 일탈행위로 제재되기도 한다. 그런데 공정거래법이 어떤 일탈행위를 범죄로 만들어 어떤 강도로 처벌하고, 다른 어떤 일탈행위를 행정범으로 어느 강도의 행정벌을 부과하는 방식의 원리는 '기능주의'(Funktionalismus)이다. 즉, 그 행위의 존재론적 유형보다는 공정거래체계의 형성과 유지라는 목적의 달성에 기능적으로 필요한 만큼 범죄화하고, 제재의 수위도 그에 따라 정하는 것이다.

(1) **불공정거래행위와 형벌** 공정거래법에 의해 범죄화되는 법위반행위의 중심은 5가지 불공정거래행위(법 제66조~제67조)이다.

1) 범죄화 이 불공정거래범죄의 5가지 유형들을 간략히 정리해보면 다음과 같다.

(가) **시장지배적 지위남용** 시장지배력을 이용하여 상품의 부당한 가격결정, 부당한 출고조절, 부당한 사업활동방해, 경쟁사업자의 부당한 시장진입방해, 경쟁사업자의 부당배제나 소비자 이익을 현저히 저해하는 행위(제3조의2)는 3년 이하의 징역 또는 2억원 이하의 벌금(제66조 1항, 1호)에 처한다(유형 ①).

(나) **경쟁제한적 기업결합** 경쟁을 제한하는 다른 회사의 주식의 취득·소유, 다른 회사의 임원겸임, 다른 회사와의 합병, 다른 회사의 영업 양수, 새로운 회사의 설립 그리고 강요 기타 불공정한 방법으로 기업결합을 하는 행위(제7조)는 3년 이하의 징역 또는 2억원 이하의 벌금(제66조 1항, 2호)에 처한다(유형 ②).

(다) **경제력집중의 억제** 동일인이 지배하는 기업집단(대규모 기업집단)의 경우에 지주회사의 (자회사[간]과 또는 계열회사와의 채무보증 등의) 행위제한(제8조의2, 제8조의3), (계열회사간의) 상호출자의 제한(제9조), 타 회사에 대한 출자의 총액제한(제10조), 계열회사에 대한 채무보증금지(제10조의2), 금융 또는 보험회사의 의결권 제한(제11조)을 위반하는 행위는 3년 이하의 징역 또는 2억원 이하의 벌금(제66조 1항 3호~7호)에 처한다(유형 ③).

(라) **카르텔** 다른 사업자와 공동으로 상품·용역의 가격, 거래조건, 거래량, 거래상대방 및 거래지역 등을 부당하게 제한하거나 영업의 공동수행 및 관리를 위한 회사의 설립 등의 행위[15](제19조)는 3년 이하의 징역 또는 2억원 이하의 벌금(제66조

15) 흔히 카르텔이라고 불리는 공동행위에 대한 이러한 개념정의는 대판 1993.2.23, 92도616 참조.

1항 9호)에 처한다(유형 ④).

(마) **개별적 불공정거래행위** 　거래의 거절이나 차별취급, 경쟁자 배제, 고객유인·거래강제 등(상대방의 합리적 선택 방해), 자신의 거래상 지위를 이용한 거래, 상대방의 사업 활동을 구속 또는 다른 사업자의 사업 활동 방해, 특수 관계인이나 회사에 대한 현저히 유리한 조건의 제공 등이 부당한 경우의 행위(제23조), 재판매가격유지행위금지(제29조) 위반, 부당한 국제적 협정·계약금지(제32조) 등을 위반하는 행위는 2년 이하의 징역 또는 1억 5천만원 이하의 벌금(제67조)에 처한다(유형 ⑤).

2) 형사불법유형의 발굴과제 　공정거래법은 그 본래의 관할영역인 시장구조정책에서 중요한 일탈행위들(유형 ①~④)을 가장 무겁게 처벌하고 있고, 주변영역이라고 할 수 있는 개별적 불공정거래행위(유형 ⑤)는 한 단계 가볍게 처벌하고 있다. 이러한 형벌의 차등은 공정거래법의 목적에 비추어 보면 타당하게 보이지만, 뒤에서 보듯 그 행위들의 불법이 실질적으로 그런 법정형으로 상쇄시켜야 할 형사불법의 유형적 본질을 갖고 있는가 하는 관점에서 보면 회의적일 수 있다. 바로 그렇기 때문에 그런 유형들에서 진정으로 형사불법을 갖는 법위반행위는 어떤 모습을 갖고 있어야 하는지가 면밀하게 검토되어야 한다. 그러나 일단 공정거래형법이 경쟁적 시장구조의 구축을 통해 거시적으로 소비자후생을 극대화하는 기획을 갖는 법이라면 그 불법의 강약순은 시장지배지위남용(유형 ①)과 카르텔(유형 ④)→ 기업결합제한(유형 ②)과 경제력집중억제(유형 ③) → 개별불공정거래행위(유형 ⑤)의 순으로 배열될 수 있다. 시장지배지위남용과 카르텔은

경쟁시장의 본래적 기능을 '직접적으로' 위태화하고, 기업결합과 경제력집중은 '간접적으로' 위태화하기 때문이다. 여기서 간접적이라 함으로써 그 행위들을 통해 직접적인 위태화의 지위나 가능성이 열린다는 의미에서 그러하다.

(2) 행정법적 일탈행위 범죄화되어 있는 이들 주요 불공정거래행위에 대한 공정거래위원회의 행정법적 통제의 실효성을 위태롭게 하는 행위들도 범죄화되거나 과태료의 제재를 받는다. 그 주요내용을 요약정리해 보면 다음과 같다.

1) 시정조치·금지명령위반죄 공정거래위원회의 각종(앞의 유형 ①~⑤에 관련한) 시정조치나 금지명령에 응하지 아니하는 행위(제67조 6호)는 2년 이하의 징역 또는 1억5천만원 이하의 벌금에 처한다(유형 ⑥-1).

이런 행정형법은 시장구조와 관련한 중요한 불공정행위(유형 ①~④)들을 시정하기 위한 공정거래위원회의 조치나 명령에 불응하는 행위(유형 ⑥-1)들에 대한 법정형을 개별적 불공정거래행위(유형 ⑤)의 그것과 같게 설정하고 있다. 이는 공정거래법의 목적에서 바라보면 논리적인 입법이다. 왜냐하면 그런 일탈행위는 시장구조관련 불공정행위 그 자체는 아니고 그것을 시정하기 위한 공정거래위원회의 기능을 직접 위태롭게 하는 행위라는 점에서 불법은 약화되어 있는 반면, 그 행위에 의해 위태화되는 법익은 개별적 불공정거래행위보다 더 중대하고, 이 두 측면은 서로 상쇄시키고 있기 때문이다.

2) 범죄화된 행정법적 의무 위반 각종 허위의 보고(또는

신고)나 보고(또는 신고)의무의 위반, 상호출자제한기업집단의 지정에 관련한 자료제출의 거부나 허위 자료제출, 기타 통지의무의 위반(제68조) 행위는 1억원 이하의 벌금에 처한다(유형 ⑥-2).

공정거래법의 목적을 달성한다는 관점에서 바라보면 이미 발생한 불공정행위를 신속하게 시정하는 것과 미래에 발생할 불공정행위를 철저하게 예방하는 것은 똑같이 중요하다. 그러므로 앞의 시정조치 또는 금지명령의 불복종행위(유형 ⑥-1)와 공정거래체계의 유지·형성을 위한 공정거래위원회의 중요한 예방적 활동(예: 상호출자제한기업집단의 지정)을 위태롭게 하는 행위들(유형 ⑥-2)은 동일한 법정형에 의해 제재될 수 있다. 다만 앞의 경우(⑥-1)가 '사후적 처벌'이라면 뒤의 경우(⑥-2)는 '예방적 처벌'이라고 할 수 있다.

> 예방적 처벌은 행정법적 의무, 그러니까 공정거래체계의 기능을 관리하는 공정거래위원회의 예방적 활동을 위태롭게 하는 행위의 금지를 내용으로 한다는 점에서 형법을 행정법의 영역으로 앞당기고, 형벌을 과태료의 영역으로 앞당긴다고 할 수 있다. 이를 독일 형법학의 용어를 빌리면 (형법이 본래 관할하는 영역의) '전단계화'(Vorverlegung)[16]라고 부를 수 있다. 이에 비해 시정조치나 금지명령의 불복종행위의 범죄화는 이미 발생한 불공정행위의 사후적 교정을 위해, 그것도 행정법적 의무위반의 행위에 대한 형사처벌이라는 점에서 — 불공정행위에 대한 형법의 관할을 정당한 것으로 가정한다면 — 형법의 '후단계화'라고 부를 수 있을 법하다. 어쨌든 형사처벌을 앞당기든, 뒤로 연장하든 행정법적 의무위반행위들이 공정거래체계의 형성·유지라는 목적의 달성을 위해 범죄

16) 이에 관해 자세한 것은 이상돈, *형법학: 형법이론과 형법정책* (1999), 28~35쪽 참조. 이를 형사처벌의 '전단계화'라고 표현하기도 한다.

화되고 있다는 점에서는 차이가 없다.

3) 과태료의 제재를 받는 행정법적 의무 위반 대규모내부거래의 이사회 의결의무 및 공시의무위반, 기업결합의 미신고, 계열회사편입·제외에 관련한 자료제출의 거부나 허위자료제출, 위반행위조사를 위한 공정위의 출석요구에 불응하거나 필요 자료의 제출거부, 허위보고 및 허위자료제출(제69조의2, 1항), 공정위 심판정에서의 질서유지명령에 대한 불복종(2항) 등의 행위는 (사안에 따라) 1천만, 5천만, 1억 또는 2억원 이하의 과태료에 처해진다.

이런 행위들은 범죄화된 행정법적 의무위반의 유형(⑥-2)보다는 상대적으로 경미한 의무의 위반, 바꿔 말해 그 의무의 위반이 공정거래체계의 기능을 위태화하기에는 아직은 미약한 위험원이 될 뿐인 행위들(유형 ⑦)이다. 그렇기 때문에 단지 과태료라는 제재를 받게 된다. 공정거래위원회에 대한 자료제출의 거부나 허위자료제출이라는 외형상 동일한 행위양태가 어떤 경우는 범죄가 되고, 다른 경우는 행정법적 일탈행위가 되는 것도 그 행위의 불법유형이 '존재론적으로' 다르기 때문이 아니다. 그런 차별화는 '공정거래위원회가 공정거래체계를 형성·유지하는 데 얼마나 장애가 되느냐, 바꿔 말해 공정거래위원회의 업무목적달성에 어느 정도의 장애를 초래하느냐' 하는 관점에서 비로소 설명될 수 있다.

2. 불법의 존재론적 구조화

이와 같이 현행 공정거래형법의 범죄체계에 내재된 목적론적 · 기능주의적 관점과 달리 일탈행위 자체의 존재론적 불법구조(ontologische Struktur des Unrechts)에서 바라본다면 불공정거래행위의 다양한 유형들은 다른 방식으로 정렬될 수 있다.

(1) **존재론적 관점** 여기서 말하는 존재론적 관점이란 불공정거래행위들이 형법의 '정당한' 보호법익과 맺는 관계의 양상을 잣대로 범죄화와 기타 제재의 수위를 결정하는 관점을 말한다. 바꿔 말해 불공정거래행위들이 형법에 의한 보호가 전통적인 '형법이론'에 의거할 때 정당성이 인정되는 법익의 침해나 위태화의 영역 안에 들어와 있는지, 또 밖에 있다면 얼마나 먼 거리에 위치하고 있는지에 따라 그 행위들의 불법의 실질을 규정짓는 관점이다.

그리고 여기서 말하는 '형법이론'의 구체적 내용은 '법익론'이다. 형법은 전통적으로 개인들의 자유로운 행동이 서로 조화를 이룰 수 있기 위한 조건이며, 헌법의 기본권목록으로 침전되어 있는 법익을 보호하는 데서 그 정당성을 발견해왔다. 이를 인격적 법익론이라고 부른다.

또한 근대형법은 주관적 권리의 공정분배체계를 구현하는 행위규범을 설정하고 그 효력을 유지하는 방식으로 법익을 보호한다. 여기서 행위규범은 보통사람들의 삶의 세계의 기초규범을 이루는 것이며, 그런 점에서 형법은 "생활세계의 정당한 질서"[17]라고 불리기도 한다. 인격적 법익론은 이러한 형법이해와 잘 어울리는 법익이론이다. 그러나 인격적 법익론의 진영에서도 형법은 개인의 권리뿐만 아니라 제도(예: 국가의 존립이나 화폐제도 같은

17) Habermas, *Theorie des kommunikativen Handelns*, Bd.2 (Suhrkamp, 1981), 535쪽.

국가적 또는 사회적 법익)나 사회체계의 인프라와 같은 보편적 법익(Universalrechtsgüter)을 보호할 수 있다. 다만 그런 보호는 그 자체가 목적이 아니라 그것을 통하여 모든 개인들의 법익(예: 소비자의 후생)이 실제로 보호되고 증진될 수 있다는 점이 확증될 때에만 인정될 수 있는 것이다.[18)]

(2) 공정거래형법의 보호법익 불공정거래행위를 범죄화한다면 그 보호법익이 무엇인지가 먼저 확인되어야 한다. 공정거래법 제1조는 "공정하고 자유로운 경쟁을 촉진함으로써, 창의적인 기업 활동을 조장하고, 소비자를 보호함과 아울러 국민경제의 균형있는 발전을 도모함을 목적으로 한다"라고 규정하고 있다.

1) 경쟁적 시장구조의 구축 이 목적강령을 법익론의 관점에서 재해석하면 공정거래형법의 법익은 보편적 법익인 공정거래체계의 형성·유지라고 할 수 있다. 이 보편적 법익은 다시 '자유로운 공정경쟁'(경쟁적 시장구조의 확립)과 '국민경제의 균형발전'(예: 경제력집중의 억제)이라는 법익으로 구분된다. 경쟁적 시장구조의 확립이 목적이라면 그 목적의 달성을 통해 실현되는 결과가 국민경제의 균형발전이다. 그런 목적이 달성되고, 결과가 실현된 상태가 바로 공정성(fairness), 공정한 시장질서이다. 법은 경쟁적 시장구조의 확립을 통해 기업의 생산효율성(productive efficiency)과 소비자의 편익을 균형있게 실현할 것을 요구한다.

2) 소비자 후생의 극대화 물론 이 법익들의 보호는 궁극

---

18) 인격적 법익론의 대표로 Winfried Hassemer, "Grundlinien einer personalen Rechtsgutslehre", *FS-Arthur Kaufmann zum 65. Geburtstag* (1989), 85쪽 아래(배종대·이상돈 편역, *형법정책* (법문사, 1999), 339쪽 아래 참조).

적으로 소비자인 모든 일반시민의 이익을 보호하기 위한 것으로 볼 수 있다. 다시 말해 기업의 생산효율성과 소비자의 편익을 균형있게 실현하는 경쟁적 시장구조의 확립과 국민경제의 균형발전은 '장기적으로' 모든 소비자의 총효용을 극대화, 즉 '소비자후생'의 극대화를 지향하는 것이다. 여기서 소비자후생의 개념은 소비자의 편익의 개념과 구별됨에 주의할 필요가 있다. 소비자후생은 장기적인 관점에서 파악되는 현상인데 비해, 소비자편익의 개념은 중·단기적인 관점에서 파악되는 현상이다. 또한 소비자후생은 기업의 생산효율성을 통해 더 촉진되는 것인데 비해, 소비자편익은 기업의 생산효율성과 대립항을 이룬다.

> [소비자주권의 보호법익화 문제] 다만 경쟁적 시장구조의 확립과 유지와 무관하게 소비자후생을 강조하게 되면 소비자후생의 '경제적 목적'은 소비자주권이라는 '정치적 이념'으로 변화하기 쉽다. 공정거래법의 실무에서 소비자주권은 암암리에 또는 공개적으로 경쟁법적 규제의 목적으로 제시되기도 한다. 여기서 공정거래법의 운용이 순전히 경제학적 근거로만 이루어질 수 없지만, 다른 한편 지나치게 소비자주권이라는 가치론적 근거로만 이루어져서도 안 된다. 여기서 소비자주권의 보호법익화를 전면 금지할 수 없지만 경쟁체계를 구성하는 사회적 의사소통의 기반, 즉 폭넓은 공론에 근거하게 할 필요가 있다.

(3) 보호법익과의 거리 불공정거래행위의 존재론적 구조를 파악하기 위해 아래서는 각 법위반의 유형(①~⑤)마다 소비자 후생이라는 법의 궁극적인 목적 달성을 어렵게 만드는 정도를 구조적으로 차별화해 보기로 한다. 다만 여기서 소비자후생의 개념은 거시경제학적으로 파악될 현상이므로, 각 행위유형의 차별적 특성

을 구조화하기가 불가능하다. 행위가 전개되는 시간대와 그 효과가 발생하는 시간대가 너무나 차이가 날 수 있고, 그 효과의 발생 여부도 언제나 논란에 빠지는 불확실성이 있기 때문이다. 그러므로 아래서는 부득이하게 기업의 생산효율성과 갈등관계를 맺는 소비자편익을 공격하는 정도를 구조적으로 차별화해보기로 한다.

1) 개별성과 집단성, 직접성과 간접성, 인과성과 비인과성 이 구조적 차별은 소비자편익에 대한 공격이 개별적인지 집단적인지, 직접적인지 간접적인지, 인과적인지 비인과적인지에 따라 이루어진다.

(가) 개별불공정거래행위의 개별적 직접적 인과적 침해 경쟁사와 거래하는 편의점에게 다른 편의점에 비해 높은 가격으로 공급하는 행위[19]와 같은 개별적 불공정거래행위(유형 ⑤)는 '개인'(최종소비자나 최종유통업자[20])의 이익을 '직접' 그리고 '인과적'으로 침해한다는 점에서 민사 불법과 형사 불법의 전형과 유사한 불법의 실질을 갖고 있다.

(나) 시장지배지위남용과 카르텔의 집단적 직접적 인과적 침해

19) 공정거래위원회 1993.10.28 의결 제93-241호, 9309일705, 심결집 13권 596쪽.

20) 여기서 불공정거래의 상대방이 소비자가 아니라 유통업자라면 그와의 불공정거래만으로 소비자의 이익이 침해되는 것이 아니라, 침해의 위험이 발생하는 것이라 할 수 있다. 그러므로 이하에서 말하는 침해는 구체적 위험으로, 구체적 위험은 추상적 위험으로 각기 연이어 한 단계씩 낮춰져야 한다. 하지만 이런 엄격성은 불공정거래행위에 대한 형사처벌을 너무 처음부터 배제하는 방향으로 작용한다(이 점을 보여주는 임철희, *경제체계의 기능보호와 형법의 효율성지향*, 고려대학교 석사학위논문(1998), 49~51쪽). 그러므로 이 글에서 범죄화를 지지하는 견해를 좀 더 공정하게 다루기 위해 형법학에서도 가장 넓은 손해 개념, 이를테면 '경제적 이성'(Otto, "Konzeption und Grundsätze des Wirtschaftsstrafrechts", *ZStW* (96, 1984), 360쪽 참조)에 대한 부정적인 영향만으로도 손해를 인정하는, 그런 손해 개념을 전제하기로 한다.

다음으로 예컨대 비스킷의 용량을 감소시켜 가격을 인상한 시장지배자인 H제과의 행위[21]와 같은 시장 지배적 사업자의 지위남용행위(유형 ①)는 소비자의 이익을 '집단'으로 '직접' 그리고 '인과적'으로 침해할 위험을 초래한다. 시장에서 대표적인 신용카드 회사들이 사장회의에서의 합의에 따라 수수료율을 일제히 인상하는 행위[22]와 같은 카르텔(유형 ④)도 시장지배적 사업자의 지위남용행위와 같은 양상으로 소비자의 이익을 침해한다.

(다) **경쟁제한적 기업결합의 간접적 인과적 침해** 또한 예컨대 PVC안정제를 생산·판매하는 S회사가 경쟁업체인 D화학의 주식을 100%취득하는 행위[23]와 같은 경쟁제한적 기업결합행위(유형 ②)는 독점화를 초래하여 소비자의 이익을 '일반적'으로, 즉 간접적이지만 인과적으로 침해할 가능성을 발생시킨다. 이런 행위의 범죄화는 소비자 개인이나 집단의 이익을 실제로 침해하기 이전에 형법이 개입하는 것으로서 (전형적인 형사불법의) '전단계에서의 범죄화'에 해당한다.

(라) **경제력집중의 간접적 비인과적 영향** 불공정거래행위의 마지막 유형으로 예를 들어 H부동산임대회사가 자기의 자산총액의 55%가 되는 액수만큼 지배의 목적으로 J신용금고의 주식을 취득한 행위(지주회사전환제한위반)와 같은 경제력집중행위(유형 ③)는 소비자의 이익에 단지 간접적으로만 그것도 인과적이라고 단정지을 수 없는 영향만을 미친다.

---

21) 공정거래위원회 1992.1.15 의결 제92-1호, 911독759, 심결집 12권 21쪽.
22) 공정거래위원회 1988.12.21 권고 제88-34호.
23) 공정거래위원회 1982.12.15 의결 제82-24호, 심결집 2권 9쪽.

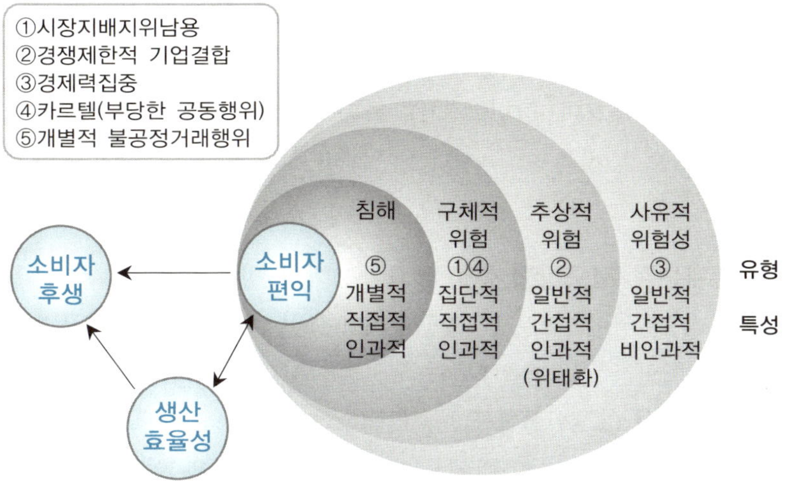

도표 2: 불공정거래행위와 법익 사이의 거리

2) 범죄형태론에 의한 불법구조의 설명 이러한 설명에서 '소비자의 편익'이라는 법익에 대한 공격의 정도를 기준으로 형법학의 용어를 빌어 표현해보면, 개별적 공정거래행위는 법익의 침해행위(Verletzung)가 되고, 시장지배지위 남용행위나 카르텔(부당공동행위)은 법익에 대한 구체적 위험(konkrete Gefahr)을 초래하는 행위가 되며, 경쟁제한적 기업결합은 추상적 위험(abstrakte Gefahr)을 수반하는 행위가 된다. 또한 경제력집중행위는 관념적인 위험, 즉 사유적 위험성(Risiko)을 띠는 행위가 될 수 있다.

그러나 이런 판단은 각각의 행위들이 곧바로 침해범, 구체적 위험범, 추상적 위험범 및 의무위반범으로 범죄화 될 수 있다는 결론을 가져오는 것은 아니다.[24] 그 이유는 첫째, 이 분석은 보

24) 그렇게 되면 법익보호 없이는 범죄가 없다는 원칙이 '위험(사회적 위험성) 없이는 범죄도 형벌도 없다'(nullum crimen nulla poena sine periculo

호법익을 소비자후생이 아닌 소비자편익으로 설정하였다는 데에서 그 설명력의 한계가 있고, 둘째, 불법의 구조적 유사성 이외에도 범죄가 되려면 형법의 정당화원칙들, 이를테면 보충성, 비례성 또는 명확성 등의 원칙들에 의한 심사를 통과해야만 하기 때문이다.

3) 존재론적 접근방법에서 범죄화정책의 방향 그러나 어쨌든 위의 분석에 따르면 불공정거래행위 유형들의 불법구조는 유형 ⑤ (개별적 불공정거래행위) → ① (시장지배지위남용), ④ (부당공동행위) → ② (기업결합) → ③ (경제력집중)의 순으로 '형태구조'의 측면에서는 형사불법에 접근해 있다는 점을 인정할 수 있게 된다.

(가) 공정거래형법현실과의 비판적 거리 이런 결론은 이미 유형 ⑤를 유형 ①②③④보다 오히려 가볍게 처벌하는 현행 공정거래법의 범죄화 정책에 대해 비판적인 관점을 제시해준다. 또한 선진각국에서 왜 카르텔을 특히 가장 강력하게 규제하는지에 대해서도 회의적인 시각을 가질 수 있게 한다. 더 나아가 공정거래위원회의 사건처리건수에서 시장지배지위남용에 대한 규제건수가 매우 미미한 수준(약 1%)인 것도 그 전후맥락에 대한 자세한 검토 없이도 반성의 과제를 남겨준다.

(나) 행정법적 의무위반범죄의 불법구조 또한 범죄화된 행정법적 의무의 위반행위들(유형 ⑥)은 불공정거래행위 자체와는 다른 불법구조를 갖고 있다. 이들은 시장참여자들에게 공정거래위

---

sociali)라는 원칙으로 대체되어 버리고 만다(이에 비판적인 연구로 Herzog, *Gesellschaftliche Unsicherheit und strafrechtliche Daseinsvorsorge* (1991) 참조). 이를 법익개념의 형식화(탈실질화)라고 표현하는 박강우, "위험사회와 형법의 변화", *형사정책연구* (제8권 제4호, 1997), 286쪽 참조.

원회의 기능을 위태화하는 행위들을 하지 않을 의무를 설정하는 구성요건이다. 직접이든 간접이든 소비자의 권리와 맞대응되어 있지 않은 이러한 의무구성요건은 외형상으로는 경제력집중행위(유형 ③)의 불법구조와 매우 비슷하다. 하지만 각 의무위반행위에 의해 위태화되는 공정거래위원회의 활동이 통제하려는 불공정거래행위의 불법과 간접적인 관련을 맺는다는 점에서 단순히 경제력집중행위의 불법과 동일시할 수 없다. 그보다는 각각 관련된 불공정거래행위의 불법구조보다 적어도 한 단계씩 소비자 이익이라는 법익과의 거리가 멀어지는 것으로 추정할 수 있을 것이다. 그러므로 행정법적 의무의 위반행위들은 그 의무가 관련을 맺는 불공정거래행위의 범죄화나 비범죄화와 운명을 같이하되, 한 단계 늦게 범죄화되거나 한 단계 일찍 비범죄화되어야 하는 불법구조를 갖고 있다고 말할 수 있다.

3. 기능주의와 존재론적 접근의 변증

(1) 기능주의와 존재론적 접근의 차이 이상의 검토에서 공정거래법상의 불법구성요건들 사이의 경중비교는 기능주의적 관점에 서느냐 아니면 존재론적 관점에 서느냐에 따라 현저히 다른 결론에 이른다는 점을 확인할 수 있었다. 또한 공정거래위원회가 행하는 규제의 각 유형별 비중을 총규제건수 대비 각 유형별 규제건수의 단순비율만을 기준으로 배열하면 이 둘의 접근방법에 따른 순위와는 또 다른 순위가 나타난다. 다음 도표 3은 불공정거래행위 5가지 유형만을 대상으로 이러한 비교를 분명하게 보여준다.

<table>
<tr><th>순위</th><th>기능주의적 접근</th><th>존재론적 접근</th><th>공정거래위원회</th></tr>
<tr><td>1</td><td rowspan="2">① 시장지배지위남용
④ 카르텔(부당한 공동행위)</td><td>⑤ 개별불공정거래행위</td><td>⑤ 개별불공정거래행위</td></tr>
<tr><td>2</td><td rowspan="2">① 시장지배지위남용
④ 카르텔(부당한 공동행위)</td><td>④ 카르텔(부당한 공동행위)</td></tr>
<tr><td>3</td><td rowspan="2">② 기업결합
③ 경제력집중</td><td>③ 경제력집중</td></tr>
<tr><td>4</td><td rowspan="2">② 기업결합
③ 경제력집중</td><td>② 기업결합</td></tr>
<tr><td>5</td><td>⑤ 개별불공정거래행위</td><td>① 시장지배지위남용</td></tr>
</table>

도표 3: 공정거래형법의 기능주의적 이해와 존재론적 이해

이와 같은 차이를 기능주의적 접근과 존재론적 접근 사이의 대립과 갈등이라고 부를 수 있다. 또한 기능주의적 접근이든 존재론적 접근이든 이 둘은 이론적 배열이므로 공정거래위원회의 규제현실과의 차이는 이론과 현실의 차이라고 할 수 있다.

(2) 차이의 변증적 지양 여기서 공정거래형법은 이론들 간의 차이와 이론과 실무 간의 차이를 극복해야 하는 과제를 안게 된다. 기능주의적 접근에 따르면 강한 형법적 통제가 요구되는 행위유형이 존재론적 접근에 따르면 약한 형법적 통제 또는 형법외적 통제가 요구되는 행위유형이 된다. 비교법적으로도 미국의 셔먼법(Sherman act)은 기능주의적 접근으로 1순위인 시장지배지위남용과 카르텔을 강력하게 형법적으로 통제하며, 독일의 경쟁제한방지법(GWB)은 모든 법위반행위를 비범죄화하고 범칙금(Bußgeld)의 대상으로 삼되, 카르텔, 특히 입찰담합의 카르텔은 형법전(StGB §298)에서 징역 5년 이하 등의 중범죄로 처벌하고 있다. 여기서 어떤 하나의 접근방법으로는 공정거래법위반행위의

형사불법적 강도를 평결하기 어렵다는 것을 알 수 있다. 이 두 접근방법의 변증은 어떤 행위유형을 형사불법으로 편입하고 다른 어떤 행위유형은 축출하는 방법으로 이루어질 수 없다. 그보다는 각 행위유형마다 사안의 고유한 유형적 특성들을 분석하여 형벌을 부과해도 형법원칙들(죄형법정주의, 비례성, 책임원칙)에 위배되지 않는 사례군을 발굴해내는 것이 변증적 방법이 될 것이다. 또한 그런 이론적 변증의 작업은 이론과 실무 사이의 간극을 좁히는 출발점이 되기도 할 것이다.

Ⅲ 불공정거래의 제재수단 분석

공정거래형법의 불법을 분석하는 작업과는 별도로 불공정거래행위의 다양한 유형에 대한 적절한 통제수단을 개관하고 그 특성을 분석해내는 작업은 공정거래형법을 성찰적으로 개혁하는 길을 열어줄 수 있다. 왜냐하면 실효성 있는 수단의 확보는 불공정거래행위의 범죄화나 비범죄화 및 그 가능성에 대한 전망을 변화시킬 수 있기 때문이다.

1. 제재수단의 유형화

불공정거래행위를 통제하는 수단으로는 현행법이 인정하는 바와 같은 시정조치, 그리고 입법론적으로 검토되는 임시정지처분[25] 등과 같은 다양한 행정처분과 강제적인 집행절차가 있을

25) 우리나라에서 논의되는 이 제도는 금지청구제도들, 이를테면 미국의 클레이튼법 제16조와 같이 반트러스트법 위반에 의한 손해위험을 방지하기 위해

수 있다. 그러나 이것만으로는 이행이 확보되지 않으며, 불공정 거래행위를 제재하는 다양한 수단에 의해 지지되어야 한다.

(1) 제재수단의 목록과 분류 그런 제재수단으로 현행법이 인정하는 것으로는 ⓐ 과태료, ⓑ 과징금, ⓒ 형벌, ⓓ 무과실 손해배상책임, ⓔ 손해배상책임 등이 있고, 입법론적으로 논의되는 것으로는 ⓕ 징벌적 손해배상책임과 ⓖ 원상회복 등이 있다. 이러한 제재유형들은 판덱텐시스템으로 각인된 법전법체계의 국가에서는 민법과 형법 그리고 공법(행정법)의 어느 한 분과에 배열되어야 한다고 생각되기 쉽다. 그래서 과징금은 좀 이질적이면서도 과태료와 함께 행정법에 속하고, 새로운 형벌로 논의되어 온 원상회복은 징역이나 벌금과 함께 형법에 속하게 되며, 미국에서 발전한 징벌적 손해배상책임은 손해배상법을 관할하는 민법에 속할 수밖에 없게 된다. 하지만 각 제재수단이 다른 수단들과 달리 고유하게 갖고 있는 특성들을 비교해보면 이 모든 제재수단들을 대륙법의 판덱텐시스템에서 체계화된 개별 법 분과 가운데 어느 하나에 전속시키기 어렵다는 점이 드러난다.[26)]

(당사자의 신청에 따라) 연방법원이 예비적 금지명령을 내리거나 일본의 독점금지법 第67조와 같은 공정취인위원회의 신청에 따라 관할재판소가 긴급정지명령을 내리는 제도 등에서 유래하긴 하지만, 법원의 재판이 아니라 행정처분의 형태로, 즉 공정거래위원회에 긴급한 조치에 대한 권한을 부여하여 법위반행위를 임시로 정지시키도록 하는 제도라는 점에서 차이가 있다. 이러한 제도의 입법시도에 관해서 동아일보 2000.4.23.일자를, 그런 제도의 필요성과 정당성에 대해선 이상현, *독점규제형법의 정당성 및 그 대안에 관한 연구* (고려대학교 석사학위논문), 2002, 101쪽 참조.

26) 이런 법 분과의 구분이 한국의 법체계에서도 무너지고 있고, 전문법 중심의 법체계가 성장함을 보여주는 이상돈, "전문법 - 이성의 지역화된 실천", *고려법학* (제39호, 2002), 113~151쪽; *기초법학* (법문사, 2010), [6]단락 참조.

(2) 제재수단의 특성비교 제재수단들의 법이론적 배열을 하기 위해 먼저 각 제재수단의 특성을 파악해야 한다.

1) 과태료 먼저 과태료(제69조의2)는 행정목적을 직접 그르치게 하지 않지만 행정활동에 의미 있는 장애를 일으킬 위험성이 있는 행정법적 의무위반에 대해 가해지는 금전벌[27]이다. 여기서 행정장애의 위험이란 적어도 이론적으로는 행정활동이 보호하려는 법익의 침해나 위태화를 초래하지 않는 것[28]을 말한다. 물론 실제로는 행정법적 의무위반도 법익의 위태화와 무관하지 않은 경우가 많고,[29] 또 그 한에서는 과태료와 형벌, 특히 벌금과의 경계는 그리 분명하지 않을 수 있다. 하지만 과태료는 그 부과대상인 의무위반행위의 내용이 행정 권력에 의해 정책적으로 쉽게 변하고, 또한 상황에 따라 탄력적으로 집행여부가 결정되는 재량성이 매우 높다는 특징이 있다. 이 점은 문화적으로 전승된 규범으로서 시민사회 내에서 사회적 통합의 기반으로 작용하는 규범을 위반한 행위에 대해 부과되는 형벌과 뚜렷이 구분되는 점이다. 따라서 과태료는 '윤리적 성격'을 가지지 못한다.[30]

---

27) 대결 1969.7.29, 69마400; 이건종 · 박기석, *행정형법상의 제재수단에 관한 연구* (한국형사정책연구원, 1995), 106쪽 참조.

28) 이런 점을 고려해 형사범과 경찰범을 구별한 K. Binding, *Norman und ihre Übertretung*, Bd.2 (1890), 398, 406쪽 참조.

29) 이 점을 지적한 M. E. Mayer, *Rechtsnormen und Kulturnormen* (1903), 118~126쪽 참조; 앞의 II.2.(3)에서 고찰한 바에서도 예컨대 공정거래위원회의 자료제출요구에 대한 불응 등과 같은 행정법적 의무위반행위가 공정거래체계의 형성과 유지라는 법익을 보호하는 데 법적으로 의미 있는 기여를 할 수 있음을 확인한 바 있다.

30) 그렇기 때문에 '벌금이 과태료보다 고액이어야 한다'는 주장(이건종 · 박기석, 앞의 책, 108~109쪽)은 '법익보호의 관점'에서만 타당하다. 그러나 벌금이 비록 금전적으로는 과태료보다 적은 액수일지라도 '도덕적 비난'을 받게

과태료에 대한 불복이 행정소송이 아니라 경제성과 행정전문성을 존중하기 쉬운 비송사건절차법(동법 제247조)에 의하는 것도 같은 이유에서라고 할 수 있다(도표 4의 ⓐ).

2) 과징금 이에 비해 주로 경제적 이익을 얻게 하는 행정법적 의무위반에 대한 제재인 과징금은 행정법적 의무위반이라는 점에서는 과태료와 같지만, 법익침해의 위험발생과 실질적으로 관련이 있고, 아울러 사회 윤리적 비난이 뒤따르는 행위에 대한 제재라는 점에서 형벌[31]에 근접한다.[32] 형벌과 마찬가지로 과거에 발생한 불법을 진압하는 제재의 특성도 갖고 있다. 바로 그렇기에 과징금은 형벌보완적 제재라기보다는 형벌대체적 제재가 될 수 있다. 그러나 공정거래법은 과징금을 형벌(또는 시정명령)과 병과할 수 있게 하고 있다.

과거의 불법을 진압하는 제재로서 과징금에 대한 불복은 비송사건절차가 아니라 소송절차로 다루어지게 된다. 또한 과징금은 위반으로 인한 경제적 이익을 부당이득으로 보고 이를 환수하는 측면,[33] 바꿔 말해 (소비자 개인이거나 일반, 즉 사회 전체에 대한)

되는 것이어서 — 실정법적으로는 전과자의 리스트에 오르게 되는 등 — 제재의 강도가 과태료보다 낮다고 볼 수가 없다. 그러므로 모든 법규에서 또는 공정거래법과 같은 특정 법률 안에서만이라도 과태료가 벌금보다 반드시 적어야 한다는 필연성은 근거지어지지 않는다.

31) 여기서 형벌은 사회 윤리적 비난을 반드시 전제하는 것이 아님에 주의할 필요가 있다. 실제로는 많은 부분 범죄가 사회 윤리적 비난을 수반하지만 사회윤리와 형법규범이 — 현대사회의 다원화가 진행될수록 — 광범위하게 서로 포개지지 않기 때문이다. 이 점은 도덕과 윤리, 사회규범의 분화와 형법의 윤리적 중립성 요청에서도 잘 드러난다. 이상돈, *로스쿨을 위한 법학입문* (법문사, 2010), [8]단락 참조.

32) 공정거래법이 과징금을 산정함에 있어 매출액의 일정률뿐만 아니라 '위반행위의 내용 및 정도, 위반행위의 기간 및 횟수'라는 질적인 측면을 고려하고 있는 점(제55조의3, 1항)도 이를 반영한다.

피해배상적 성격을 갖고 있고, 그 점에서 민법의 영역에도 얼마간 접근한다.[34] 그렇지만 과징금은 피해자에게 귀속되는 것이 아니라 위반된 행정법규가 지향하는 행정목적을 달성하는 재원으로 확보·사용된다는 점에서 여전히 행정법적 성격을 갖고 있다. 따라서 과징금에 대한 불복은 소송절차 가운데서도 민사소송이 아니라 행정소송으로 다루어지게 된다(도표 4의 ⓑ).

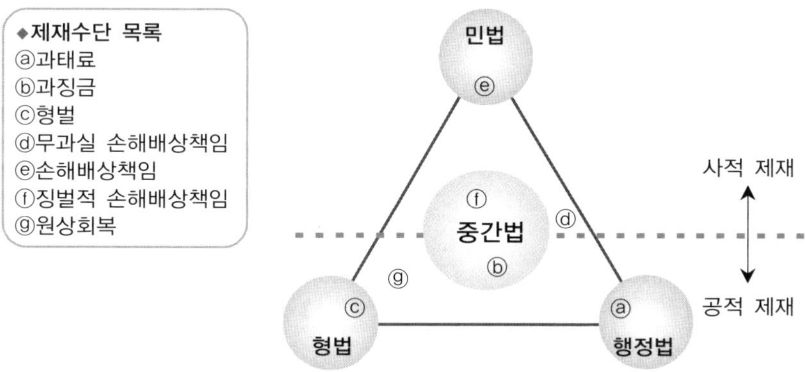

도표 4: 제재수단의 목록과 법분과적 분류

3) 형 벌 형벌은 기본권목록을 구성하는 법익을 침해하거나 위태화하는 행위로서 사회적 통합의 기반이 되는 규범을

---

33) 그러므로 종래의 학설대립, 즉 과징금은 부당이득환수라는 견해(대판 1999.5.28, 99두1571)와 행정제재벌이라는 견해(서울고등법원 1996.2.13, 94구36751 판결; 박해식, *독점규제 및 공정거래에 관한 법률상의 과징금에 관한 연구* (고려대학교 석사학위논문, 2000) 참조)는 과징금을 판덱텐 법체계의 어느 한 분과로 전속시키는 것이고, 이는 아래서 설명하는 중간법 영역의 관점에서 보면 더 이상 유지되기 어려운 법체계의 패러다임이라고 할 수 있다.

34) 물론 1996년 개정으로 환급제도, 즉 과징금을 납부한 시장지배적 사업자가 손해배상을 한 때에 그 배상액 상당의 금액을 환급하도록 한 제도가 폐지됨으로써 과징금의 민사법적 성격은 다소 약화되었다고 할 수 있다.

위반한 행위에 대해, 그리고 원칙적으로 피해자의 의사나 합의 등과는 무관하게[35] 부과되는 공적 제재이다. 제재의 강도와 도덕적 비난이 가장 강한 제재라는 점에서 비례성원칙에 가장 엄격하게 구속되며, 따라서 거래의 공정성이나 효율성 이념과 절연한 채, 행위자 개인의 능력과 의사를 기초로 위반행위를 하지 않을 가능성이 있었는가, 즉 일반인이 이른바 말하는 '죄' 의식을 가질 수 있는 책임(Schuld)이 있는 경우에만 부과되고, 기본권보장도 가장 철저하고, 절차의 합리성도 가장 극대화된 소송절차인 형사소송법이 적용된다(도표 4의 ⓒ).

4) 원상회복 원상회복(Wiedergutmachung)은 비교적 경미한 범죄의 영역에서 피해자에게 윤리적 비난의 함의를 지닌 배상을 하게 하는 형벌을 의미한다. 피해자에 대한 배상이나 과실상계에 대한 고려 등은 그런 형벌이 민법에 얼마간 다가간 것임을 보여주지만 민사책임보다는 여전히 한 단계 고양된 도덕적 비난의 상징을 남겨둔다는 점에서 여전히 형법의 영역에 더 가까이 위치하는 제재라고 할 수 있다(도표 4의 ⓖ).

5) 손해배상 다음으로 민법상 손해배상(제750조)은 손해를 형평성 있게 전보하는 제재이다. 사회 윤리적 비난이 얼마간 수반되기는 하지만 형벌보다는 훨씬 낮고, 과징금의 경우보다도 오히려 낮다고 할 수 있다. 하지만 과실책임원칙에 따라 부과되는 제재라는 점에서는, 공정거래법이 규정하는 무과실 손해배상책임(제56조 2항)과 비교할 때, 위반행위를 예방하는 목적에 지배

35) 이를 피해자의 중립화(Neutralisierung)라고 부른다. Winfried Hassemer, *Einführung in die Grundlagen des Strafrechts* (C.H. Beck, 1990), 70쪽 아래 참조.

되기보다는 자유의 형평분배라는 도덕률에 지배되는 제제라고 할 수 있다(도표 4의 ⓔ).

6) 무과실 손해배상 무과실 손해배상책임은 한편으로는 공정거래법위반의 피해자가 대등한 행위주체의 개인상을 전제하는 민법에 의해 보호되지 못하는 사회적 약자임을 고려한 민사책임, 즉 실질사법의 영역에 속한다. 그러나 이 책임은 공정거래위원회의 시정조치에 의해 위반사실이 확정된 경우(제57조 1항)에만 주장할 수 있다는 점에서 공정거래위원회의 공정거래체계 관리기능에 종속된 책임, 즉 행정법적 제재의 성격도 얼마간 유지한다. 그러나 과징금이나 징벌적 손해배상처럼 형법의 영역으로 다가가는 것은 아니다(도표 4의 ⓓ).

마지막으로 징벌적 손해배상(punitive damages)[36]은 불법행위로 인한 손해배상 가운데 법위반자의 행위가 폭력이나 위압, 기망, 의도적 무시 등을 지닌 경우로서 그 점을 이유로 원고가 입은 실제 손해를 초월하는 — 이를테면 3배의(treble damages)[37] — 손해배상금을 지급하는 것을 말한다. 이런 제재는 그 요건이 형사 불법에 근접한 실질을 내용으로 하고 있다는 점에서 형법에

---

36) 이에 관한 종합적인 연구로 이점인, *징벌적 손해배상에 관한 연구 - 미국제도를 중심으로* (동아대학교 박사학위논문, 1998); 부실감사책임영역에서 징벌적 손해배상의 제도를 구체적으로 설계하는 예로 이상돈, *부실감사법: 이론과 판례* (법문사, 2007), 225쪽 아래 참조.

37) 1914년 미국의 클레이튼(Clayton)법 제4조('반트러스트 법에 위반한 행위에 의하여 자신의 영업 또는 재산에 손해를 입은 자는 그 손해액의 3배(treble damages)를 청구할 수 있다.')는 그 대표적인 예이다; 다만 3배 배상과 달리 징벌적 손해배상은 판례법에 의해 발전된 제도라는 차이가 있다. 미국에서는 두 제도의 중복적용을 허용하는 판례(Atlantic Purchasers, Inc. v. Aircraft Sales, Inc., 705 F, 2d 712, 716n [4th Cir. 1983])와 배타적인 관계로 이해하는 판례(Arnott v. American Oil Co., 609F. 2d 873, 888 [8th Cir. 1979])가 병존해 있다.

근접해 있다. 또한 징벌적 손해배상은 발생한 손해만큼만 전보하는 정의의 원리에서 벗어나 있다는 점에서[38] 민법의 영역에서 떨어져 있게 되고, 피해자들의 소제기를 유인하고 법위반행위를 억제하는 효과를 발휘할 수 있다는 점, 그리고 개인의 손해가 적지만 위반자의 이익총액이 클 경우에 집행결핍에 빠지기 쉬운 행정법적 제재의 기능을 대신하거나 보완한다는 점에서 행정법의 영역에로 한 걸음 다가선 제재가 된다(도표 4의 ⓕ).

2. 제재수단의 법이론적 배열

이러한 특성비교를 통하여 얻어진 결론들이 공정거래형법의 개혁논의(IV.)에서 더욱 결실을 거두려면 그러한 결론이 갖는 법이론적 의미를 밝혀내는 일이 필요하다. 여기서 법이론이란 무엇보다도 어떤 제재가 어떤 행위영역에 적합한지를 판단할 수 있게 하는 사회 이론적 법이론이다.

(1) **경제체계, 행정체계와 생활세계** 그런 이론으로 하버마스의 법이론이 매우 유용할 수 있다. 그에 의하면 현대사회는 행정체계(정치체계)와 경제체계 그리고 생활세계로 구성된다.[39] 생활세계(Lebenswelt)는 보통사람들의 삶의 세계를 말한다. 이 세계는 문화적으로 전승된 규범 위에서 사람들의 상호이해가 펼쳐지는

38) 이런 점을 이유로 3배 배상의 도입에 비판적인 함영주, *집단소송에 관한 연구*, 고려대학교 박사학위논문 (1997), 56쪽.

39) 이에 대한 개괄적인 소개로 이상돈·홍성수, *법사회학: M. Weber, J. Habermas, N. Luhmann의 사회학이론과 법패러다임* (2000), 제3장 참조; 하버마스(Habermas)의 저작으로는 특히 *Legitimationsprobleme im Spätkapitalismus*, 1975 참조.

장이다. 생활 세계적 규범을 위반하는 일탈행위에 대한 제재는 도덕적 비난의 성격을 띤다. 생활 세계적 규범은 사람들이 하나의 공동체에서 공존하기 위한 조건, 즉 도덕(Moral)의 성격을 띠기 때문이다. 이에 비해 경제체계는 시장 위에서 생존에 필요한 재화를 생산하고 분배하는 기능들의 총합을 말한다. 시장의 공정성을 제외한다면 경제영역은 도덕적으로 진공상태이다.40) 경제영역의 정언명령은 자본의 효율적인 확대재생산일 뿐이기 때문이다. 그러므로 이 영역에서 일탈행위에 대한 제재는 '기능적 성격'을 띤다. 행정체계 또는 정치체계는 관료나 정치인들이 경제체계의 기능화에 필요한 규제와 지원, 유도와 조정 등의 서비스를 제공하고, 합리적 정책결정을 통하여 생활세계로부터 지지를 얻어내는 기능들의 총합을 말한다. 정치체계에서 시민의 일탈행위는 불복종이 되며, 이는 관료와 정치인이 권력을 재생산하는 데에 장애요소로 작용한다. 따라서 그에 대한 제재도 기능적일 뿐, 도덕적 성격을 띠지 않는다. 여기서 중요한 점은 체계와 생활세계는 어떤 특정한 행위영역을 가리키는 것이 아니라 모든 행위영역에서 각기 서로 다른 비중으로 작용하는 요소, 즉 사회를 구성하는 메커니즘(Vergesellschaftungsmechanismen)으로 이해되어야 한다는 점이다.41)

[전속고발제도] 공정거래법 제71조 제1항은 범죄화된 중요 불공정거래행위(법 제66조~제67조)에 대한 공소제기를 위해서는 공정거래위원회의 고발이 있어야 한다고 규정하고 있는데, 이를 전속고

40) Habermas, *Der philosophische Diskurs der Moderne* (1985), 407쪽.
41) 이런 재해석으로 이상돈, *형법학*(1999), 331쪽 아래; *법철학*(2003), 209~217쪽 참조.

발제도라 한다. 이는 위에서 살펴본 바와 같이 원칙적으로 민사제재나 행정제재만으로도 규율 가능한 불법유형을 일단 모두 형사불법유형으로 포괄하여 놓고 그 실절적인 불법성의 판단은 공정거래위원회가 하도록 하고 있는 것이다. 이러한 입법은 불법의 실질에 대해 판단할 권한을 시민의 대표인 의회가 갖지 않는다는 점에서 죄형법정주의와의 관계에서 문제가 된다. 그러나 공정거래위원회는 각 행위유형이 시장구조에 어떤 영향을 끼치는가를 이익형량적으로 판단하기 때문에 공정거래위원회의 적정한 전속고발권의 행사는 사법의 논리가 경제영역에 무차별적으로 침투해 들어오는 것을 조절하는 기제로 작동할 수 있다. 따라서 전속고발제도를 통하여 경제체계의 '합리성'과 사법체계의 '정의'라는 체계간의 충돌[42]을 조정하고 조화를 꾀함으로써 각 체계는 자기반성적으로 발전을 거듭해나갈 수 있을 것이다. 현대사회에서 사회체계간의 갈등은 구조화 되어있는 것이라는 점을 고려할 때, 체계 간 통합을 위하여 이와 같은 전속고발제도는 확대되어 나가야 할 것이다. 다만 전속고발권을 갖는 기구(현행법상 공정거래위원회)는 권력의 독점화 경향으로 흐르는 것을 지양(예: 협의체의 구성)해야 할 것이다.

(2) 제재수단의 배열 앞서 특성을 비교한 제재수단이 통제하는 일탈행위가 발생하는 행위영역도 생활세계, 경제체계, 행정체계의 요소가 차지하는 비중에 따라 유형화할 수 있다. 그 유형화는 곧 제재수단의 사회 이론적 자리매김이 되며, 이 자리매김이 법정책의 기초가 된다. 다음 도표 5에서 행정체계는 점 Po, 생활세계는 점 L, 경제체계는 점 S로 표현된다. 각 제재수단이 얼마나 생활 세계적 성격과 체계적 성격을 갖는지는 점 Po-L-S를 잇는 삼각형의 어느 지점에 위치하느냐에 의해 표현될 수 있다.

42) 이런 현상에 관해 이상돈, *로스쿨을 위한 법학입문*(법문사, 2010), 14~15쪽.

앞서 분석한 제재수단들의 특성을 기초로 판단하면 ⓒ형벌은 가장 생활 세계적 요소가 강한 제재인 반면, ⓐ도덕적 비난이 흠결된 과태료는 행정 체계적 요소가 강한 제재, 그리고 경쟁시장의 형성에 기여하는 시정조치나 금지명령, 임시정지 등은 경제 체계적 요소가 강한 통제가 된다. ⓔ손해배상은 정의의 원리에 기초한다는 점에서 생활 세계적 요소가 상당히 있지만 재화분배의 기제로 작용한다는 점에서 경제 체계적 요소가 얼마간 있다. ⓖ원상회복은 손해배상보다 더욱 생활 세계적 요소가 강하며 경제 체계적 요소는 다소 약하다. ⓑ과징금은 얼마간 사회 윤리적 비난을 수반한다는 점에서 생활 세계적 요소가 다소 있고, 경쟁시장의 형성에 기여한다는 점에서 경제 체계적 요소도 얼마간 있으며, 시정조치 등의 행정처분을 관철하는 수단이면서 행정목적을 달성하는데 사용된다는 점에서 행정 체계적 요소를 강하게

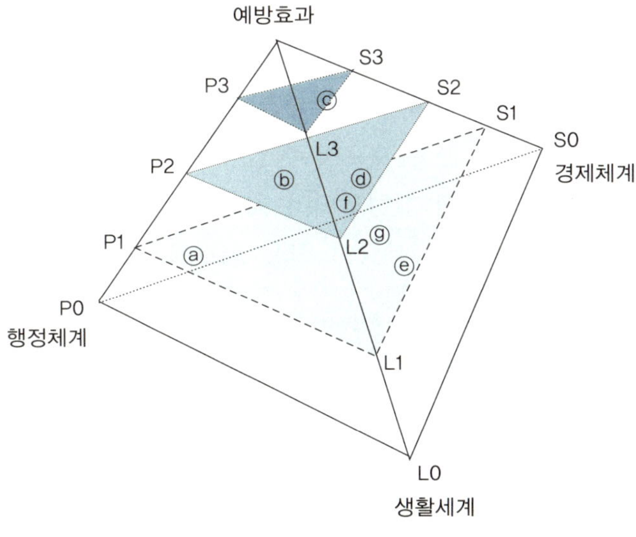

도표 5: 제재수단의 사회이론적 자리매김

갖는다. ⓕ징벌적 손해배상은 과징금에 비해 행정 체계적 요소는 약화되고, 생활 세계적 요소와 경제 체계적 요소는 강화된다. ⓓ무과실 배상책임은 과징금과 비교할 때 징벌적 손해배상보다는 생활 세계적 요소가 다소 덜 강화되지만 경제체계적 요소는 비슷하게 강화된다. 도표 5는 이러한 자리매김을 표현하고 있다.

그런데 도표 5는 삼각형을 세 가지 차원으로 각각 나누어 제재수단의 사회이론적 성격을 자리매김하고 있다. 이 세 차원의 구분은 불공정거래행위에 대한 예방적 효과의 차등을 표현한다. 위로 갈수록 예방적 효과가 크고 아래로 갈수록 약해진다. 즉 ⓒ형벌이 가장 예방적 효과가 강하고(도표 5의 Po3-L3-S3의 삼각형 차원에 자리함), ⓐ과태료와 ⓔ손해배상은 가장 예방적 효과가 약하며(도표 5의 Po1-L1-S1의 삼각형 차원에 자리함) 그리고 ⓑ과징금, ⓕ징벌적 손해배상, ⓓ무과실 손해배상, ⓖ원상회복은 형벌보다는 약하고 과태료나 손해배상보다는 강한 예방적 효과가 예상된다(도표 5의 Po2-L2-S2의 삼각형 차원에 자리함). 또한 그림의 각 삼각형 차원의 면적이 차등화된 것은 예방적 효과가 클수록 제재받은 자의 부담이 큰 제재로서 헌법상 비례성원칙의 관점에서 볼 때 적용영역이 좁게 설정되어야 하고, 반대로 예방적 효과가 약할수록 제재받는 자의 부담이 적은 제재로서 적용영역이 넓게 설정되어야 함을 보여준다.

Ⅳ 형법정책의 방향

앞서 해명된 불공정거래행위의 불법구조와 사용가능한 제재수단의 법이론적 특성분석을 바탕으로 공정거래형법의 거시적인 개혁방안을 설계할 수 있다. 이 설계는 기존의 형법이론과 형법체계를 초월하는 전망에서 이루어질 수도 있고(아래 1), 기존의 형법이론의 틀 안에서 이루어질 수도 있다(아래 2).

1. 형법체계초월적 전망

앞서 행한 제재수단의 특성분석에서 민법과 형법, 행정법의 그 어느 한 영역에 완전히 갇힐 수 없는 복합적인 특성을 지닌 제재수단을 확인할 수 있었다.

(1) 중간법의 성장 좁게는 과징금과 징벌적 손해배상이, 넓게는 원상회복과 무과실 손해배상책임의 제재수단이 그에 해당한다. 바꿔 말해 그런 제재들은 민법과 형법, 행정법에 — 각기 서로 엇갈린 비중의 차이를 둔 채 — 두루 걸칠 수 있는 중간영역에 위치한다. 도표 4의 중앙원(음영처리)은 이를 표현하고 있다.

미국의 케네스 만이 말하는 '중간법'(the middle ground between criminal and civil Law)의 이론[43]은 바로 그와 같은 중간영역을 관할하는 새로운 법영역의 성장을 내다보고 있다.[44] 중간법의 이론에 의하면 징벌적 사적 제재는 법경제학적 관점에서 정부의 비용을 덜어주고 공동체 전체의 제재력을 증가시켜 줄 수 있다

43) 이에 관해 자세히는 Kenneth Mann, "Punitive civil sanctions: the middle ground between criminal and civil law", *the Yale Law Journal* (Vol. 101, 1992), 1796~1873쪽, 특히 1795쪽 아래 참조.

44) 정부가 기업의 하나이고, 행정체계가 경제체계의 한 부분을 구성하는 미국 사회에서는 관헌국가적 전통이 강한 독일이나 우리나라에서 볼 수 있는 행정법이 발달하지 않은 점을 고려할 때 케네스 만의 중간법이 주로 사법과 형법을 사이에 두고 성장하는 것으로 관찰된 점을 이해할 수 있다.

고 한다. 독일의 하쎄머가 말하는 '간섭법'(Interventionsrecht)[45]도 중간영역의 독자화가 필요함을 보여 준다.

> "형법의 현대화를 낳았던 현대사회의 문제들은 형법과 질서위반법 사이, 민법과 공법 사이에 자리 잡는 하나의 특별한 간섭법에서 규율되는 것이 좋을 수 있다. 간섭법은 형법보다는 낮은 수준의 보장과 절차적 규제를 사용하지만 그에 대해 사용하는 개인에 대한 제재는 훨씬 덜 가혹하다."

(2) **공정거래형법의 최소화** 이들의 논의와 내 분석에서 최소한의 공통점은 불공정거래행위와 같은 행위는 형법이 통제하기에 그리 적합하지도 않고 효율적이지도 않지만, 그렇다고 전통적인 민법이나 공법이 담당하기도 적합하지 않은 문제영역에 속한다는 점이다.

1) **중간법의 성장에 반비례적인 형법의 축소** 그러므로 징벌적 손해배상이나 과징금은 민법이나 공법의 특수한 제재가 아니라 독자적인 중간법 영역의 제재수단으로 성장할 단초가 될 수 있다. 그 중간법 영역에서는 민법원리와 형법원칙 그리고 공법적 원리가 함께 동원되어 사안에 적절한 규율원칙이 개발되어야 한다. 제재부과의 절차법도 기존의 소송법과는 다른 원리로 구성되어야 한다. 이미 진행되고 있는 민사소송법의 사회화(예: 사회적 민사소송)나 형사소송의 제한된 민사화(예: 변론주의화된 형사소송), 그리고 행정소송의 전문화는 그런 절차법의 미래적 형성

---

45) Hassemer, *Kennzeichen und Krisen des modernen Strafrechts*, ZRP (1992), 378쪽 아래(배종대 · 이상돈 편역, *형법정책* (1998), 191쪽 아래, 특히 208~209쪽 참조).

을 예고해주는 현상이다. 물론 그 구체적인 제도의 모습은 아직 과제로 남아 있다. 하지만 적어도 이와 같은 중간법 영역의 성장 가능성을 내다볼수록, 또한 그 법의 제도화기획이 구체화될수록, 현행 공정거래형법의 필요성은 점점 더 근거지워질 수 없게 될 것이다.

2) 공정거래형법의 폐지가 아닌 대안제도의 개발 필요성

그러나 공정거래형법을 중간법의 성장에 반비례적으로 축소시킨다고 해서 완전히 폐지하는 것을 의미하지는 않는다.

(가) 공정거래형법의 핵심유지 시장지배지위남용행위도 매우 중대하고 명백한 경우에는 전통적인 형사불법과 매우 유사한 유형적 특성을 갖고 있다. 따라서 시장지배지위남용금지규범의 높은 가치와 그 가치침해에 대한 법공동체의 불승인을 형법이 상징화할 필요가 있다. 물론 책임원칙이나 비례성원칙 등에 위배되지 않는 선에서 그러하다.

(나) 동의명령제의 도입 이렇게 볼 때 현재 공정거래위원회가 이를테면 시장지배지위남용죄에 대한 형사고발을 거의 하지 않음으로써 시장지배지위남용죄는 사실상 사문화되어버린 현실은 바람직하지 않다. 더욱이 이런 실무현실은 중간법의 충분한 성장에 반비례적으로 축소된 형법의 모습이 아니다. 왜냐하면 공정거래법영역에서 중간법은 아직 형법을 제로로 축소시킬만큼 성장해 있지 않기 때문이다. 중간법의 성장은 경성법(hard law)인 형법에 비하면 연성법(soft law)이다. 그런 연성법적 성격의 또 다른 대안제도로 동의명령(consent order)을 들 수 있다. 미국과 독일, 일본 등 여러 선진국에서 채택하고 있는 동의명령제도는

형벌 대체적이면서 공정거래질서를 효율적으로 확립하는 연성법적 제도의 하나가 될 수 있을 것이다.

2. 형법이론적 전망

중간법의 기획이 공정거래형법의 최소화를 현행 법체계 밖에서 이끌어 내고 있다면, 이제부터 설명하는 형법이론에 의한 타당성 검증은 공정거래형법의 최소화를 현행 법체계 안에서 밀고 간다.

(1) 형법이론의 기초 형법은 생활세계의 정당한 질서로서 자리잡는다는 강령의 의미를 먼저 이해할 필요가 있다.

1) 형법의 정당화원칙들 형법은 ㉠ 인격적 법익을 보호(법익보호원칙)하는데 ㉡ 적합하고, 법 위반자에게 최소 침해를 가져오는 수단이면서 그 위반행위와 균형을 이루는 제재로서(비례성원칙) 그리고 ㉢ 그 제재의 요건과 절차 및 효과가 모두 예측·사후심사·교정이 가능한 경우(명확성원칙)에 비로소 정당화될 수 있다. 특히 죄와 형벌의 균형성은 책임을 요구한다. 형법에서 책임이란 위반자가 자신의 행위가 가져올 타인에 대한 침해의 결과를 내다보고, 그의 고통을 이해할 수 있는 가능성[46]이 그 위반자의 개인적 능력에 비추어 가능한 경우에만 인정된다. 이러한

46) 형사책임은 가해자가 피해자의 고통을 이해하고, 피해자 역시 가해자의 의도를 이해할 수 있는 가능성이 상호 전제될 때에만 가능하다. 그러므로 형사책임은 '행해지지 않은 관점교환'(Perspektivenwechsel)이라고 볼 수 있다. 이런 견해의 대표적인 예로 Günther, "Möglichkeiten einer diskursethischen Begründung des Strafrechts", *Recht und Moral* (1991), 215쪽 (이상돈 편역, *대화이론과 법* (2002), [4]단락 참조).

형법원칙들은 형법이 사회적 통합의 기초가 되는 핵심규범으로 작동하기 위한 전제조건이라 할 수 있다. 여기서 주의할 점은 인격적 법익이라고 해서 단지 개인적 법익만을 의미하는 것이 아니라 보편적 법익을 보호하더라도 궁극적으로는 개인의 이익을 보호하는데 이바지하는 경우에는 인격적 법익으로 해석될 수 있다는 점이다. 공정거래법이 보호하는 경쟁적 시장구조의 구축도 인격적 법익이 될 수 있다.

2) 불공정거래행위의 생활세계성 평가 앞서 해명된 불공정거래행위의 불법구조와 사용가능한 제재수단의 법이론적 특성 분석을 종합하면 공정거래영역에서 새로운 형법정책의 전망을 얻을 수 있다. 이 분석에 앞서 형법정책의 기본강령으로서 형법은 개인들이 살아가는 삶의 장에서 사회적 통합의 기초가 되는 핵심규범을 관리해야 하고, 그런 점에서 형법은 '생활세계의 정당한 질서'에 속한다는 점을 전제하기로 한다. 그러나 이 점이 곧 형법은 오로지 생활세계적인 요소만을 갖는다는 뜻은 아니다. 경제체계적·정치체계적 요소가 얼마간 들어갈 수 있지만 비중에 있어 적어야 한다는 것이다. 또한 형법이 통제수단으로 투입되는 영역이 사적 상호작용이 일어나는 영역(예: 가정, 소규모집단, 지역사회)에 국한되는 것이 아니라 시장체계와 같은 사회체계에까지 뻗어갈 수 있음도 간과해서는 안된다. 그러므로 여기서 생활세계성을 강조하는 것은 단지 불공정거래범죄에 대한 형사책임을 행위자의 입장에서도 통찰과 수용이 가능한 방식으로 귀속시키기 위한 것이다.

(2) 불공정거래행위의 유형별 생활세계성 분석 그런데 다양한

불공정행위가 일어나는 영역이 얼마나 생활세계적인가 하는 점을 판단하는 요소는 경험적이며 규범적이다.

1) 분석평가의 기준과 방법 그런 요소로 다음과 같은 몇 가지 평가요소를 설정해보기로 한다. 법익보호원칙, 명확성원칙, 비례성원칙에 각각 관련되는 평가요소로 다음의 도표 6과 같은 항목을 설정해볼 수 있다.

법익보호원칙 관련요소	㉠	인격적 법익의 보호와 얼마나 근접해 있는가?
	㉡	소비자이익의 침해에 대한 소비자들의 위협감정[47]은 어느 정도인가?
	㉢	위반자와 피해자 사이의 직접적인 상호작용이 펼쳐지는가?
명확성원칙 관련요소	㉣	제재의 대상이 되는 불공정거래행위의 내용과 범위가 얼마나 예측가능하고, 또한 확정도 용이한가?
비례성원칙 관련요소	㉤	형벌이외의 다른 법적 수단으로 통제될 수 있는 가능성이 얼마나 있는가?

도표 6: 공정거래형법의 생활세계성 평가기준

여기서 이러한 평가요소들(㉠㉡㉢㉣㉤)의 균형 잡힌 고려를 위해 법수사학적 방법론의 하나로서 구조사고[48]를 사용할 필요가

47) 여기서 이익침해에 대한 일반인의 위협감정(Bedrohungsgefühl)은 이익침해의 빈도수와 그 이익의 결핍정도와 함께 형법적 법익을 인정할 수 있는 경험적 요소이다(Hassemer, *Theorie und Soziologie des Verbrechens*, 1980, 130쪽 아래). 이익침해의 빈도수, 즉 공정거래법위반행위의 빈도수는 (미적발사건[암수]가 있겠지만) 제재건수를 통해 간접적으로 그 대강을 추측할 수 있고, 이 점은 명확성요청(평가요소 ④)과 중첩되므로 여기서는 위협감정만을 평가요소로 정한다.

48) 이러한 방법론을 제안한 Haft, *Juristische Rhetorik*, 1985 참조.

있다. 즉, 다섯 가지 불공정거래행위(유형 ①②③④⑤)에 대해, 각 평가요소마다 그 평가결과(평점)를 정도 3에서 0으로 차등적으로 계량화된 평점을 매기고 그 총합을 가지고 생활세계적 성격의 정도를 판단하는 것이다.

2) 불공정거래범죄의 유형별 평가 이 평가기준을 통해 공정거래형법의 다섯 가지 중요 구성요건에 대해 그 생활세계성을 평가해보기로 한다.

(가) 인격적 법익보호의 정도 먼저 인격적 법익보호의 정도라는 요소에서 가장 높은 점수를 얻는 것은 개별적 불공정거래행위(3점)이다. 그 다음은 경쟁적 시장구조를 직접 보호함으로써 소비자들의 편익과 후생을 실현하는 시장지배지위남용죄와 카르텔죄의 보호법익이 인격적 법익의 성격을 많이 갖고 있고(2점), 경쟁제한적 기업결합죄는 경쟁적 시장구조를 변화시키는 매우 경제체계관련적 행위라는 점에서 인격적 법익의 성격이 매우 낮다(1점). 또한 경제력집중죄는 고도로 경제체제의 문제에 속한다는 점에서 인격적 법익의 성격이 거의 없다고 본다(0점).

(나) 위협감정의 평가 소비자들이 각 불공정거래행위에 대하여 느끼는 법익침해에 대한 위협감정은 대체로 독과점에 대한 폐해의식이 '모든' 국민에게 일반화된 점에서, 독과점폐해의 '현실화'인 시장지배지위남용이나 부당공동행위가 가장 크고(3점), 독과점폐해의 '잠재성'을 갖는 기업결합은 그 다음으로 크고(2점), 개별적인 불공정거래행위의 경우는 비록 위협감정은 현실적이지만, 피해의 경험이 산발적이며 모든 국민이 경험하는 것이 아니라는 점에서 가장 약하다고 볼 수 있다(1점). 또한 경제력집중은

위협감정보다는 불평등에 대한 불만의식을 통하여 간접적으로 제한된 범위 내에서 위기의식으로 전환된다고 보아 개별적 불공정거래행위와 비슷한 평점(1점)을 매길 수 있다.

(다) **상호작용의 직접성 평가** 생활세계적 요소로 행위자들의 직접적인 상호교류와 작용에 있어서의 평점은 상호작용이 위반자와 피해자 사이에 직접적으로 이루어지는 개별적 불공정거래행위에서 가장 크고(3점), 직접 또는 간접으로 이루어지는 시장지배지위남용이나 부당공동행위에서 그 다음으로 크며(2점), 경제력집중에서 가장 작다(0점)고 할 수 있다. 기업결합은 이 둘 사이에 위치한다(1점).

(라) **명확성 평가** 범죄의 명확성요청은 기본적으로 모든 불공정거래행위에서 낮게 실현된다. 불공정성의 구체적 판단을 궁극적으로 행정입법(시행령이나 시행규칙)으로 정한다는 점 때문이 아니라 불공정성 개념 자체의 모호성 때문이다. 특히 이 모호성은 논리적인 성격이 아니라 시장의 급격한 가변성 때문이다. 행정입법은 그것에 대처하기 위한 전문성의 요청을 충족하기 위한 것이다. 그러므로 여기서 명확성요청의 충족에 대한 평점은 '거래행위의 불공정이 명확할수록 공정거래위원회의 제재가 빈번해진다'는 법경제학적 가설을 전제로 실제 공정거래위원회가 제재한 횟수를 기준으로 매기는 것이 불가피하고, 또한 그 방법은 어느 정도 합리성이 있다. 도표 7에 기재된 평점은 공정거래위원회 백서의 통계를 기준으로 매긴 것이다.

(마) **비례성(보충성) 평가** 마지막으로 보충성요청, 형벌이 아니고서는 통제되기 어려운 정도에 대한 평가이다. 경제력집중은 형벌이 아니라 상속, 증권거래 및 회계감사제도의 개선과 공정거

래위원회의 규제로 효과적으로 차단될 수 있다고 보아 가장 낮은 점수(1점)를, 기망이나 위력 등이 사용될 경우에는 더욱 형벌의 불가피성이 증대되고, 기존의 형법과 불법구조가 가장 유사한 개별적 불공정거래행위는 가장 높은 점수(3점)를 받을 수 있다. 독과점폐해를 낳는 행위들은 그 중간에 위치한다고 본다(2점). 카르텔은 독과점폐해를 낳는 행위이지만 시장에 대한 기망(fraud on market)의 요소가 있으므로 3점을 부과한다.[49] 이상의 평가를 종합하면 아래 도표 7과 같게 된다.

	㉠ 인격적 법익의 보호정도	㉡ 법익침해에 대한 위협감정	㉢ 직접적 상호작용	㉣ 명확성	㉤ 보충성	점수
① 시장지배 지위남용	2	3	2	0	2	9
② 기업결합	1	2	1	2	2	8
③ 경제력집중	0	1	0	1	1	3
④ 카르텔	2	3	2	2	3	12
⑤ 개별불공정 거래	3	1	3	3	3	13

도표 7: 불공정거래행위유형의 계량화된 생활세계적 성격

(3) 법치국가적 형법정책 여기서 주의할 점은 관점에 따라서

49) 이 점은 내가 이 단락의 글을 2003년 논문("공정거래질서와 형법정책", *법제연구* (통권 제25호, 2003), 167~195쪽)의 형태로 처음 발표했을 때의 평가와 변경된 부분이다. 이런 변경은 카르텔죄에 대한 연구를 통해 시장에 대한 사기적 요소가 카르텔 불법의 중심을 이룬다는 점을 밝힌 데서 비롯된다.

는 내가 선택한 평가요소와 다른 평가요소의 설정도 가능하고 같은 항목에 대한 다른 평점부여도 가능하다는 점이다. 더 나아가 같은 부류(유형 ①~⑤)의 불공정거래행위는 다시 다양한 유형으로 세분화될 수 있고, 각 세분화된 유형은 그것이 속한 부류와는 다른 부류의 불공정거래행위와 같은 평점을 받을 가능성을 결코 배제할 수 없다. 그러니까 여기서 분석해보인 구조사고의 분석결과는 불공정거래행위에 대한 형법적 통제의 정당성 판단을 이끄는 대강의 지침이 될 뿐임을 간과해서는 안 된다.

1) **유형별 형법정책의 방향** 그러나 그 대강의 지침은 공정거래형법에 관한 형법정책의 이론적 거점이 전무한 상황에서는 매우 유익한 정보를 제공해줄 수 있다. 이제 그 분석결과를 갖고 설명하면 다음과 같다. 아래 도표 8은 가로변에서 불공정거래행위의 유형을 그리고 세로 변에서 생활세계적 성격에 관한 평점의 총점을 보여준다. 그리고 형벌을 제재수단으로 사용하기 위한 생활세계적 평점을 선 G1의 위쪽 영역으로 정하고, 과태료

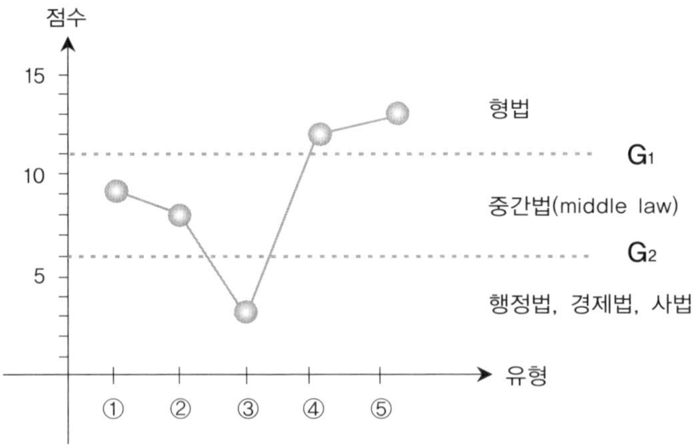

도표 8: 불공정거래행위와 형법정책

부과 등으로 충분한 낮은 평점을 선 G2의 아래쪽 영역으로 정한다면, 그 사이에 위치하는 불공정거래행위는 앞서 전망한 중간법의 형성이 기대되는 영역이 된다.

(가) **시장지배지위남용죄와 경쟁제한적 기업결합죄** 이런 설정에서 시장지배지위남용과 경쟁제한적 기업결합은 형벌보다는 과징금이나 징벌적 손해배상 등의 제재로 만족해야 한다는 결론이 나온다. 유럽연합이나 독일과 같은 국가에서 범칙금(Bußgeld)으로만 제재하는 것도 같은 형법정책이라고 볼 수 있다. 그러나 이렇게 중간법으로의 배열은 중간법이 완전하게 성장했을 때 비로소 가능할 것이다. 여기서 완전한 성장이란 적어도 중간법적 제재가 형벌을 대체하는 제재로 이해될만큼 그 독자적 중요성을 획득했을 것을 요구한다. 다만 현행 헌법 제13조 제1항을 이중위험금지 원칙으로 해석하면 과징금과 형벌을 병과하는 것은 위헌적인 것임을 간과해서는 안된다. 하지만 아직 중간법이 그만큼 성장하지 않은 단계에서는 이를테면 시장지배지위남용죄(9점)는 형법에 속하게 하고 적용사례를 매우 엄정한 요건을 충족하는 최소한의 사례군에 국한시키는 운용을 하는 것이 바람직하다. 이에 비해 경쟁제한적 기업결합은 인수합병 전에 경쟁제한 심사를 받는 등 절차적인 해결이 더 합리적이므로 중간법으로 내려보는 것이 바람직하다.

(나) **카르텔죄와 개별적 불공정거래죄** 카르텔은 개별적 불공정거래죄보다는 낮은 점수이지만 시장체계에 대한 범죄로는 가장 높은 점수로서 형법의 영역에 남아 있어야 한다. 이런 형법정책은 비록 입찰담합죄에 국한된 것이긴 하지만 형법전(StGB)에 "경쟁에 대한 범죄"(Straftat gegen den Wettbewerb)의 장(제26장)

을 만들어 놓은 독일의 형법정책과도 상응한다.

이에 비해 개별적 불공정거래죄(유형 ⑤)는 최고의 불법점수를 받았지만 형법의 개입이 최종적으로 정당화되는 것은 아니다. 불법의 구조가 생활세계적 일탈행위의 성격을 띠고 있다고는 하지만 그 불법의 상당부분은 소비자기본법 등과 같은 각종 법률들이 포착하는 불법과 그 성격이 같기 때문이다. 또한 형법전을 통해서도 대부분 통제가능한 범죄들이다. 그러므로 형사불법이 되려면 기망이나 위력 등을 사용한 바와 같은 '행위양태'의 특성이 불법의 질을 한 단계 더 나쁜 쪽으로 높일 수 있는 것이어야 한다. 그러나 이러한 불공정거래행위마저도 앞서 본 바와 같이 징벌적 손해배상 등의 제재로 통제될 수 있는 일탈행위로 남을 수 있다. 여기다가 소비자이익에 대한 침해의 개념을 위험개념으로 대체해버린 전제를 버리고, 엄격한 의미의 침해 개념을 따른다면 개별적 불공정거래행위의 대부분은 민사불법의 차원에서도 소비자의 이익을 침해하는 것이 아니라 단지 위태화하는 것에 머무르게 된다. 이런 점들을 종합해본다면 개별적 불공정거래행위의 범죄화도 충분히 정당화되기 어려움을 알 수 있다.

(다) **경제력집중죄** 경제력집중은 다른 공정거래범죄에 비해 현저히 불법점수가 낮다. 중간법에 속하기도 어렵고 행정법의 영역에서 규율되는 것으로 충분하다. 당장 비범죄화되어야 할 구성요건이다.

2) **경제성이 아니라 법치국가성** 이상에서 논의한 형법정책의 방향은 어디까지나 이론적이며, 주관적인 것이다. 공정거래형법의 범위를 어디까지로 정할 것인가 하는 문제는 궁극적으로

는 객관적인 진실인식의 문제가 아니라 합리적인 정책의 문제이다. 형법이 '생활세계의 정당한 질서'로 남아야 한다고 할 때에도 불공정거래행위가 일어나는 행위영역의 특성을 결정짓는 요소들의 불확실성은 앙가쥬망에 따른 결단과 집행을 배제시킬 수 없게 하기 때문이다.

(가) 법경제학적 사고: 트레이드 오프 그러므로 이 정책의 영역에는 예컨대 법경제학적 사고가 활동하기 용이하다. 이를테면 공적 제재의 집행에 있어 제재의 강도와 제재받을 확률 사이에는 트레이드 오프(trade-off), 즉 부(負)의 상관관계가 있다는 인식[50]은 불공정거래행위에 대한 제재의 강도를 높이게 만든다. 제재의 강도를 높이면 공정거래위원회의 제재집행비용을 줄이면서도 불공정거래행위에 대한 억제수준을 동일하게 유지할 수 있기 때문이다. 그러므로 하나의 불공정거래행위에 대해 과태료보다는 과징금, 과징금보다는 형벌을 부과한다면 공정거래체계는 그 자체로서 경제성을 높일 수 있게 된다.

(나) 법원칙적 사고 물론 이런 법경제학적 정책방향은 소극적 일반예방, 즉 '형벌위협을 아무리 높여도 범죄예방효과는 높아지지는 않는다'는 범죄학적 통찰에 의해 제동이 걸릴 수 있다. 그러나 이보다 더 중요한 점은 이런 정책이 불공정거래행위가 일탈행위로서 갖는 불법의 실질과 제재 사이의 '비례성'을 무시한다는 점이다. 형사정책은 그와 같은 헌법위반적 정책이 되어서는 안 된다. 형사정책은 어디까지나 헌법에 합치하는 정책, 곧

50) 예컨대 10개의 사업자 중 하나를 적발하여 과징금 1,000만원을 부과하는 것과 100개의 사업자 중 하나를 적발하여 1억원을 부과하는 것은 제재억제효과에서 같고, 공정거래위원회의 집행비용은 1개 적발이 훨씬 적게 드는 경제성이 발생한다.

형법정책으로 머물러야 한다. 그런 정책은 형사불법의 하한선을 오히려 높이는 정책이며, 그런 정책의 핵심은 생활세계적 성격이 비교적 분명한 영역에서만 형법을 동원하는 정책이다. 또한 장기적으로 보면 그런 형법정책은 경제영역의 효율성도 안정적으로 높이는 기반으로 작용할 수 있을 것이다.

(다) 공정거래형법 집행의 공정성 그러므로 우리는 현행 공정거래(형)법이 시장에 공정성이라는 최소한의 도덕성을 구현하는 기획을 좇기는 했지만 그 도덕화의 수위는 불공정거래범죄의 모든 유형에서 형사처벌의 문턱을 아직 넘어서지 못하고 있다고 말할 수 있다. 공정거래형법의 집행은 개별사안에 들어가 그 사안의 고유한 특성들을 면밀히 분석하여, 그 불법의 실질이 형사처벌의 문턱을 넘어서는 수준의 것인지를 밝혀낼 수 있을 때 그 스스로도 공정할 수 있게 될 것이다.

출처와 생성

제2장의 글은 이 책에서 처음으로 세상의 빛을 보게 된 글이다. 카르텔죄에 관한 연구를 이처럼 방대하게 할 수 있었던 것은 2009년 CJ제일제당의 연구지원에 힘을 얻었기 때문이다. 담합이 있다고 하여 언제나 과징금이나 형벌을 부과받는 것이 적정한 불법의 실질이 있는 것이지가 언제나 의문이었다. 제2장은 그런 부분을 매우 명쾌하게 해명해준다.

제 2 장

카르텔과 형법

Ⅰ 카르텔에 대한 규제현황

1. 카르텔의 범죄화

시장에 참여하는 사업자들이 합의하여 공동으로 부당하게 경쟁을 제한하는 행위를 하는 것을 카르텔이라 한다. 「독점규제 및 공정거래에 관한 법률」 제19조 제1항은 카르텔을 "부당한 공동행위"라고 표제화하고 금지하며, 제4항은 사업자간에는 카르텔계약을 무효화하고 있다. 또한 제56조는 귀책사유(고의 · 과실)에 관해 입증책임을 전환한 손해배상책임을 인정하고, 제66조 제1항 9

호는 위반행위를 3년 이하의 징역 또는 2억원 이하의 벌금으로 처벌하고 있다. 3년 이하의 징역에 처하므로 카르텔죄는 중범죄라고 할 수 있다. 카르텔에 대한 형사처벌의 필요성을 인정하는 법의식은 시민들 사이에 비교적 널리 퍼져 있다. 미디어도 기업들이 행하는 카르텔을 종종 사회악의 하나로 묘사한다. 카르텔 규제는 세계적인 관심사에 속한다. 이를테면 OECD는 국제적인 카르텔, 특히 경성카르텔에 대한 각국의 협력을 강화하는 정책을 펼쳐오고 있다. 이런 카르텔 규제는 세계시민사회로 들어가기 위해 필요한 조치로 이해되기도 한다.[1] 이에 따라 카르텔에 대해서 국내법을 적용(역외적용)하는 사례도 늘어나고 있다.[2]

[카르텔 범죄화의 비교법적 고찰] 카르텔에 대한 통제는 경쟁법적으로는 전세계적으로 매우 강력하다. 그러나 카르텔의 범죄화와 형사처벌은 각국마다 다르다. 예를 들어 미국 셔먼법(Sherman act) 제1조[3]는 카르텔을 중죄(felony)로 규정하고, 2004년 제정된

1) OECD의 국제경성카르텔에 대한 규제정책의 강화흐름에 대하여 자세히는 김원기, "경성카르텔(Hard Core Cartels) 규제의 최근동향 : OECD의 보고서(2000년)를 중심으로", *통상법률* (제39호, 2001), 201~224쪽 참조.

2) 대표적으로 흑연전극봉 사건을 들 수 있다. 영업소가 한국밖에 없는 미국의 UCAR International Inc., 독일의 SGL Carbon Aktiengesellschaft, 일본의 소화전공주식회사 등 4개 회사, 총 6개 회사가 한국영토 밖에서 합의로써 카르텔을 형성하여, 한국 수출시의 가격과 수출량 등을 정하였다. 이 사건에 대해서 자세히는 김원기, "국제카르텔과 독점규제법", *기업법연구* (제19권 제1호, 2005), 9~41쪽. 이런 역외적용은 이런 역외의 카르텔이 실행된 곳은 한국이고, 그런 카르텔의 경쟁제한효과가 발생한 곳도 한국이라는 점에서 공정거래법의 섭외적 적용의 근거를 찾고 있다. 이 점에 대한 자세한 분석은 장준혁, "흑연전극봉 카르텔 사건에서의 저촉법적 논점의 검토", *국제사법연구* (8호, 2003), 458~460쪽 참조.

3) Sherman Antitrust Act § 1. Trusts, etc., in restraint of trade illegal; penalty: Every contract, combination in the form of trust or otherwise, or conspiracy, in restraint of trade or commerce among the several States, or with foreign nations, is declared to be illegal.

Antitrust Criminal Penalty Enhancement and Reform Act (2004) SEC. 215 (a)에 의해 이전보다 매우 강화된 형벌, 즉 10년 이하의 징역이나 (법인의 경우는) 1억 달러 이하, (개인의 경우는) 100만 달러 이하의 벌금형에 처하고 있다. 이에 비해 독일은 경쟁제한방지법(GWB)은 카르텔을 금지하되(제1조) 형사범죄가 아닌 질서위반범(ordnungswidrigkeit)으로 취급한다(제81조 제2항 1호). 이 법은 카르텔행위에 대해 개인의 경우는 100만 유로 이하, 기업의 경우는 영업이익의 10% 이하의 범칙금(제81조 제4항)을 부과할 수 있게 한다. 독일이 이처럼 모든 담합의 유형들을 입찰담합죄처럼 형사범죄화하지 않는 것은 경쟁제한에 대한 비난감정이 경제영역과 공론영역에서 발달하지 않았기 때문이다.[4] 그래서 부패적 성격의 경쟁제한행위, 즉 질서위반범인 다른 경쟁제한행위들에 비해 "가중된 불법내용"[5]을 지닌 몇 가지 유형만을 독일형법 제26장(경쟁질서에 대한 범죄)에서 범죄화하였는데, 카르텔의 유형으로는 경쟁제한적 입찰담합죄(Wettbewerbsbeschränkende Absprachen bei Ausschreibungen)가 입법되었을 뿐이다. 주의할 점은 독일의 경쟁제한적 입찰담합죄는 우리나라 형법 제315조의 경매입찰방해죄와 같은 산업시대의 범죄유형이 아니라, 카르텔법과 경제형법의 핵심으로서 경쟁을 제한하는 범죄로 이해된다는 점이다.[6] 입찰담합죄는 기망의 요소나 재산상 손해발생이 요구되지 않는[7] 추상적 위험

Every person who shall make any contract or engage in any combination or conspiracy hereby declared to be illegal shall be deemed guilty of a felony, and, on conviction thereof, shall be punished by fine not exceeding $100,000,000 if a corporation, or, if any other person, $1,000,000, or by imprisonment not exceeding 10 years, or by both said punishments, in the discretion of the court.

4) Christian Müller-Gugenberger, *Wirtschaftstrafrecht, 3. Auflage* (Aschendorff Rechtsverlag, 2000), § 57-63 참조.

5) Gerhard Dannecker, *Strafgesetzbuch Band 2, 2. Auflage* (Nomos Kommertar, 2005), §298-3.

6) Jens Gruhl, *Wirtschaftstrafrecht, 3. Auflage* (Aschendorff Rechtsverlag, 2000), §58-1 참조.

7) 이 점은 형법학자들에 의해 비판받는 점으로서 예컨대 Klaus Lüderssen,

범으로 입법되어 있으며, 5년 이하의 자유형이나 벌금형에 처하고 있다. 유럽연합에서는 카르텔에 대해 범칙금을 부과하고 형벌을 부과하지는 않지만, 매우 강한 규제[8]를 하고 있다.

전속고발제(제71조 제1항)에 의해 모든 카르텔을 수사하고 처벌하는 것이 아니라 주로 "객관적으로 명백하고 중대하여 경쟁질서를 현저히 저해한다고 인정하는 경우"(법 제71조 제2항)에 카르텔은 범죄로서 다루어진다.

2. 카르텔에 대한 강한 통제

카르텔에 대한 법적 통제는 공정거래법위반의 다른 유형에 비해 매우 강력한 편이다.

(1) **법적 장치들** 먼저 법제도적으로 카르텔은 몇 가지 특별한 취급을 받고 있다. 첫째, 카르텔 불법의 핵심인 합의의 입증곤란을 해결하기 위해 법 제19조 제5항은 상당한 개연성이 있는 경우 합의한 것으로 추정(법률상 추정)하고 있고, 합의에 의한 부당공동행위가 경쟁제한효과를 발생시키는지에 관해서도 공정거래위원회의 고시인 「공동행위심사기준」은 경성카르텔(예: 가격설정)에서는 사실상 추정을 하고 있다. 셋째, 법 제26조 제1항 1호, 제2항은 사업자가 아니라 사업자단체가 결의하여 구성사업자들

"Strafrechtliche Interventionen im System des Wettbewerbs - kritische Betrachtungen de lege ferenda", in: Hans Dahs (Hrsg.), *Kriminelle Kartell? Zur Entstehungsgeschichte des neuen §298* (Nomos, 1998), 65쪽.

8) 이에 관해 자세히는 정완, "EC의 카르텔금지법리", *법조* (40권 7호, 1991), 74~106쪽.

에게 카르텔을 하도록 지시·통보하는 행위도 카르텔처럼 취급된다. 이로써 합의는 지시로 대체되고 부당공동행위는 일방적 결의·통보로 대체된다. 넷째, 더 나아가 카르텔의 적발을 쉽게 하기 위해 자진신고자 감면제도(법 제22조의2)와 신고포상금제(법 제64조의2)를 적극적으로 운영하고 있다.

(2) **엄정집행** 카르텔에 대한 법적 규제를 공정거래위원회는 실제로도 강력하게 집행하고 있는 편이다. 이를 통계로 살펴보면 다음과 같다.

> 1981년부터 2008년까지 카르텔로 처리된 사건 수는 1,285건으로 전체 공정거래법위반사건 12,054건 가운데 약 7.6%를 차지하고 있다. 그러나 카르텔에 대한 제재는 상대적으로 다른 법위반유형에 비해 강력하다. 예컨대 2007년 카르텔은 44건을 적발하여, 15건을 경고하고, 22건에 시정명령을 하였으며, 24건에서 과징금을 부과하였고, 7건을 형사고발하였다. 형사고발률이 15.9%이고, 과징금은 54.5%이다. 이는 1981년부터 2008년까지 규제조치를 취한 전체 처리사건 48,367건 가운데 형사고발은 429건으로 0.9%, 과징금부과는 1,602건으로 3.3%인 것에 비해 현저히 높은 수준임을 알 수 있다.[9)]

3. 강한 통제의 원인과 과제

카르텔은 분명 규제되어야 할 행위의 하나임에는 의문이 없으나 현재 우리나라의 통제수준은 다소 과잉규제의 모습을 띠고 있다고 볼 수 있다. 이는 공정거래법이 카르텔에 대해 기획한 규

9) 이상의 통계는 공정거래위원회, *2008년도 통계연보* (2009)의 통계를 이용해 계산되었음.

제의 의미를 잘못 이해한 결과라고 할 수 있다. 특히 카르텔규제의 목적은 소비자보호나 소비자후생의 증대라고 강조하는 목소리에 이런 잘못된 이해가 터잡기 쉽다.

> 이를테면 공정거래위원회는 설탕담합에 대한 시정조치의 의미를 두고 "14년간 담합을 지속해 온 카르텔을 적발시정함으로써 소비자 피해를 방지하였다"고 자평한다.[10)]

(1) 소비자후생의 과도한 강조 소비자보호에 대한 지나친 강조는 시장참여자에게 도덕적 의무의 수준을 높여 놓는다. 그렇기에 소비자후생의 강조는 규제당국의 역할수행에 대한 긍정적 이미지를 시민사회에 창출하기 쉬운 방편이 될 수 있다. 또한 소비자후생을 강조할수록, 법적 규제가 개입할 필요가 인정되는 '시장의 조정기능의 약화'를 '시장의 실패'(market failure)라고까지 침소봉대하기 쉬워진다. 그러므로 소비자후생의 강조는 시장의 실패에 대한 시민들의 불만을 잠재워야 한다는 정치경제적 조급증의 표현일 수 있는 것이다.

> [카르텔규제와 시장실패] ① 이처럼 소비자후생을 강조하는 관점은 정부의 반독점규제를 시장실패(market failure)를 치유하기 위한 방편으로 이해하곤 한다. 또한 시장실패가 소비자에게 선택의 가능성을 제공하는 시장의 능력 상실(외부적 시장실패)뿐만 아니라 선택하는 소비자의 능력 상실(내부적 시장실패)까지 포함한다고 보면,[11)] 반독점법이나 소비자보호법은 모두 소비자후생이라는 단일

---

10) *2008년 공정거래백서* (공정거래위원회), 211쪽.
11) Neil W. Averitt/Robert H. Hilde, "Consumer Sovereignty: A Unified Theory of Antitrust and Consumer Protection Law", *Antitrust Law Journal* (Vol. 65, 1996-1997), 713~756쪽 참조.

목적을 실현하는 수단이 되어 버린다. 이런 개념설정에 따르면 소비자보호는 반독점규제의 필요성을 정당화한다. ② 그러나 이런 관점은 오히려 시장의 경쟁적 구조를 등안시하기 쉽다. 이를테면 완전경쟁이 달성되지 않아도 시장은 일정한 조정기능을 발휘할 수 있고, 그 가운데 기업의 생산효율성도 증대되어 장기적으로 소비자후생으로 이어질 가능성은 남아 있다. 그렇기 때문에 카르텔규제와 같은 반독점규제는 시장의 실패를 치유한다기보다는 시장의 기능을 유지 또는 더 활성화시키기 위한 것으로 보아야 한다. 즉, 반독점규제는 시장이 실패했을 때 비로소 시작되는 것이 아니라 조정기능이 약화되었을 때 이미 시작할 수 있는 것이며, 그 규제의 목표는 소비자보호가 아니라 시장의 경쟁성을 강화하는 것에 있을 뿐이다. ③ 특히 우리나라는 미국과 달리 헌법상 사회적 시장경제의 질서이념(헌법 제119조 제2항)에 따라 정부는 시장실패와 무관하게 시장에서 힘의 불균형을 교정하고 부의 지나친 편중분배를 지양하는 목적에서 시장을 규제할 수 있다는 점도 간과되어서는 안 된다.

(2) 시장의 조정기능 유지 · 강화 소비자주권에 지향한 소비자후생에 대한 지나친 강조는 자칫 기업의 생산효율성을 등안시하기 쉽고, 기업의 생산효율성과 소비자편익 사이의 균형을 도모하지 않는 규제정책을 펼치게 만든다. 그러나 이런 규제정책이 시장의 실패를 치유할 수 있을지는 매우 의문이다. 이를테면 담합은 중 · 단기적으로는 소비자편익을 감소시키면서도 장기적으로는 산업의 건전성을 유지시켜 소비자후생을 증대시키는 경우도 있는 것이다.[12] 그렇기에 카르텔에 대한 규제정책은 소비자보호

12) 이를 순순환의 담합과 악순환의 담합으로 나누어 전자에 대한 법적 규제의 부적절성을 지적하는 이상돈 · 지유미 · 박혜림, *기업윤리와 법* (법문사, 2008), 75쪽 아래 참조.

에 일방적으로 쏠려서는 안되고, 시장의 조정기능을 유지, 강화하는 데 그 초점을 맞춰야 한다.

Ⅱ 카르텔불법의 유형과 구조

1. 보호법익

카르텔죄가 보호하고자 하는 법익은 다른 공정거래법위반죄와 마찬가지로 궁극적으로는 공정거래질서이다.[13] 여기서 공정거래질서란 "공정하고 자유로운 경쟁을 촉진함으로써 창의적인 기업활동을 조장하고 소비자를 보호함과 아울러 국민경제의 균형있는 발전"(제1조)이라는 목적을 달성하기에 적합한 시장질서를 말한다.

(1) 경쟁적 시장구조 공정하고 자유로운 경쟁이란 '경쟁적 시장구조'의 달성(a), '기업활동의 조장'은 '경영의 효율성'(business efficiency)(b) 그리고 '소비자보호'는 소비자의 '후생'(welfare)(c)으로 각각 옮길 수 있다. 경영효율성은 생산효율성(productive efficiency)으로 표현하기도 한다. 여기서 말하는 소비자보호는 후생경제학적 의미, 즉 파레토최적상태에서 달성되는 자원배분의 효율성(allocative efficiency)[14]이 소비자에게 가져다주는 이익의

---

13) 그러므로 1.단락의 내용은 이상돈, "시장지배지위남용의 형법적 적정규제", *영남법학* (제31호, 2010), 27~67쪽 부분의 내용과 거의 비슷한 내용으로 서술되어 있다.

14) 생산적 효율성이란 하나의 산업 내에서 효율성(efficiency within a single industry)이며, 이는 개별회사의 상품과 서비스의 생산단가를 최소화하는 것을 포함하는 반면, 배분적 효율성이란 산업 전체에 걸쳐 산출물들의 효율

총합을 의미한다.[15)]

1) 경영효율성과 소비자후생의 긴장관계 이와 같은 경영효율성(b)과 (소비자)후생(c)은 중·단기적으로는 서로 긴장과 대립의 관계에 놓이기 쉽다. 기업의 수익극대화는 소비자의 희생을 요구하기 쉽고, 소비자 편익의 극대화는 기업의 희생을 요구하기 쉽기 때문이다. 이렇게 경영효율성과 충돌할 때의 소비자 후생은 '후생'이라는 개념보다는 편익, 즉 소비자의 '편익'이라는 개념으로 표현하는 것이 적절하다. 왜냐하면 경영효율성은 장기적으로는 소비자의 편익을 증대시킬 수 있고, 소비자후생은 경영효율성과 충돌하는 중·단기적인 소비자의 편익뿐만 아니라 경영효율성에 의해 증가되는 장기적인 소비자편익까지 포괄하여 종합적으로 판단하여야 하기 때문이다.

2) 균형발전의 기제로서 경쟁적 시장구조 이처럼 생산효율성과 소비자후생을 장기적 안목에서 동시에 실현시키는, 그래서 "기업활동의 조장"과 "소비자보호"라는 두 법익을 조화시키는 기제가 바로 '경쟁적 시장구조'(a)이다.

경쟁적 시장구조는 양면적이다. 첫째, 경쟁적 시장구조는 시장을 지배하는 기업의 이익을 견제하지만, 힘없는 기업의 이익을 촉진한다. 둘째, 경쟁적 시장구조는 독과점 시장보다는 소비자

성(efficiency of output across industries)으로서 하나의 산업에 어떤 사회적 자원이 투자되어야 마땅한 것인가 라는 물음을 포함한 개념이다. 이런 개념이해에 관해 Christopher R. Leslie, "Achieving efficiency through collusion: A market failure defense to horizontal price fixing", *California Law Review* (vol. 81, 1993), 253쪽 참조.

15) 같은 취지로 김두진, "시장지배적 지위의 남용", *한국비교사법학회* (제14권 1호, 2007), 222쪽.

후생을 촉진하지만, 복지국가의 기획과 비교하면 소비자 후생을 상대적으로 좀 더 외면한다고 볼 수 있다. 이렇게 양면적인 기능을 하는 경쟁적 시장구조(a)는 경영효율성(b)과 소비자후생(c) 사이의 긴장과 대립 속에서 현실적으로 벌어지기 쉬운 불균형을 교정한다. 이런 교정을 제1조는 "국민경제의 균형있는 발전"(d)이라고 표현하고 있다. 셋째, 경쟁적 시장구조는 경영효율성과 소비자후생이 서로를 촉진시키게 만든다. 즉, 경쟁적 시장구조의 틀을 유지하면서 추구하는 경영효율성은 사회적 총효용을 극대화하여 궁극적으로 소비자에게 귀속될 재화의 크기를 증대시키고, 같은 틀 속에서 소비자후생은 사회적 총비용을 최소화하여 궁극적으로 기업의 경영효율성을 증대시키기 때문이다. 이처럼 경쟁적 시장구조를 통한 경영효율성과 소비자후생의 동시적 실현상태를 두고 시장의 공정성(fairness)이라고 부를 수 있다.[16] 공정거래법의 "공정" 개념은 바로 이런 의미이다.[17]

(2) 소비자주권의 예외 카르텔죄는 때로는 생산효율성과의 조화 여부와 상관없이 소비자후생을 독자적이고 절대적인 보호

16) 미국의 법경제학자들이 후생(Welfare)과 대립항으로 설정되는 공정성 개념(대표적으로 Louis Kaplow and Steven Shavell, "Fairness versus Welfare: Notes on the Pareto Principle, Preferences, and Distributive Justice", *Harvard Law and Economic Discussion Paper* (No. 411, 2003), 1~23쪽 참조)은 주로 자유주의적 시장경제를 지탱하는 대칭성, 일관성, 책임원칙과 같은 황금률 등에 관계된 것이다. 따라서 내가 말하는 공정성은 후생과 대립항적인 공정성이 서로 변증된 상태를 가리킨다.

17) 우리나라 법의 규제이념은 자유시장과 효율성을 중시하는 시카고학파(the Chicago School)의 영향이 있기 이전, 즉 19세기 후반부터 1960년대까지 미국의 반독점정책의 이념적 좌표와 비슷하다고 보기도 한다. 이런 견해로 조성혜, "미국의 독점금지와 기업결합의 제한 -셔먼법 제2조와 클레이튼법 제7조를 중심으로", *비교사법* (제9권 제2호, 2002), 445~446쪽.

법익으로 삼는 해석으로 운용될 수 있다. 이를 OECD는 한국의 경쟁법정책의 문제점으로 지적하기도 한다.[18] 이를 경계해야 함은 물론이지만, 소비자주권의 함의가 경쟁적 시장구조를 구축하는 데 필수적인 요소인 경우에는 예외적으로 카르텔죄의 보호법익으로 수용될 수는 있다.

1) 비대칭성의 교정수단으로 소비자주권 먼저 소비자주권이란 소비자의 권익을 최고가치로 보호한다는 의미로 재해석된 '소비자후생'이라고 할 수 있다. 소비자주권의 이념은 무엇보다 대기업과 소비자 사이에서 힘의 '비대칭성'(asymmetry)을 교정하는 데에는 매우 유효하다. 이런 교정은 경쟁적 시장구조를 구축하는 필수요소가 되기도 한다. 물론 공정거래법의 보호법익을 이와 같은 의미의 소비자주권의 개념으로 공식적으로 천명하는 판결은 찾기 어렵다. 그러나 다음의 의사파업(휴·폐업)사건에는 공정거래법을 적용하는 판결에는 이런 해석이 밑바탕을 이룬다.

[의사협회의 파업결의와 부당한 공동행위] 대한의사협회(회장 甲)가 의약분업 시행을 앞두고 의료계의 주장을 관철하기 위하여 의사대회를 개최하면서 의사들에게 대회 당일 휴업·휴진할 것과 참석자에 대한 참석 서명 및 불참자에 대한 불참사유서 징구를 결의하고 이를 통보하여 휴업·휴진하도록 하였다. ① 대법원은 대한의사협회에 법 제26조 제3항(구성사업자의 사업내용 또는 활동을 부당하게 제한하는 행위)의 위반을 인정하였다.[19] ② 대법원의 이

18) 소비자 보호에 대한 국민의 과도한 기대를 정부가 따르다보면 효율성을 해친다는 2000년 OECD의 "한국에서의 규제개혁"(Regulatory Reform in Korea)에 대한 검토로 김원기, "경성카르텔(Hard Core Cartels) 규제의 최근동향 : OECD의 보고서(2000년)를 중심으로", *통상법률* (제39호, 2001), 220~221쪽 참조.

19) 대판 2003. 2. 20, 2001두5347<전원합의체 판결>.

와 같은 법해석은 공정거래법을 의약품의 오남용 방지라는 (보건) 정책적 목표(의약분업)를 달성하거나 의료소비자의 의료서비스선택권을 보호하기 위한 엄호수단으로 삼는 것이라 볼 수 있다. 공정거래법의 적용은 의료소비자의 주권을 지키기 위한 것이라고 이해할 수 있다. 이 판결의 타당성을 별론으로 하고, 이 사건에 적용할 공정거래법규정은 휴폐업 결의와 통지 등은 강제성이 없었다는 점을 고려할 때, 법 제26조 제1항 1호(사업자단체가 제19조 제1항 각호의 행위에 의하여 부당하게 경쟁을 제한하는 행위)가 되는 것이 더 타당하다.[20]

2) 공감의 법과 원칙의 법 사이에 그러나 소비자주권이란 소비자의 어떤 편익을 실정법상 권리로 제도화되고 엄정하게 실현되어야 함을 강조하는 수사학적 개념[21]임을 주목해야 한다. 이와 같은 수사학적 개념의 사용을 정하는 규칙은 없다. 하지만 가령 의사들의 파업으로 위태화되는 의료소비자의 건강이라는 편익은 소비자주권으로 개념화하는 것에 대해 시민들 사이에 정서적인 공감(empathy)[22]이 폭넓게 형성될 수 있다. 이런 맥락에서 사용되는 소비자주권의 훼손은 곧 경쟁적 시장구조를 깨는

---

20) 약사회의 면허반납과 집단폐문이라는 단체행동에 대해서는 법 제26조 제1항 1호를 적용한 바 있다. 이에 관해 자세히는 대판 1995.5.12, 94누13794 참조.

21) 인권 개념의 이와 같은 수사학적 차원에 대해 자세히는 이상돈, *인권법* (세창출판사, 2005), 121쪽 아래; *기초법학* (법문사, 2010), 191쪽 아래 참조.

22) 공감의 개념에 대해서 이상돈, *기초법학* (법문사, 2010), 80쪽; *법미학* (법문사, 2008), 129쪽; Spencer J Pack, *Capitalism as a Moral System: Adam Smith's Critique of the Free Market Economy* (Edward Elgar, 1991), 76쪽 참조. 이 문헌들에서 좀 더 명확해져야 하는 점은 공론이란 이성적 논거에 의한 상호이해와 합의의 형성과정인 반면, 공감은 이성적으로 생각하기를 멈추고(stop thinking rationally) 감성적으로 함께 느끼는(feeling together, Mitgefühl) 작용이기 때문에 공감은 공론에 의해 형성되는 것이 아니라 공론의 과정 속에서 또는 그것과 (우연히) 병행하여 형성되는 것임에 주의를 요한다.

행위로 간주된다. 이때의 소비자주권은 카르텔 불법이 침해하는 법익이 될 수도 있다. 물론 카르텔이 소비자주권을 침해한다고 하여 형사처벌할 수 있으려면 그 침해가 현저한 경우에 국한되어야 할 것이다. 그러나 여기서 다시 한번 간과되어서는 안되는 점은 시민들의 정서적 공감이 언제나 공정거래법의 적용을 정당화하지는 않는다는 점이다. 특히 법체계의 정합성과 법원칙에 근거를 둔 해석은 시민들의 공감에 의해 폐기되어서는 안된다는 점이다.

> [법원칙을 외면한 공감의 법해석] ① 예컨대 의료보험이 적용되는 의약품의 조제와 판매는 공정거래법이 보호하려는 경쟁시장을 형성하지 않고 사회보험체계를 구성하는 행위들이기 때문에 공정거래법이 적용될 수 없다는 점이 간과되어서는 안된다. ② 또한 의료보험이 적용되지 않는 의약품의 조제와 판매는 일단 자유경쟁시장을 형성하고, 따라서 이 시장은 공정거래법에 의해 보호되어야 하지만, 의약품의 조제판매시장은 의사들의 집단폐업을 통한 투쟁에 의해 위태로워지는 것이 아니라는 점도 간과되어서는 안된다. 왜냐하면 집단 휴·폐업투쟁은 법률에 의해 오히려 억압된 자유로운 경쟁체제를 지향하는 것이 ― 예컨대 경쟁성은 한의사와 약사 사이, 의사와 약사 사이의 조제판매에 의해 오히려 증대될 수 있 ― 기 때문이다.[23] 바로 여기서 미국연방법원이 Eastern Railroad Presidents Conference v. Noerr Motor Freight, Inc.사건[24]에서 확립한 노어-페닝톤 원칙(Noerr-Pennington doctrine)이 주목된다. 이에 의하면 사업자단체가 자신들에게 불리한 법률의 제정이나 시

23) 비슷하게 "의사들의 행위에서 경쟁제한성을 파악할 수는 없고, 오히려 정부정책에 대해 의사들의 이익집단으로서 단체행동을 한 것이라고 볼 수 있기에 공정거래법의 적용이 면제되어야" 한다고 보는 심재한, "사업자단체의 사업활동 제한행위", *상사판례연구* (18집 2호, 2005), 72쪽.

24) 365 U.S. 127(1961).

행에 영향을 미치고자 행하는 단체행동은 셔먼법의 규율을 받지 않는다("no violation of the Sherman Act can be predicated upon mere attempts to influence the passage or enforcement of laws")는 것이다.

2. 담합과 카르텔의 차이

(1) 담합의 두 가지 형태 카르텔의 정식 명칭은 부당한 공동행위이지만 언론에서는 흔히 담합(談合)이라고 표현된다. 그런데 담합은 공정거래법이 제정되기 한참 이전인 1953년 제정된 형법 제315조(경매입찰방해죄)를 실행하는 전형적인 행위의 예로 사용되어 온 개념이다.[25] 이때 담합은 경매, 입찰에 참가하는 자가 특정한 자를 낙찰자나 경락자로 하기 위해 각자 일정한 가격 이상 또는 그 이하로 입찰 또는 호가하지 않을 것을 합의하는 것으로 이해된다. 물론 카르텔죄의 실행행위유형은 경매, 입찰의 공정성을 해하는 것에 국한되지 않고, 반대로 경매입찰방해죄의 유형도 담합행위에 국한되지 않는다.

(2) 형법상 담합과 공정거래법상의 카르텔의 차이 그러나 담합행위에 의한 경매입찰방해에 국한해서 본다면, 카르텔죄와 경매입찰방해죄는 '합의에 의해 부당한 행위를 공동으로 하여 공정성을 해하는' 동질적 구조의 불법유형을 갖고 있다고 볼 수 있다. 그렇기 때문에 2007년 경매, 입찰에서의 담합이 공정거래법상 카

25) 가령 담합 개념이 사용된 대법원의 가장 오래된 (법원행정처가 발행한 법고을 LX을 기준으로) 판례로는 1960년(예: 대판 1960.8.4. 4292형상96)부터 발견되며 공정거래법이 시행된 이후에도 꾸준히 사용되고 있다(예: 대판 2003.9.26, 2002도3924).

르텔의 일종으로 수용되기도 하였다(법 제19조 제1항 8호 신설). 하지만 카르텔죄의 법정형이 3년 이하의 징역 또는 2억원 이하인데 비해 경매입찰방해죄의 법정형은 2년 이하의 징역 또는 700만원 이하의 벌금으로서 상당한 차이가 있다. 이런 법정형의 차이는 형법상 경매입찰방해죄가 개인적 법익, 특히 자유와 재산을 보호하기 위한 죄인 데에 비해 카르텔죄는 경쟁질서라는 보편적 법익을 보호하기 위한 죄라는 불법의 본질적 차이에서 비롯된다.

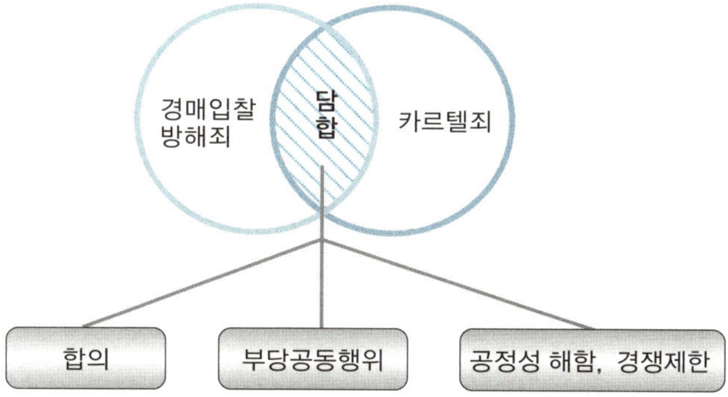

도표 9: 담합과 카르텔의 차이

(3) 카르텔죄의 주체제한 이 본질적 차이를 반영하기 위해서는 카르텔죄의 주체인 제19조 제1항의 "사업자"는 적어도 다른 사람과 힘을 합한다면 — 단지 행위의 도덕적 차원에서가 아니라 '체계'(system)의 차원에서 — 경쟁적 시장구조를 왜곡시킬 수 있는 가능성을 가진 자이어야 한다.

1) 시장영향력 이 가능성이 시장지배지위남용죄의 주체에게 요구되는 시장지배력까지는 아니지만, 시장에서 유효경쟁을

변화시킬 수 있는 잠재적 역량의 정도에 이른 것이어야 한다.[26] 이를테면 카르텔죄의 주체는 카르텔에 참여하는 사업자들의 시장점유율 합계가 시장지배력(예: 50~75%)에는 못 미치지만 그것에 향해가는 의미있는 수준(예: 10%[27]))이어야 한다. 이를 시장지배력과 구분하여 '시장영향력'이라고 개념화할 수 있겠다. 독일에서도 비슷하게 감지할 수 있는 정도의 시장영향력(spürbare Marktbeeinflußung)[28]이라는 개념을 사용한다. 이처럼 시장지배력이 아니라 시장영향력을 요구하는 것은 한편으로는 카르텔형성을 통해 시장지배력을 비로소 획득 또는 강화할 수도 있다는 점을 고려하고, 다른 한편으로는 카르텔에서는 시장지배지위남용죄에서처럼 시장지배력 자체가 불법의 중심요소가 아니라는 점을 고려한 결과이다. 물론 여기서 요구하는 수준의 의미있는 시장점유율도 시장을 어떻게 획정하느냐에 따라 그 충족여부가 심각하게 좌우된다.

㈎ safe harbor ① 공정거래위원회가 고시한 「공동행위심사기준」 II.2.나.⑶에 의하면 연성 공동행위(공동생산, 공동연구·개발, 공동마케팅, 공동구매 등)는 참여사업자들의 시장점유율의 합계가 20%를 초과하는 경우에만 경쟁제한 효과를 분석판단하도록 하고 있다. ② 이는 미국에서 합작투자(joint venture)나 경쟁자들의 협력행위(competitor collaborations)가 있어도 반경쟁적 효과가 발생하지 않는다고 간주되는 경우, 이른바 안전구역(safe harbor)을 협력사업자들의 시장점유율 합계치가 20% 이하인 경우로 설

26) 아래 III.3.2.⑶에서 자세히 다룸.
27) 참고로 독일의 판례를 보면 5%의 시장점유율 정도를 기준으로 삼은 경우도 있다(BGHSt 14, 55 참조).
28) 이를 요구하는 판례로 BGH v. 19.10.1993, KZR 3/92; BGHZ 68, 6 참조.

정한 연방거래위원회(FTC)의 기준(Agency Guidelines)에 영향을 받은 것으로 보인다.[29] ③ 그러나 이는 경쟁제한성이라는 요건의 충족에 대한 판단기준이라기보다는 카르텔죄의 주체가 되기 위한 사업자의 시장영향력의 유무를 판단하는 기준으로 재해석할 수 있다.

(나) **소규모사업자의 조합에 대한 법의 적용예외** 법 제60조(일정한 조합의 행위)는 소규모 사업자들이나 소비자가 상호부조를 목적으로 임의로 설립한 조합으로서, 그 조합원들의 임의 가입·탈퇴가 보장되고, 의결권이 평등하며, 조합원에 대한 이익배분의 한도가 정관에 정해진 조합(또는 조합의 연합회)의 행위에 대해 법의 '적용제외'를 인정한다. 이런 적용제외도 그런 조합(연합회)은 시장영향력이 없거나 거의 미미하기 때문이다.

2) 비신분성 이렇게 주체의 자격을 제한한다고 해서 카르텔죄가 신분범이 되는 것은 아니다. 신분이란 '특정한 사람에게만 존재하고, 불법의 구성요소가 되는 사회적 지위나 상태'이다.[30] 첫째, 공식적으로 시장에 참여하는 자이면 모두 사업자이므로, 카르텔죄의 규정은 그 자체로서는 행위주체를 특정 사람들에게 국한한다고 볼 수 없다. 둘째, 카르텔죄의 주체가 되기 위한 시장영향력이 공정거래위원회의 고시에 의해 법정될 수는 있다. 그러나 그런 법정화된 시장점유율도 몇 명의 사업자가 카르텔을 형성하느냐에 따라 행위주체성 여부가 좌우될 수 있다는

29) 자세히는 William Blumenthal, "Clear Agency Guidelines: Lessons from 1982", *Antitrust Law Journal* (Vol. 68, 2000), 5~27쪽 참조.

30) 이 신분개념의 자세한 분석으로 이상돈, *형법강의* (법문사, 2010), §32-5 참조.

점에서 여전히 특정 사람들을 주체로 한정하는 신분범의 기능이 확실하지가 않다. 셋째, 시장점유율의 합계가 시장영향력 인정 기준을 넘어서는 카르텔을 맺는 행위는 그 참여사업자들의 주관적 의도(예: 공동연구개발)에 따라 카르텔불법을 구성하지 않을 수 있다. 그러나 신분범은 그처럼 고의나 목적과 같이 사회적 지위를 나타내지 못하는 행위자의 특성에 대해서는 인정되지 않는다. 이상의 세 가지 점을 모두 고려할 때 카르텔죄의 주체를 시장영향력을 지닌 사업자에 국한시킨다고 해서 신분범으로 보기는 어렵다.

3) 사실상 하나의 사업자 두 개 이상의 사업자가 서로 지배종속관계에 있을 경우에도 카르텔을 인정할 수 있는지도 문제이다.

㈎ 카르텔죄의 주체와 제도경제학적 이해 공정거래위원회는 '사실상 하나의 사업자' 개념을 인정한다. 즉, 외형상 카르텔을 형성한 두 사업자가 모회사와 자회사의 관계와 같이 한 "사업자가가 다른 사업자를 실질적으로 지배함으로써 이들이 상호 독립적으로 운영된다고 볼 수 없는 경우에는 사실상 하나의 사업자로 본다"[31]는 것이다. "다만, 관련시장 현황, 경쟁사업자의 인식, 당해 사업자의 활동 등을 고려할 때 경쟁관계에 있다고 인정되는 경우에는 그러하지 아니하다"고 본다. 이렇게 사실상 지배종속관계에 놓인 기업들 사이의 공동행위는 가령 (우리나라의 경제체제에 특유한 현상으로서) 지주회사를 정점으로 하는 기업집단제도라는 법의 틀 속에서는 경쟁을 제한하기보다는 거래비용을 최

31) 공정거래위원회가 고시한 「공동행위심사기준」 V.2.

소화하는 행위로 이해될 수 있기 때문이다. 이런 이해는 경제를 (법)제도와의 상호작용 속에서 이해하는 (신)제도학파적 입장에 의해 뒷받침될 수 있으며,[32] 카르텔은 "협조된 행위"(concerted action)에 적용될 뿐 "완전한 일방적 행동"(wholly unilateral conduct)에는 적용되지 않는다는 미국 판례에 영향을 받은 것이라 할 수 있다.[33] 독일에서는 계약상의 콘체른(Vertragskonzern)과 사실상의 콘체른(faktischer Konzern)을 구분하여 자회사가 경제적으로 독립적으로 활동하는지 여부에 따라 카르텔금지규정의 적용여부를 결정하고 있다.[34]

㈏ **형법상 경매입찰방해죄와 고전경제학적 이해** 그러나 이와는 정반대의 전통적인 경제학, 이를테면 경제와 그 밖의 사회체계(정치, 법, 사회 등)를 분리하고 오로지 시장을 공급과 수요의 균형을 지향하는 조정체계로만 바라보는 (신)고전주의 주류경제학은 '사실상 하나의 사업자' 개념을 인정하기 어렵다. 그렇다고 고전경제학이 적어도 담합의 법적 규제에 관련해서 완전히 폐기되는 것은 아니다. 주류경제학의 입장은 산업시대의 패러다임 위

32) 이런 모자기업들은 하나의 "유사한 동태적 기업"이 된다고 보는 김석용, "신제도학파적 기업이론과 기업간 네트워크 이론의 고찰", *경영학연구* (제25호, 1996), 126쪽.

33) 대표적으로 모회사가 자회사를 100% 소유한 경우에 그 두 회사의 모회사의 협력행위(the coordinated activity of a parent and its wholly owned subsidiary)는 셔먼법 제1조의 목적에서 볼 때 공모가 되지 않는다고 판시한 미국 판례인 Copperweld Corp. v. Independece Tube Corp., 467 U.S. 752 (1984) 참조. 이 판례는 공모한 사업자들이 단일 기업조직을 형성할 때에만 카르텔의 성립을 배제하고 별개 조직이지만 완전히 소유한 자회사인 경우에는 카르텔의 성립을 긍정할 수 있게 하는 기업내부공모의 원칙(intra-enterprise conspiracy doctrine)을 폐기한 셈이다.

34) 이에 관해 유진희, "독점규제법상의 카르텔금지 - 독일 경쟁제한방지법을 중심으로", *경영법률총서* (4권, 2004), 17~18쪽 참조.

에 서 있는 형법상 경매입찰방해죄의 적용에는 여전히 유효할 수 있기 때문이다. 예컨대 시장점유율이 매우 미미하여 카르텔죄의 주체가 되기 어려운, 그리고 지배종속관계에 있는 두 회사가 입찰경매담합을 한 경우에는 공정거래법상 카르텔죄가 성립할 수는 없지만, 형법상 경매입찰방해죄(제315조)는 성립할 수 있다.

3. 카르텔의 고유한 불법유형

카르텔죄가 보호하려는 경쟁적 시장구조의 의미는 명확하지 않다. 그 의미는 매우 다양화할 수 있으며 통일적인 개념은 존재하지 않는다.[35] 또한 각 경쟁시장개념에 따른 현실의 시장에 대한 판단도 매우 불확실하다. 그러나 카르텔불법의 존부를 판단함에는 시장지배지위남용의 경우만큼 경쟁적 시장구조의 의미를 해명하는 작업이 중요하지는 않다.

(1) 주체의 구성요소와 불확정적 행위객체로서 경쟁질서 이는 카르텔에서 경쟁시장은 행위의 '객체'(Objekt)가 되는 반면, 시장지배지위남용에서는 행위의 '주체'(Subjekt)를 구성하는 요소라는 점에서 비롯된다. 시장지배지위남용죄의 행위주체는 시장지배지위라는 신분성, 즉 실질적 경쟁을 배제시키는 힘을 지닌 자이어야 하므로 행위주체가 확정되려면 남용행위로 배제시킬 수 있는 경쟁시장의 내용도 '확정'되어야 한다. 이에 비해 카르텔불법의

35) 독일에서도 경쟁(Wettbewerb) 개념은 통일적 개념이 아니고, 개별 규범의 목적과 의미연관에 따라 다양하게 변화한다. 이에 관해 Christian Müller-Gugenberger, *Wirtschaftstrafrecht, 3. Auflage* (Aschendorff Rechtsverlag, 2000), §57-5 참조.

중점은 합의로 부당한 공동행위를 하여 경쟁시장구조를 공격하는 점에 그 중심이 있으므로, 그 공격행위로 왜곡되는 경쟁시장구조의 내용이 확정적일 필요까지는 없다.

> 그렇기 때문에 아래(V)에서 경쟁제한성이라는 카르텔죄의 결과반가치적 요소는 경쟁시장구조의 왜곡 자체를 확정하지 않은 채 경쟁제한효과의 신호(예: 가격인상), 경쟁제한의 적성,[36] 경쟁제한의 사실상 추정 등으로만 단계화한다. 경쟁제한효과의 실제적 의미인 소비자후생의 감소는 제재법의 차원(VI.1.(2))에서 객관적 처벌조건, 즉 카르텔죄의 구성요건 부속물로서 고려된다.

(2) 경쟁시장의 내부적 남용과 외부적 침해 또한 시장지배지위남용죄에서 남용행위는 경쟁시장을 왜곡시킬 수 있는 힘을 이미 가지고 있는 사업자가 그 힘에 의해 그가 참여하는 시장에 내재화된 경쟁시장구조의 '잠재적인' 왜곡가능성을 '현실화'하는 행위이다. 시장지배자는 그의 행위여하에 따라 시장의 경쟁적 구조를 좌우하는 시장의 내부인이라는 점에서, 시장지배지위남용행위는 경쟁시장의 '내부적' 남용행위라고 볼 수 있다. 이에 비해 카르텔죄는 경쟁시장에 참여하는 다양한 사업자들 합의로 부당한 공동행위를 함으로써 새롭게 그 시장의 경쟁성을 제한시키는 공격을 하는 행위라는 점에서 시장의 '외부로부터' 그 시장의 경쟁적 구조를 침해하는 행위가 된다.

(3) 시장에 대한 사기적 성격 시장지배자의 내부적 남용행위

36) 예컨대 경쟁제한적성을 판단하기 위해서는 시장점유율을 고려해야 하지만, 그것을 토대로 시장지배력을 판단하는 작업까지는 카르텔불법의 성립판단에 꼭 필요한 것은 아니다.

가 시장의 약자에 대한 배려의 윤리를 외면하는 행위인데 비해, 카르텔행위자의 외부적 공격행위는 시장에 대한 사기(fraud on market)의 성격을 띠는 행위이다. 이 사기적 성격이 바로 카르텔이 카르텔만큼이나 경쟁시장구조를 위협할 수 있는 합병과 구별되는 점이다. 합병은 자본시장법에 따른 공식적 절차를 통해 이루어지고, 공정거래법상 기업결합 심사를 통해 그 경쟁에 대한 폐해가 통제되는 반면, 카르텔은 그와 같은 공식적인 절차와 통제를 국가와 시민들을 속임으로써 벗어나는 것이다.

4. 카르텔의 불법구성요건의 구조

카르텔불법의 구조분석으로 그 구성요건의 짜임새를 개관할 필요가 있다. 법 제19조 제1항은 카르텔범죄의 성립요건으로 ⓞ 사업자, ① 합의("계약·협정·결의 기타 어떠한 방법으로도 … 할 것을 합의"), ② 공동부당행위("공동으로 부당하게 … 다음 각호의 어느 하나에 해당하는 행위"), ③ 경쟁제한성("경쟁을 제한")을 규정한다.

> **제19조 제1항** 사업자는 계약·협정·결의 기타 어떠한 방법으로도 다른 사업자와 공동으로 부당하게 경쟁을 제한하는 다음 각 호의 어느 하나에 해당하는 행위를 할 것을 합의(이하 "부당한 공동행위"라 한다)하거나 다른 사업자로 하여금 이를 행하도록 하여서는 아니된다.

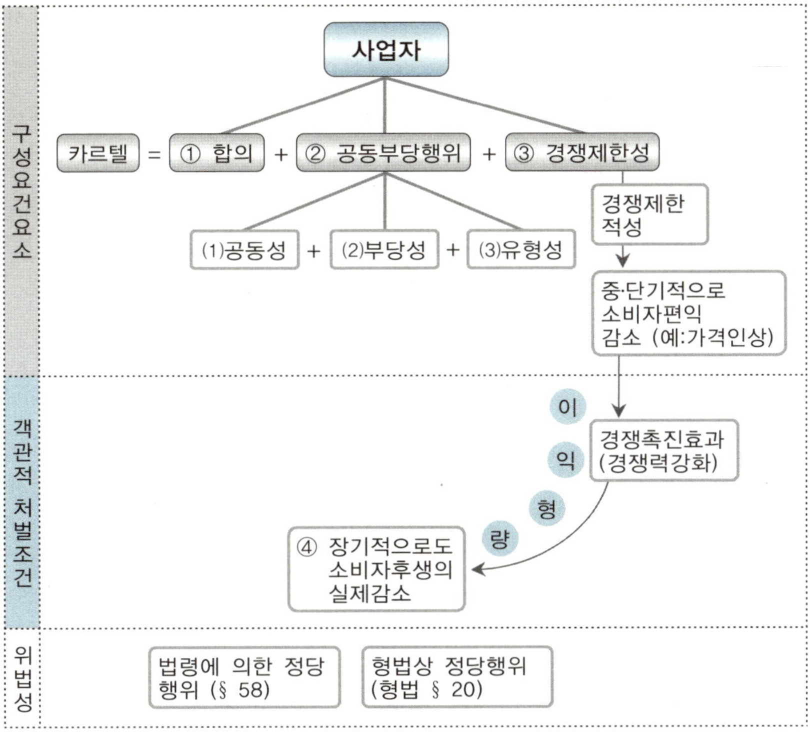

도표 10: 카르텔의 법성립요건

(1) 사업자 먼저 카르텔의 주체로서 사업자라는 개념은 법 제2조 1호의 "제조업, 서비스업, 기타 사업을 행하는 자"의 의미에 국한되지 않는다. 카르텔을 통해 경쟁을 제한할만한 힘을 가진 사업자에 국한되는 것은 카르텔죄의 보호법익에서 비롯되는 필연적인 요청이다. 사업자의 이익을 위한 행위를 하는 임원·종업원·대리인 기타의 자는 사업자단체에 관한 규정의 적용에 있어서는 이를 사업자로 본다.[37] 금지된 카르텔(제19조 제1항)의 주

체는 "사업자"이지만 카르텔죄(제66조 제1항 9호)의 주체는 "자"이다. 이는 시정조치나 과징금은 사업자인 기업에게 부과되는 제재이지만, 형벌은 그 기업(법인)의 행위자 개인에게 부과되는 제재임을 말해준다. 다만 형벌을 개인에게 부과하는 경우에는 그가 대표자나 대리인 등으로 있는 기업에게도 양벌규정(제70조)에 따라 벌금형이 부과될 수 있다.

(2) 카르텔행위 제19조 제1항의 구문은 ③이 ②의 그리고 ②가 ①을 수식하는 구조(③→②→①)로 되어 있다. 즉, 법문(text)은 ③ 경쟁을 제한하는 ② 공동부당행위를 할 것을 ① 합의하는 행위를 금지하는 구문의 형태를 취한다. 그러나 카르텔은 구문과는 정반대의 순서, 즉 ① 합의를 하고, 그에 따라 ② 공동으로 부당한 행위를 하며, 그 결과 ③ 경쟁이 제한되는 순서로 실행된다.

[미국과 독일에서 카르텔불법 성립요건의 축약] 미국에서 경성카르텔에 적용하는 당연위법원칙(per se illegal) — 더 정확히는 당연불법원칙[38] — 은 예컨대 가격고정에 대한 합의만으로 카르텔의 성립을 인정한다. 이는 위 도표의 ①②③요건에서 ③의 요건을 사실상 삭제한 셈이다. 이런 경향은 독일에서도 마찬가지이다. 독일 경쟁제한방지법(GWB) 제1조는 판례가 줄곧 취했던 입장처럼[39] 카르텔을 맺는 합의만으로 카르텔불법을 인정한다. 그렇기 때문에 카르텔불법은 — 마치 추상적 위험범처럼 법익침해의 결과나 그

---

37) 이에 관해서 자세히는 앞의 II.2.(3) 참조.

38) 미국의 당연위법원칙은 공동행위의 위법성에 대한 것이 아니라 카르텔의 구성요건에 대한 것이다. 따라서 당연위법원칙으로 번역하기보다는 당연불법원칙으로 번역하는 것이 더 적절하다. (불법)구성요건(Unrechtstatbestand)이 금지의 실질을, 위법성이 실질의 금지성을 나타낸다고 할 때 미국의 당연위법원칙은 금지의 실질을 판단하는 원칙이다.

39) BGHZ 86, 324; BGHSt 32, 382; NStZ 1985, 77쪽 등 참조.

실제적 발생가능성보다도 기수범의 성립이 훨씬 — "앞당겨져 있다"(vorverlagert)[40]고 말할 수 있다. 그러나 독일의 경우는 형벌이 아니라 범칙금을 부과하기 위한 요건으로서 그런 것임에 주의를 요한다.

1) 카르텔행위의 구성요건적 요소들 우리나라 법처럼 형벌이나 — 형벌대체적인 성격의, 그러나 현행법에서 병과가 가능한 — 과징금과 같은 제재를 부과하기 위한 카르텔의 성립은 ①②③의 요건 모두를 충족할 때에만 인정하여야 한다. 다만 첫째, 이때의 ②공동부당행위는 카르텔의 실행행위로서 "(1) 다른 사업자와 공동으로 (2) 부당하게 (경쟁을 제한하는) (3) 다음 각 호의 어느 하나에 해당하는 행위"를 하는 것이다. 여기서 공동부당행위는 (1) 공동성, (2) 부당성, (3) 유형성의 요건으로 구성된다. 둘째, 카르텔의 구성요건요소로서 경쟁제한성은 반드시 경쟁 개념의 다의성과, 제한결과의 계측에서의 불확실성 때문에 경쟁제한에의 적합성(경쟁제한적성)의 의미로 읽을 수밖에 없다. 경쟁제한적성이 있는 공동행위가 중단기적으로 상당한 가격인상 등과 같은 소비자편익의 감소를 가져올 수 있다. 이 경우 결과반가치가 더 많이 실현된 것이다.

2) 객관적 처벌조건과 위법성의 분리·독립 그러나 가격인상 등을 통해 카르텔을 한 사업자는 경쟁력을 높임으로써 시장에서의 경쟁이 강화되어 장기적으로는 오히려 소비자의 후생을 증대시킬 수도 있다. 이 경우에 카르텔의 처벌가치는 없다. 따라서 장기적으로 소비자후생의 실제 감소는 일종의 객관적 처벌조

40) Christian Müller-Gegenberger, *Wirtschaftstrafrecht, 3. Auflage* (Aschendorff Rechtsverlag, 2000), §57-31 참조.

건으로 이해할 수 있다. 위법성은 법 제58조의 법령에 의한 정당행위뿐만 아니라 형법 제20조의 정당행위(예: 환경보호를 위한 카르텔)에도 해당하는 사유가 없는 경우에 인정된다.

(3) 고의 카르텔죄도 형사범인 한 주관적 요건으로서 고의가 필요하다. 카르텔고의는 위 ①②③의 요건이 충족되는 상황을 인식하고 의욕하는 것이다.[41] 이때 고의는 미필적 고의로도 성립할 수 있다. 이를테면 정보를 교환하고 반복적으로 상대방 사업자에게 서로 동조하는 행위를 할 경우에는 묵시적 계약의 형태를 띤 합의가 성립함을 인식하고 그것을 인용하면 카르텔죄 고의가 인정될 수 있다. 이때 고의는 합의의 목표에 대한 인식도 포함하고 있어야 한다. 예컨대 공동의 출고조절을 통해 가격을 높인다는 목표를 인식하여야 한다. 또한 고의는 "부당하게"와 같은 가치충전필요개념의 의미에 대한 이해도 포함하여야 한다. 이때 부당성의 의미는 보통사람들의 가치판단으로 이해되는 바의 것이면 충분하다.

Ⅲ 카르텔의 합의

합의는 카르텔 성립의 핵심적 요소이다. 카르텔의 합의만으로 처벌하는 국가(예: 미국의 경성카르텔, 독일의 경쟁제한방지법)도 있을 정도이다.

---

41) 미국도 카르텔죄에 mens rea를 요구한다. 즉 카르텔을 명확하게 의욕하거나 실제로 일어날 개연성을 인식하고 있어야 한다. 이를 명확히 한 U.S. v. Gymsum Co., 438, 422(1978) 참조.

1. 카르텔범죄의 필요조건으로서 합의

그러나 우리나라에서 카르텔의 합의는 카르텔 불법이 성립하기 위한 단지 첫 번째 요건에 불과하다. 합의만으로는 (약한) 경쟁법적 제재(예: 경고, 시정조치)에 의해 통제되어야 할 불법이 인정될 수는 있지만, 형사불법이 될 수는 없다.

(1) 카르텔의 음모와 형사불법 실행에 나아가지 않는 한 공모만에 의한 형사처벌은 살인죄 등과 같은 매우 중대한 범죄(예: 살인음모죄[42])를 제외하고는 허용되지 않기 때문이다. 카르텔범죄는 3년 이하의 징역 또는 2억원 이하의 벌금(제66조 제1항 제9호)이므로 카르텔의 음모를 독자적인 범죄로 다룰 필요가 있는 정도의 불법을 갖고 있지도 않다. 다시 말해 카르텔은 음모의 단계로까지 형사불법을 앞당길 필요가 있을 정도로 중대한 불법은 아니다.

(2) 합의편중의 실무와 이론의 결핍 이런 점에서 볼 때 카르텔의 성립 판단에서 합의의 존부와 입증에만 집중하는 실무[43]는 카르텔에 대한 형사책임의 적정실현을 더욱 어렵게 만들 수 있다. 물론 이처럼 합의의 요건에 편중된 실무는 단지 경쟁제한성

42) 예를 들어 내란음모죄(제90조), 외환음모죄(제101조), 살인음모죄(제255조) 등과 같은 중대범죄와 재산범죄에서는 유일하게 강도음모죄(제343조)를 제외하고 범죄를 모의하고 합의에 이른 행위는 형사처벌되지 않는다.

43) 경쟁법적 제재에서도 합의만으로 사실상 경쟁제한을 인정하고 따라서 담합의 성립 판단에서 합의의 입증에만 집중하는 경향은 "합의의 도그마"라는 표제 아래 비판되기도 한다. 이런 비판으로 이호영, "카르텔 규제의 이론과 실제: 독점금지법상 '합의의 도그마'에 대한 저항 — 과점기업의 묵시적 사업 조정의 규제를 중심으로", *경쟁법연구* (제12권, 2005), 29쪽.

의 판단에 필요한 경제학적 지식이 법조인들에게 결핍되어 있거나 공정거래위원회에 변호사가 너무 많기 때문[44]만은 아니다. 카르텔의 불법을 정밀하게 규명하는 이론의 부재에도 그 원인이 있다.

2. 합의 개념의 의미론

합의의 개념이 어떤 의미소(意味素)를 갖고, 어떤 현상으로 외부화되며, 그래서 어떤 사례군에 적용되어야 하는 개념인지는 매우 논란이 심하다.

(1) 합의 개념의 유형 지금까지 카르텔법의 이론과 실무에서 논의되는 합의의 개념으로는 다음 네 가지를 생각할 수 있다.

1) 공동결의 첫째, 합의는 형법상 합동범의 '공동결의'(또는 공모)와 같은 개념으로 이해할 수 있다. 이 공동결의는 계약이나 협정을 맺는 현상에 의해 외부화된다. 공동의 목표를 세우고 그것을 달성하기 위해 공동의 행위를 하는 것이다. 이런 합의 개념은 명시적 계약적 합의이다.

2) 협조의사 둘째, 공동결의보다 다소 넓은 의미는 '협조의사'이다.[45] 협조의사는 각자 서로 다른 목표를 가질 수는 있지

---

44) 이런 지적으로 홍대식, "카르텔 규제의 집행: 행정적 집행수단과 법원의 역할을 중심으로", *경쟁법연구* (제12권, 2005), 121쪽; 박혜림, *부당한 공동행위(카르텔)에 대한 형법적 규제* (고려대 석사학위논문, 2009), 20~21쪽.

45) 실무적으로는 사업자들 간의 '공조체제' 라는 합의의 현상이 있는데, 이는 카르텔의 내용이 아직 특정되지 않은 일반적인 협조의사이다. 공조체제의 구축의사로부터 공동결의가 이루어질 수도 있고, 협조의사가 생성될 수도 있다.

만 필요하다면 행위는 언제든지 공동으로 하려는 의사이다. 협조의사는 사업자 사이의 양해로 현상화되고, 서로 의식하여 동조하는 행위가 반복되는 현상으로 외부화된다. 바꿔 말해, 의식적 상호적 동조행위의 반복성을 통해 그 존재를 추론할 수 있는 합의(묵시적 계약적 합의)이다.

3) 정보교환적 소통 셋째, 협조의사보다 한 단계 더 넓은 의미는 사업자들 사이의 모종의 정보교환적 소통이다. 정보를 교환하고(sharing information) 의사를 소통하는 것(communication)은 의사의 합치 그 자체는 아니지만 의사를 합치하는 과정의 일부를 구성한다는 점에서 넓은 의미의 합의가 될 수 있다. 이런 정보교환적 소통은 흔히 '의식적 상호적 동조행위',[46] 즉 사업자들이 서로 의존적으로(interdependent) 다른 사업자의 사업행위에 동조하는 행위로 외부화된다. 독일 경쟁제한법 제25조 제1항은 이를 "동조적 행위"(abgestimmtes Verhalten)라고 부른다. 동조적 행위의 개념에는 명시적, 묵시적 계약과는 달리 상대방에 대한 구속력이 전제되지 않는다. 물론 이러한 동조행위가 장기간 반복되면 그런 소통은 협조의사 또는 묵시적 계약적 합의로 이행될 것이다.

[정보교환적 유통구조 속에서의 상호적 동조행위] 화장지 생산판매하는 U킴벌리(주)는 1997.7.16. 화장지의 공장도가격을 9,306원으로 인상하였다. 그러자 이전에 가격모방의 경험과 전력이 있는

46) 의식적 동조행위와 담합의 구별에 대해 자세히는 Michael K. Vaska, "Conscious parallelism and price fixing: defining the boundary", *The university of chicago law review* (Vol. 52, No. 2, Spring 1985), 508~535쪽 참조.

M(주)와 D펄프(주) 및 S제지(주)는 1997.8.1. 화장지의 가격을 9,306원으로 동시에 인상하였다. 또한 U킴벌리가 1997.12.24. 다시 화장지 가격을 10,494원으로 인상하려 하자, M, D, S사들은 이 정보를 입수하고 그보다 하루 앞선 1997.12.23. 화장지 가격을 일제히 10,494원으로 인상하였다. 이 두 차례의 인상에서 화장지 3사의 가격인상 결정을 위한 내부품의 일자와 실제 가격인상 일자도 같았다. 그런데 이런 가격동조화 현상은 화장지 제조업체가 가격 변동 정보를 유통업체에 미리 통지하여 주는 유통구조의 특성으로 인해 제조업체 사이에 가격 결정에 관한 정보를 간접적으로 쉽게 교환할 수 있는 유통구조를 가진 데서 비롯된다. ① M, D, S사의 가격인상은 (묵시적) 합의에 의한 것이 아니라, (간접적인) 정보교환적 소통에 의한 것이다. ② 이 경우 가격동조화 등의 외형상 일치행위와 정보교환적 소통, 그리고 이전에도 반복된 가격동조화 행위의 역사를 이유로 합의를 추정할 수는 있으나[47] 이때 추정은 ③ 시정명령을 위한 요건의 하나로서 합의를 추정할 뿐, 형벌이나 과징금의 부과를 위한 요건의 하나로서 합의를 추정할 수는 없다.

4) 정보화 넷째, 정보교환적 소통의 의미에서 소통이나 교환의 의미소를 제거하면 각 사업자가 서로에 대해 개별적으로 정보를 수집하는 것이 남는다. 이를 정보화라고 부를 수 있다. 정보화는 의사의 합치를 향해가는 시작의 단계이다. 즉, 정보화는 합의의 개념을 가장 넓힐 경우에 도달하는 지점이다. 이런 최광의의 합의 개념은 흔히 '일방적 의식적 동조행위', 즉 한 사업자가 일방적으로 다른 사업자의 사업행위에 동조시키는 사업행위를 하는 현상이나 '인식 있는 (우연적인) 병행행위', 즉 다른 사업자의 사업행위를 인식하였고 다른 사업자의 사업행위와 (일부러 동조시킨 것은 아니지만) 단지 외형상 일치되는 행위를 하는 현

47) 대판 2002.5.28, 2000두1386.

상에 의해 외부화된다.

합의의 개념	합의가 외부화된 현상들	외형상 일치행위	정보 공유	의사의 합치	명시적 합치
공동결의	계약(협정)적 공동행위	○	○	○	○
협조의사	'반복되는' 의식적 상호적 동조행위	○	○	○	×
정보교환적 소통	상호적 의식적 동조행위	○	○	×	×
정보화	일방적 의식적 동조행위 인식적 병행행위	○	×	×	×

도표 11: 합의의 네 가지 개념과 구조적 차이

(2) 합의 개념의 구조적 차이 위의 네 가지 개념을 모두 카르텔을 형성하는 합의의 개념으로 포괄할 것인지는 법(해석)정책적 결정의 문제이다.

1) 차이의 분석 그러나 그 결정이 합리적이기 위해서는 적어도 각 개념들이 갖는 구조적 특징과 차이를 이해해야 한다. 첫째, 좁은 의미의 합의는 청약과 승낙의 상호적 관계형성으로 구조화되는 합의, 즉 의사의 합치, 미국법언어로 agreement이다. 이런 합의는 공동결의와 협조의사에만 존재한다. 다만 이 둘 사이에는 공동결의가 구두 또는 서면에 의해 명시적 계약의 형태를 띠는 반면, 협조의사는 구두 또는 서면에 의해 묵시적 계약의 형태를 띤다는 점에서 차이가 있다. 둘째, 정보교환적 의사소통은 의사의 합치가 없지만 정보를 공유(sharing information)한다는 점에서 개별 사업자들의 단순한 정보화(정보수집)와는 차별된다.

셋째, 어떤 합의의 개념도 최소한 외형상 일치행위라는 현상으로 외부화되는 의미의 요소를 갖고 있다는 점에서 공통점을 갖고 있다.

2) 상호적, 일방적 의식적 동조행위와 인식 있는 병행행위의 구별 상호적 의식적 동조행위, 일방적 의식적 동조행위 그리고 인식 있는 병행행위는 계약을 구성하는 의사의 합치가 존재하지 않고, 따라서 상대방을 구속하지도 않는다는 공통점이 있다. 경제법학자들은 '인식 있는 병행행위'와 '의식적 동조행위'를 동일한 것으로 바라본다. 그러나 이 셋은 구별되어야 한다. 먼저 예컨대 특정 제품에 대해 경쟁사와 동일한 가격을 책정하게 된 경우를 가정하자.

[미국의 병행행위와 독일의 병행행위 개념의 차이] 이런 개념의 모호성은 미국에서 말하는 의식적 병행행위(conscious parallelism)가 '인식 있는 병행행위'와 '(일방적) 의식적 동조행위' 그리고 상호적 의식적 동조행위를 개념적으로 엄밀하게 구별하지 못한 점에서 비롯되는 것 같다. 미국의 conscious parallelism은 물론 상호적(independent) 의식적 동조행위를 주로 가리킨다.[48] 이에 비해 인식 있는 병행행위와 일방적 의식적 동조행위는 독일의 '단순병행행위'(bloßes Parallelverhalten), '의식적 병행행위'(bewußtes Parallelverhalten)에 가깝다. 독일에서는 단순병행행위만으로는 카르텔금지에 위반한 행위를 인정하지 않는다. 그러므로 미국의 의식

48) 미국판례에서 말하는 conscious parallelism의 개념은 여기서 구분한 '(일방적인) 의식적 동조행위'와 '인식있는 병행행위' 보다는 상호적인 의식적 동조행위를 주로 가리킨다. 이 개념에 대해 자세히는 Alan M. Anderson, "Conscious Parallelism in the Use of delivered pricing systems: A modified per se standard of Review under the Federal Trade Commission Act", *Cornell Law Review* (Vol. 66, No. 1980), 1194쪽 참조.

적 병행행위는 오히려 독일 경쟁제한방지법 제25조 제1항 또는 유럽연합 경쟁법 제85조 제1항[49]의 '동조적 행위'(abgestimmtes Verhalten)에 가깝다고 보아야 한다.

(가) 협의의 인식 있는 병행행위 첫째, '인식 있는 병행행위'는 경쟁관계에 있는 상대회사의 가격책정은 인식했지만 그것이 제품의 가격을 결정하는 원인이 된 것은 아니고 다양한 가격결정요인들을 고려하여 책정한 결과 그 가격이 결과적으로 경쟁회사의 가격과 일치하게 된 경우를 의미한다.

(나) 일방적 의식적 동조행위 둘째, '의식적 동조행위'는 가격결정요인들을 종합적·합리적으로 판단해볼 때 경쟁회사의 가격과 다른 가격을 책정하는 것이 경영합리적일 수 있음에도 불구하고, 경쟁회사의 가격을 의식하여 다른 가격결정요인들을 무시하고 경쟁회사와 동일한 가격을 책정하는 경우를 의미한다. 그러나 이러한 '일방적인' 의식적 동조행위는 정보교환의 의사소통을 통해서 이루어지는 의식적 동조행위처럼 '상호적'이지 않다는 점에서 구별된다.

(다) 상호적 의식적 동조행위 셋째, 의식적 동조행위가 일방적인지 상호적인지는 매우 중요하다. 일방적인 인식있는 동조행위는 정보교환단계에서 발생하는 것이 아니라 일방적인 정보수집을 통한 합리적 경영결정의 단계에서 발생한다. 정보교환이란 (묵시적) 합의 형성의 실질적 기반이 되는, 그래서 합의를 추정할 만한 커뮤니케이션[50]이 될 수 있는 반면, 일방적인 정보수집을

49) 이에 관해 자세히는 Immenga/Mestmäcker, *EG-Wettbewerbsrecht*, 1. Auflage 1997-2001, Rn 1~377 참조.

50) 예컨대 "지도적 기업이 다른 회사로부터의 의사타진에 대해 구체적 숫자를 알려주고, 그 다른 회사가 이에 동조한 경우, 어느 한 사업자의 가격 등에

통한 합리적 경영결정에서는 그런 기반이 전제되어 있지 않다.

(3) **합의의 반가치성의 차등화** 시장의 경쟁적 구조라는 가치(줄여서 '경쟁가치')에 대한 행위자의 내적 불인정은 합의 개념의 유형에 따라 그 정도가 다르다. 아래 설명에서는 그 차이를 형법이론적 용어로 경쟁가치의 〈침해(의식) → 구체적 위태화(의식) → 추상적 위태화(의식) → 불훼손(불인식)〉 으로 개념화한다.

1) **범죄적 행위반가치의 합의** 행위반가치가 가장 큰 합의는 물론 공동결의(공모)이다. 미국의 셔먼법 적용에서 경성카르텔에 대해서는 이런 합의(agreement)만으로 — 당연위법원칙을 적용하여 — 카르텔범죄를 인정할만큼 합의의 반가치성이 매우 크다. 이는 형법상 합동범(合同犯)의 불법이 보통의 정범이나 공동정범보다 더 큰 행위반가치를 갖는 것[51]과 유사하다. 공동결의로 카르텔을 형성하는 사업자들은 경쟁시장의 가치를 '침해'하는 정도의 의식을 보여준다. 이런 의식은 경영행위에서 경쟁시장을 구축하는 법을 내면화하고 준수하는 태도라는 의미에서 인격적 결함이 있는 자이다.

2) **진압적 제재가 필요한 행위반가치의 합의** 협조의사는 공동결의보다는 작지만 경쟁시장구조를 왜곡하는 사업활동이 서

관련한 발언에 대해 참석자가 이를 듣고도 특별히 반대 견해를 표명하지 않고 동일한 결과를 초래케 하는 행위를 한 경우"(황보윤, "부당한 공동행위에 있어 '합의'의 의미", *경영법무*(50호, 1998), 67쪽).

51) 특히 행위주체들 사이에 일시적이더라도 일종의 결사체가 형성되고, 범행실행도 분업적인 방식이 아니라 협동적 실행이나 공동실행의 방식으로 수행된다는 점에서 행위반가치가 크다. 이에 관해 자세히는 이상돈, "합동범과 공동범의 해석정책", *저스티스* (통권 73호, 2003), 95~116쪽; *형법강의* (법문사, 2010), §29-103 이하 참조.

로 협조하는 사업자들 각자에게 목적수행적 의사활동으로 전개된다. 협조의사에 의해 묵시적으로 카르텔을 형성하는 사업자들에겐 법을 정면으로 부정하는 인격적 결함까지 인정할 수는 없다. 그러나 이들은 경쟁시장의 가치를 구체적으로 위태롭게 하는 의식을 보여준다. 이런 의식은 카르텔을 앞으로 더 이상 하지 않게 하는 것만으로는 부족하고, 이미 저질러진 과거의 불법을 제거하는 제재에 의해 진압되지 않으면 안된다. 왜냐하면 의사의 합치(agreement)에 의해 경쟁시장구조를 왜곡하였다는 점에서는 계약적 합의에 의한 경쟁제한과 마찬가지의 행위반가치성이 있기 때문이다. 그런 제재를 진압적 제재(repressive Sanktion)라고 할 수 있다. 진압적 제재로는 형벌과 과징금이 있다. 바꿔 말해 과징금 이상의 중한 제재를 부과하려면 적어도 카르텔을 형성한 합의의 수준이 협조의사 그 이상이어야 한다는 것이다. 물론 협조의사에 의한 카르텔형성이 가져오는 실제의 경쟁제한효과의 크기에 따라서는 형벌도 부과될 수 있음은 물론이다.

3) 비난가능한 행위반가치를 구성하는 합의 이에 비해 정보교환적 의사소통에 따른 의식적 상호적 동조행위로써 카르텔을 형성하는 행위는 경쟁시장의 가치를 추상적으로나마 위태화시키는 의식을 보여준다는 점에서 비난가능한 행위이다. 이 점에서 정보화에 따른 인식있는 병행행위나 일방적인 동조행위의 경우와 다르다. 따라서 이와 같은 경쟁가치훼손의 의식에 기초한 카르텔은 장래를 향해 '강제적으로' 제거되어야 한다. 하지만 공동결의나 협조의사와는 달리 예방적 효과를 겨냥한 진압적 제재가 필요하지는 않다.

4) 비강제적 규제필요성의 합의 　다른 사업자의 사업행위를 인식하였지만 고유한 경영판단으로 외형상 일치된 행위(인식 있는 병행행위)를 하거나 서로 의사소통함이 없이 일방적으로 의식적으로 동조시키는 행위(일방적 의식적 동조행위)를 하는 경우에, 법률상 추정(제19조 제5항)에 의해 인정되는 합의는 경쟁가치를 훼손하는 의식을 거의 갖고 있지 않다. 다만 외형상 일치행위가 일어남으로써 이후 카르텔이 형성될 가능성이 증가될 것에 미리 대비하기 위하여 또는 카르텔의 외형상 존재에 대한 소비자들의 불신을 해소하기 위해 비강제적 조치들, 예컨대 시정권고나 경고 등의 경쟁법적 제재로써 통제할 필요성은 인정된다.

아래 도표 12는 이상의 내용을 종합하여 보여준다. 계측점수는 공정거래위원회의 제재종류를 결정하는 기준점수의 단계를 활용하여 매긴 것이다.

합의의 개념	경쟁가치 훼손의식	적정제재	비난 가능성	과거불법 제거필요	인격적 교정필요	계측 점수
공동결의	침해	형벌	○	○	○	3
협조의사	구체적 위태화	과징금	○	○	×	2.5
정보교환적 소통	추상적 위태화	시정명령	○	×	×	2
정보화	없음	시정권고	×	×	×	1

도표 12: 합의의 네 가지 개념과 적정제재의 유형 사이의 관계

3. 합의 개념의 절차법적 지평

이상에서 자세히 살핀 합의 개념의 의미론적 차원에서 정보화나 정보교환적 의사소통을 두고 합의라고 규정하는 것은 매우 설득력이 약하다. 그럼에도 이들이 합의 개념에 포함될 수 있게 되는 것은 합의 개념이 갖는 절차적 지평 때문이다.

(1) 합의추정제도 법 제19조 제5항이 합의추정제도를 마련하고 있는 것은 합의 개념의 의미론적 부족분을 절차적 차원에서 메우려는 기획이다.

> **제19조 제5항** 2 이상의 사업자가 제1항 각 호의 어느 하나에 해당하는 행위를 하는 경우로서 해당 거래분야 또는 상품・용역의 특성, 해당 행위의 경제적 이유 및 파급효과, 사업자 간 접촉의 횟수・양태 등 제반사정에 비추어 그 행위를 그 사업자들이 공동으로 한 것으로 볼 수 있는 상당한 개연성이 있는 때에는 그 사업자들 사이에 공동으로 제1항 각 호의 어느 하나에 해당하는 행위를 할 것을 합의한 것으로 추정한다.

1) 성향개념으로서 합의 먼저 합의는 ― 합동범에서 범죄합동의 '결의'(Entschluß)와 같이 ― 의사의 합치라는 내면적 의식상태를 표현하는 개념이라는 점에 주목할 필요가 있다. 이를 형법학에서는 성향개념(Dispositionsbegriff)이라고 부른다. 물론 합의는 카르텔죄의 고의를 구성하는 한 부분이며, 동시에 실행행위를 할 때 합의내용이 계획서처럼 기능한다는 점에서 객관적 구성요건요소가 되기도 한다. 성향개념으로서 합의의 입증은, 계약

서나 협정서와 같은 증거가 없는 한, 정황증거에 의해 입증되는 다양한 간접사실들을 종합적으로 고려하여 합리적으로 추론할 수 있을 뿐이다. 결국 합의는 그 무수히 많은 간접사실과 정황증거들 가운데 어떤 것을 선별해내고 어떻게 추론하느냐에 따라 그 존부에 대한 판단이 좌우되며, 이 판단은 매우 불확실할 수밖에 없다.

2) 추론규칙 법 제19조 제5항은 이런 입증의 불확실성이란 부담을 덜어내고, 카르텔에 대한 통제를 강화하기 위해 합의에 관한 추론규칙을 마련한 것이다.[52]

(가) 합의의 법률상 추정 제19조 제5항에 의하면 외형상 사업행위가 일치하고(예컨대 A기업이 밀가루의 가격을 10% 인상하자, B기업도 밀가루 가격을 10% 인상), 제반사정을 고려할 때 공동행위의 상당한 개연성이 있는 때에는 합의를 추정한다. 합의뿐만 아니라 위법성까지 추정된다는 견해도 있었지만, 법문은 명시적으로 합의만을 추정한다. 따라서 경쟁제한성은 독자적으로 입증되어야만 한다.[53] 또한 경쟁제한성이 있을 때 합의를 추정하는 것

52) 1986년에 도입되었던 과거의 추정조항은 "2 이상의 사업자가 일정한 거래분야에서 경쟁을 실질적으로 제한하는 제1항 각호의 1에 해당하는 행위를 하고 있는 경우 동 사업자간 그러한 행위를 할 것을 약정한 명시적인 합의가 없는 경우에도 부당한 공동행위를 하고 있는 것으로 추정한다"고 규정하였다. 이 규정에 대해서는 경쟁제한성은 "합의를 전제로 하지 않은 상태에서" 입증해야 한다는 비판(대판 99두6514)이 가해졌고, 또한 합의에 의한 행위의 공동뿐만 아니라 그 공동행위의 부당성까지 추정할 수 있다는 점도 문제였다(2008년판 공정거래백서(공정거래위원회, 2009), 198쪽).

53) 추정을 2단계, 즉 외형상 일치행위가 존재하면 '공동행위의 존재'가 추정되고, 그 부당성은 원고가 실질적 경쟁제한성을 입증할 때 비로소 인정된다는 견해(손수일, "공동행위(카르텔)의 규제와 추정조항의 문제점", *재판자료 경제법의 제문제* (87집, 2000), 405쪽 참조)도 부당성을 경쟁제한성으로 환원한 오류를 제외한다면 같은 입장이라 할 수 있다.

도 아님에 주의를 요한다.

(나) **합의추정의 지렛대효과** 외형상 일치행위가 있다고 할 때, '협조의사'나 '정보교환적 소통' 또는 '정보화'의 현상이 입증되면 이 합의추정규정에 의해 계약적 합의처럼 취급될 수 있게 된다. 바꿔 말해 합의의 법률상 추정은 일종의 의미론적 차원에서 합의라고 보기에 부족함이 있는 개념들을 계약적 합의와 같은 수준으로 끌어올리는 지렛대효과를 발휘하는 것이다. 다만 제19조 제5항을 공정거래위원회가 규제절차에 착수하여야 하는 단서로서의 의미, 즉 행정법상의 추정규정으로 보는 견해[54]도 있지만, 법문은 합의의 존재에 관한 입증책임을 공정거래위원회로부터 사업자에게 전환시키는 규정이다.[55] 그리고 이 전환은 "사실상의 추정"[56]이 아니라 법률상의 추정임에 주의를 요한다.

(다) **제반사정의 축소와 그 위험** 이런 지렛대효과는 합의의 추정을 위해 고려해야 할 '제반사정'을 외형상 일치행위나 정보교환과 같은 사실 하나에 국한시킴으로써 더욱 더 즉각적으로 발휘될 수 있다.

하지만 법 제19조 제5항에 의하면 추정을 위해 고려해야 할 '제반사정'은 "공동으로 한 것으로 볼 수 있는 상당한 개연성"을 근거지을 수 있어야 한다. 여기서 "공동으로 한 것"이란 계약적 합의, 즉 공모로 한 것을 의미하고, 상당한 개연성이란 형사소송법의 상당한 범죄혐의(제70조 제1항 등)와 같은 것, 즉 고도개연성을 의미한다. 다시 말해 합의의 추정을 위해 필요한 제반사정의

---

54) 권오승, *경제법* (법문사, 1998), 258쪽.

55) 같은 견해로 정호열, "담합을 어긴 투찰과 카르텔행위의 성립", *저스티스* (제33권 1호, 2000), 178쪽.

56) 이남기, *경제법* (박영사, 1998), 160쪽.

고려는 '공모로 한 것으로 볼 수 있는 고도개연성'을 근거지을 수 있어야 한다. 그러므로 예컨대 정보교환행위(사실)는 분명 중요한 사정이지만 유일한 사정이 되어서는 안된다. 왜냐하면 정보교환은 가격카르텔을 형성하는 기초가 될 수 있지만, 동시에 가격인하의 단서나 가격편차의 감소[57] 또는 벤치마킹의 수단이 되어 오히려 경쟁을 촉진하는 기반이 되기도 하기 때문이다.[58] 즉 정보교환은 합의의 존부에 관해 양면적인 증거일 뿐이다.

(라) **독립적 경영상 이유의 부존재** 여기서 합의를 추정하는 과정에서 외형상 일치행위를 한 회사들이 각기 그런 행위로 나아간 결정에 독립적인 경영상 이유가 있는지를 심사하는 것이 생략되어서는 안됨을 알 수 있다. 그런 심사를 경영상 정당한 이유의 심사(business justification test)[59]라고 할 수 있다. 가령 제조비용, 경영리스크, 운송비용 등을 고려할 때 공모를 하지 않고도 외형상 일치행위를 하는 것이 합리적이었는지를 검토해야 한다.[60] 여기서 말하는 경영상 이유에 의한 정당화는 합의의 추정

57) 예를 들어 미국시장의 74.2%를 점유하는 나무판 제조업자들과 운반업자들의 협회가 생산평균비용, 어떤 지점까지의 선적률에 대한 상세정보 등을 교환시킨 사건에서 미국연방법원도 정보교환이 공식적이어서 소비자도 알고, 가격편차를 줄이려는 친경쟁적 목적에서 이루어졌다는 이유로 합의를 인정하지 않았다. 자세히는 Maple Flooring Manufacturers' ASSN. v. United States, 268 U.S. 563 (1925) 참조.

58) 이 점에 대한 상세한 설명으로 John Han, "Antitrust and Sharing Information about Product Quality", *The University of Chicago Law Review* (Vol. 73, No.3, 2006), 1008~1012쪽 참조.

59) 이런 입장으로 Michael K. Vaska, "Conscious Parallelism and Price Fixing: Defingung the Boundary", *The University of Chicage Law Review* (Vol.52, No.2, 1985), 508~509쪽 참조.

60) 소아마비 백신을 제조하는 5개 제약회사들(Lilly, Pitman-Moore, Parke Davis, Merke Sharp & Dohme, Wyeth)이 판매한 가격이 거의 일치하고, 한 회사가 가격을 인하하자 다른 회사들도 똑같이 인하한 사건(United States v. Eli Lilly & Co., Crim. No. 178-58, D.N.J., Nov. 30, 1959)을

을 방해하는 사유일 뿐이다. 비록 카르텔이 사업경영상 합리적으로 필요한 사항이었지만, 카르텔의 합의가 분명이 존재했고, 또 입증도 된 경우에 그 경영상 이유는 단지 카르텔의 동기가 될 뿐이고,[61] 합의추정을 배제하는 사정이 되지는 않는다.

(2) 합의추정의 허용과 배제 합의 개념의 의미론에서 자세히 분석한 합의 개념의 각 유형이 갖는 실질적인 행위반가치의 차이는 합의추정규정(법 제19조 제5항)의 적용에서 고려되어야 한다.

1) 카르텔 불법에서 행위반가치와 결과반가치의 구성비 카르텔의 합의가 법률상 추정의 예외를 인정할 수 없는 경우인지 아닌지를 분석하는데 도움을 주는 불법의 구조화가 필요하다. 이 구조화의 예로서 다음 도표처럼 카르텔의 불법을 구성하는 행위반가치와 결과반가치의 상대적 구성비율을 설정해볼 수 있다. 이 도표는 동일한 경쟁제한효과를 가져오는 외형상 일치행위가 있음이 전제되어 있고 또한 외형상 일치행위가 위의 4가지 개념의 합의에 의해 각각 이루어진 경우를 가정하고 있다. 같은 정도의 경쟁제한을 가져오는 외형상 일치행위라면 <정보화 →

예로 설명하는 Almarin Phillips and George R. Hall, "The Salk Vaccine case: Parallelism, Conspiracy and other hypotheses", *Virginia Law Review* (Vol. 46, 1960), 722쪽 참조. 또한 저자들은 이 사례에서 합의, 이해, 계획, 협력행위가 있었음에 별 의문이 없으며, 중요한 점은 그렇게 합의가 합리적으로 추론되더라도 그 합의적 행동이 갖는 의미, 즉 경쟁제한의 합리성에 대한 검토가 부족함을 비판한다(728쪽). 그러나 이는 가격카르텔과 같은 경성카르텔에서는 합의만으로 카르텔불법을 인정하는 미국 판례의 맥락에서 강조되는 부분이고, 합의의 합리적 추론과 경쟁제한은 각기 다른 요건으로 검토되어야 한다.

61) 동기라고 개념화하지 않았지만 같은 취지의 판례로 대판 2001.2.9, 2000두6206; 2010.2.11, 2009두11485 참조.

정보교환적 소통 → 협조의사 → 공동결의>의 순으로 행위반가치는 증대하고 결과반가치는 감소한다.

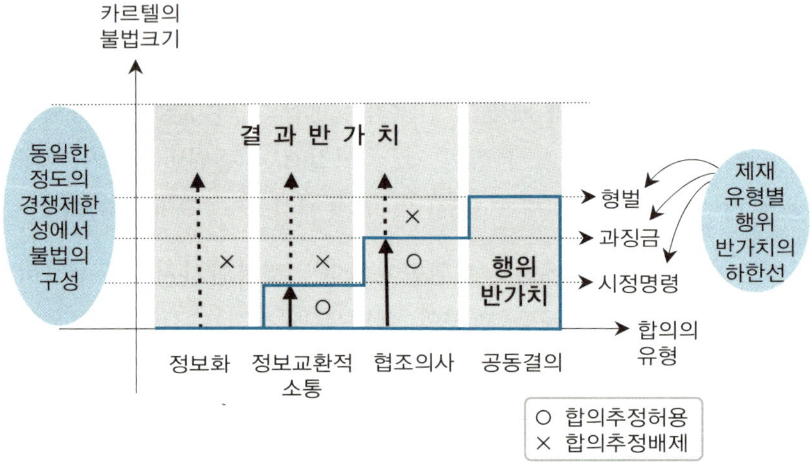

도표 13: 합의의 네 가지 개념에서 합의추정의 허용과 배제

2) 정보화에서 합의추정의 배제 첫째, 정보수집을 하여 다른 사업자의 경영행위를 인식하였지만, 고유한 경영판단으로 외형상 일치되는 행위를 하는 경우(인식있는 병렬행위) 또는 다른 사업자의 경영행위에 일방적으로 동조하는 행위를 하는 경우(일방적인 의식적 동조행위)에는 경쟁가치에 대한 비난받을 만한 불인정의 의식이 존재하지 않기 때문에 비난가능성이 있는 제재들(시정명령, 과징금, 형벌)을 부과하기 위한 합의추정규정의 적용은 인정될 수 없다. 그런 합의추정은 '없는 사실'을 있는 '사실'처럼 만드는 것이고, 따라서 합의의 '추정'이 아니라 합의의 '의제'(擬制)가 되기 때문이다. 제19조 제5항은 합의를 추정할 뿐이고, 합의

를 의제하지는 않는다. 실무에서는 이처럼 합의추정을 유지하면 사실상 합의의 의제가 되는 경우를 합의추정복멸사유라고 부른다.62)

> [합의추정의 복멸을 위한 제반사정] 이런 합의의 추정에 비해 합의의 추정을 복멸시키는 사정으로 판례는 제반사정을 고려한다. "당해 상품 거래분야 시장의 특성과 현황, 상품의 속성과 태양, 유통구조, 가격결정 구조, 시장가격에 영향을 미치는 제반 내외부적 영향, 각 개별업체가 동종 거래분야 시장에서 차지하고 있는 지위, 가격의 변화가 개별사업자의 영업이익과 시장점유율 등에 미치는 영향, 사업자의 개별적 사업여건에 비추어 본 경영판단의 정당성, 사업자 상호간의 회합 등 직접적 의사교환의 실태, 협의가 없었더라도 우연의 일치가 이루어질 수도 있는 개연성의 정도, 가격모방의 경험과 법위반 전력, 당시의 경제정책적 배경 등을 종합적으로 고려하여 거래 통념에 따라 합리적으로 판단하여야 한다."(대판 2003.5.7, 2002두4648 판결)

3) 정보교환적 의사소통에서 합의추정의 허용과 배제 둘째, 정보교환적 의사소통을 두고 — 예컨대 의식적인 상호적 동조행위의 간접사실을 고려하여 — 합의추정규정을 적용하여 시

---

62) 합의추정복멸사유를 인정한 대표적인 판례로 첫째, 상대방 사업자와 공통적으로 관련된 외부적 요인이 각자의 가격결정 판단에 같은 정도의 영향을 미침으로써 부득이 동일 또는 유사한 시기에 동일 또는 유사한 행위를 할 수밖에 없었던 경우(대판 2003.2.28, 2001두946), 둘째, 과점시장 하에서 시장점유율이 높은 선발업체가 종전의 관행 등 시장의 현황에 비추어 가격을 결정하면 후발업체들이 이에 동조하여 가격을 결정할 것으로 예견하고 가격결정을 하였다는 등의 특별한 사정이 없는 한 선발업체가 독자적인 판단에 따라 가격을 결정한 뒤 후발업체가 일방적으로 이를 모방하여 가격을 결정하는 경우(대판 2002.5.28, 2000두1386)를 들 수 있다.

정명령을 내리는 것은 허용되지만, 과징금이나 형벌을 부과하는 것도 배제되어야 한다. 여기서 정보의 수집이나 교환 없이는 합리적 경영, 책임경영이 불가능하다는 점에서 — 묵시적 합의를 추론할 수 있는 정도로 상호적인 의식적 동조행위가 반복되지 않는 한 — 정보교환적 소통은 윤리경영에 합치하는 측면도 있음에 주목할 필요가 있다. 그럼에도 이를 경쟁법적 제재가 허용되는 합의에 의한 것으로 추정하는 것은 경쟁시장구조의 훼손을 막기 위함이다. 하지만 그처럼 합리적·윤리적 경영의 요소를 내재하고 있는 정보교환적 소통을 두고 그런 경영행위의 과거를 제거하는 과징금이나 형벌의 부과를 위한 요건이 되는 합의를 추정하는 것은 법과 경영의 체계통합을 와해시키고, 법에 의한 경영의 억압을 강화한다. 바로 이 점에서 과징금이나 형벌을 부과하는 절차에서 정보교환적 소통에 대해 합의추정규정을 적용하는 것은 비례성원칙(과잉금지원칙)에 위배된다.

[정보교환적 소통과 합의] 카드시장에서 높은 시장점유율을 보유하고 있는 3대 카드회사인 A, B, C카드사들은 1999. 1. 20.부터 22.까지 중고자동차 할부금리를 동시에 인하했다. A카드(주)는 1999. 1. 20. 할부금리를 종전 26% 내지 28%에서 25%로 인하했고, B카드(주) 역시 같은 날 종전 28%인 할부금리를 25%로 인하했다. 두 회사의 인하조치가 있고 이틀 후인 1. 22. C카드(주) 또한 할부금리를 종전 27% 내지 28%에서 25%로 동일하게 인하했다. 공정거래위원회는 이들 회사에 대해 과징금을 부과할 수 있는가? ① 판례는 “부당한 공동행위의 합의의 추정을 번복할 만한 사정, 즉 외부적으로 드러난 동일한 가격인하행위가 실제로는 합의나 상호간의 요해 없이 각자의 경영판단에 따라 독자적으로 이루어졌음에도 마침 우연한 일치를 보게 되었다거나 조달금리의 안정화와 고객의

인하요구에 부응하기 위해 독자적으로 가격인하행위를 하였다고 볼만한 정황이 있었다는 점 등에 관하여는 이에 부합하는 듯한 증거들은 믿기 어렵거나 달리 이를 인정할 만한 증거가 없고, 그 밖에 부당한 공동행위의 합의추정을 복멸할 다른 사정도 인정되지 아니한다"는 이유로 부당한 공동행위의 합의추정의 복멸에 관한 주장을 배척하였다. ② 물론 A, B, C카드(주)가 동일하게 인하한 중고자동차 할부금융시장은 금융변동정보(할부금리 및 할부조건에 관한 정보)가 개방되는 특징을 갖고 있다. 따라서 외형상 일치행위와 정보교환의 사실이 인정된다. 그러나 이런 사정만으로 공모의 고도개연성을 인정할 수 있는지는 의문이다. 설령 판례처럼 인정하더라도 과징금이나 형벌을 부과하기 위한 합의는 추정할 수 없고, 시정명령과 같은 행정법적 제재를 위한 합의만 추정할 수 있다.

4) 협조의사에서 합의추정의 허용과 배제 셋째, 더 나아가 협조의사를 두고 — 예컨대 의식적인 상호적 동조행위가 반복되는 점을 고려하여 — 합의추정규정을 적용하여 과징금을 부과하는 것은 허용되지만, 형벌을 부과하는 것은 배제되어야 한다. 물론 형벌부과를 위한 합의추정규정의 적용은, 형사책임의 입증에서도 법률상 추정이 예외적으로 인정되기도 한다는 점에서는 무조건 무죄추정원칙에 반한다[63]고 보기는 어렵다. 그러나 형사책임의 엄격성, 즉 책임원칙의 엄정한 관철을 위해 그와 같은 법률상 추정은 허용되어서는 안 된다. 판례는 무죄추정원칙 위배를 이유로 합의의 추정을 허용하지 않는다.

[협조의사에 의한 합의의 추정] 용인동백지구에서 아파트를 분

63) 이런 입장으로 윤성운, "부당한 공동행위의 추정조항", *자유경쟁과 공정거래* (법문사, 2002), 242쪽.

양하는 A, B, C회사들의 대표실무자 甲, 乙, 丙은 난개발에 대한 시민사회의 비판, 분양권 전매제한, 동시분양의 단점 등의 어려움에 직면하여 분양(하한)가 담합의 필요성이 엿보이는 상황에서 그리고 그런 담합이 적기였을 것으로 보이는 제3차 사업계획승인신청(2003.3.24.) 직전인 2003.3.6.에 용인동백지구 협의체 회의를 열어 각사의 예정분양가 및 분양방식에 관한 의견을 교환하였다. 합의추정에 유리한 사정으로 ㉠ 이 협의체 주간사인 A건설의 회의록에 분양가 Guide Line과 합의사항, 기타사항("분양가 담합회의로 오해될 수 있으므로 분양가 협의부분은 노출되지 않도록 주의요망")이 기재되어 있는 점, ㉡ B건설의 乙이 작성한 업무수첩에도 "동백지구 32평형 — 최초에는 평당 600만 원이었으나 현재는 650만 원 — 하한선만 제한하자(650 — 33평, 680 — 46평), 공정거래위원회문제, 분양예정일 4월말, 하한선이면 언론, 여론에 밀려 문제가 된다"라고 기재되어 있는 점이 있다. 이에 반해 합의추정에 불리한 사정으로 ㉢ 이 협의체는 1, 2차 사업계획승인이 반려되어 용인시에 대한 압박용이면서 자신의 희망적 계획을 구상하기 위한 것이었던 점, ㉣ 甲, 乙, 丙은 분양의 성패를 좌우하는 분양가를 결정할 수 없는 직책의 실무자들(과장, 부장)에 불과하였었던 점, ㉤ 당시 언론은 분양가 사전조율에 대한 보도를 빈번히 해서 사업자들은 "분양가 담합회의"의 오해를 받지 않게 할 필요가 있었던 점, ㉥ 분양가 합의를 위반할 경우에 대한 제재방법도 전혀 논의되지 않은 점이 있다. ① 판례는 "형사재판에서 공소가 제기된 범죄사실은 검사가 입증하여야 하고, 법관은 합리적인 의심을 할 여지가 없을 정도로 공소사실이 진실한 것이라는 확신을 가지게 하는 증명력을 가진 증거를 가지고 유죄로 인정하여야 하므로, 그와 같은 증거가 없다면 설령 피고인에게 유죄의 의심이 간다고 하더라도 피고인의 이익으로 판단할 수밖에 없다"(대판 2007.3.15, 2006도9042). "따라서 위와 같은 부당한 공동행위의 '합의'는 그 행위의 속성상 직접증거의 확보가 어렵기 때문에 간접사실이나 정황사실을 입증함으로써 그 범죄행위를 입증하는 방법을 취할 수밖에 없는 경우에도,

그 입증의 정도는 법관으로 하여금 합리적 의심을 할 여지가 없을 정도로 엄격한 증명을 요한다 할 것이다"고 하면서 ㉠㉡㉢㉣㉤㉥을 종합할 때 카르텔죄의 증명이 부족하다고 보았다.[64] ② 이 사안에서 A, B, C사는 실무자들인 甲, 乙, 丙을 통해 분양가에 관해 최소한 정보교환적 의사소통을 하였다는 점은 명확히 인정할 수 있다. 여기에 ㉠㉡의 사실이 진실한 것이라고 할 때, 이 의사소통이 묵시적 합의를 구성하는 협조의사를 북돋고 확인하는 것임을 인정할 수 있다. 하지만 ㉢㉣㉤㉥도 사실이라고 할 때, 이 협조의사로부터 계약적 합의를 추정하는 것은 무죄추정원칙에 위배된다.

또한 협조의사에 의한 카르텔 형성에 대해 합의추정규정을 적용하여 형사처벌을 하는 것은 비례성원칙에 위배될 수 있다. 협조의사에 의한 카르텔형성은 과징금의 제재가 적정하기 때문이다. 과징금은 형벌을 대체하는 제재로 인정될만큼 진압적 제재의 성격이 강하고, 예방효과도 형벌보다 못지않다. 따라서 그와 같은 합의추정은 카르텔죄의 불법에서 행위반가치와 결과반가치가 적어도 균형있게, 바람직하게는 행위반가치가 더 큰 비중을 차지하는 구조를 가질 수 없게 만든다.

Ⅳ 공동부당행위: 카르텔의 실행행위

카르텔의 실행행위는 "(1) 다른 사업자와 공동으로 (2) 부당하게 (경쟁을 제한하는) (3) 다음 각 호의 어느 하나에 해당하는 행위"를 하는 것이다. 경쟁제한은 실행행위의 결과이므로 카르텔의 실행행위는 공동부당행위((1)+(2)+(3))이다.

64) 대판 2008.5.29, 2006도6625.

1. 공동성

다수의 사업자가 법이 정한 유형의 행위를 똑같이 하는 것이 카르텔의 불법에 해당하게 되는 것은 주관적으로는 합의에 의한 것이면서, 객관적으로는 공동으로 한 것이어야 한다. 행위의 공동성은 합의의 외부화이고, 합의는 행위의 공동성의 내부를 구성한다.

(1) **분업적 실현과 공동귀속** 이때 행위의 공동성은 공동정범의 객관적 요건인 '공동실행'과 유사하다.[65] 즉, 각 사업자의 개별행위만으로는 경쟁시장구조를 왜곡시킬 수 없지만 각 사업자들의 행위들이 합해져서 경쟁시장구조를 왜곡하는 결과를 초래하는 것이다. 시장지배적 사업자의 남용행위가 단독으로 경쟁시장구조를 왜곡시키는데 반해, 카르텔은 여러 사업자가 함께 할 때에만 경쟁시장구조를 왜곡시킬 수 있는 경우이다. 이런 분업적 실현에도 불구하고 경쟁시장구조의 왜곡이라는 결과는 모두에게 귀속된다. 카르텔범죄는 본질적으로 단독으로 범할 수 없고 개념

65) 판례에서도 공동정범의 논리가 사용되기도 한다. 예컨대 "여기서 '공동'이라 함은 복수의 사업자들 사이에 각자의 사업활동을 제한한다는 것에 대한 의사의 연락이 있고 이에 기하여 행동의 일치가 이루어지는 것을 말하는바, 공동행위가 성립하기 위하여는 각 당사자의 행위가 외형상 일치하는 것만으로는 부족하고, 그 배후에 인위적으로 형성된 의사의 연락이 있고 그것에 의하여 당사자들 사이에 경쟁제한에 대한 공동의식이 형성되는 것을 통하여 행위의 일치를 초래하는 관계가 이루어져야 한다. 그리고 '의사의 연락'이라 함은 넓은 의미의 합의를 말하는 것으로서 의견의 일치가 있다는 것에 대한 인식, 즉 합의가 성립하고 있다는 것을 다른 당사자도 알고 있다는 사실을 이쪽에서도 알고 있는 관계가 성립하는 것을 말한다"(수원지방법원 2006.8.30. 선고 2005노4635 판결).

필연적으로 분업적 실현과 공동귀속의 원리에 의해서만 범할 수 있다.

(2) 카르텔이탈 카르텔 형성에 합의하고, 때로는 실행에 들어간 이후나 그 이전에 카르텔에서 탈퇴하는 경우가 있다.

1) 실행 않은 경우 첫째, 합의만 하고 공동부당행위를 하지 않은 사업자에게는 법문상으로는 카르텔죄가 성립하지만, 합의로 공동부당행위를 하여 경쟁을 제한할 때에만 형사불법적인 카르텔이 성립한다고 보아야 본다면 그리고 공동정범이론에 의한다면, 다음과 같은 책임이 귀속된다.

첫째, 다른 사업자들이 공동부당행위에 착수하기 전이라면 전혀 카르텔죄가 성립하지 않는다.

둘째, 다른 사업자들이 공동부당행위에 착수한 후라면, 이탈한 사업자는 이론상 카르텔범죄의 예비·음모가 성립할 수 있다. 그러나 카르텔예비음모죄는 없기 때문에 카르텔범죄가 성립하지 않는다.

따라서 공정거래위원회는 합의한 카르텔이 중대한 것일지라도 실행하지 않은 사업자를 형사고발할 수는 없다. 다만 경쟁법적 제재(예: 시정명령, 권고, 경고)를 가할 수 있음은 물론이다.

2) 실행 후의 이탈 둘째, 합의를 하고 공동부당행위를 같이 하다가 한 사업자가 더 이상 하지 않는 경우에는 카르텔죄가 부분적으로 성립할 수 있다. 그러나 책임원칙에 따라 이탈한 사업자는 이탈하기 전까지 행한 공동부당행위에 대해서만 책임을 진다. 이때 이탈이란 판례에 의하면 "합의에 참가한 사업자들 중

일부가 … 다른 사업자에 대하여 명시적 또는 묵시적으로 합의에서 탈퇴한다는 내용의 의사표시를 하고 독자적인 판단에 따라 합의가 없었더라면 존재하였을 수준으로 가격을 책정하는 등 합의의 목적에 반하는 행위를 하여야"[66] 인정될 수 있다.

[카르텔의 실행 후 이탈시점] 정보통신부의 행정지도에 따라 K통신과 H텔레콤주식회사는 2003.6.말의 시내전화 번호이동성시행을 앞두고 두 회사 사이의 요금격차를 축소할 목적으로, 2003.6.23. K통신은 기존 요금을 유지하는 대신 H텔레콤이 요금을 인상조정해 주면 K통신이 H텔레콤에게 매년 시내전화 시장점유율(가입자 순증 기준)을 1.2%씩 2007년까지 이관해 주기로 합의하였다. H텔레콤은 2003.11.10. K통신에 대한 시장점유율 미이관분에 관한 정산금 지급 요구가 받아들여지지 아니할 경우 공조 파기 후 공격적 마케팅을 할 것을 검토하였다. 그러나 H텔레콤은 합의에 어긋나는 독자적인 경영활동으로서 2003.10.31.경 가입비 면제 특판행사를 하였고, 2004.1.1.에는 시내전화 매출액 중 14%~21%를 차지하는 다량회선요금 할인제도도 시행하였다. 하지만 H텔레콤은 합의의 중요내용이었던 시내전화 매출액의 약 55%를 차지하는 LM 통화료 등은 인하하지 않은 채 그대로 유지하였다. ① 판례는 합의유지사항을 합의파기사정들보다 중시하여 카르텔은 2004.4.1.에 종료되었다고 보지 않았다. ② 그러나 LM통화료의 유지와 같은 합의유지의 경영행위가 합의파기를 근거짓는 경영행위와 마찬가지로 H텔레콤의 독자적인 경영판단의 일환으로 이루어진 것이라면, 다시 말해 LM통화료의 유지가 독자적인 경영에 의해 정당화(business justification)가 가능한 경우라면, H텔레콤은 아무리 늦게 잡아도 매우 중요한 합의사항의 하나를 파기한 행위인 다량회선요금 할인제를 실시한 2004.4.1.에 카르텔에서 이탈한 것으로 볼 수 있다.

---

66) 대판 2009.6.23, 2007두19416; 2008. 10. 23, 2007두2586.

또한 이때의 이탈은 카르텔을 공정거래위원회에 자진신고했는지 여부와는 상관이 없다. 다만 공정거래위원회에 카르텔 사실을 자진신고하면 시정조치나 과징금의 감경 또는 면제(제22조의2 제1항)받을 수 있을 뿐만 아니라 공정거래위원회로부터 형사고발을 당하지 않을 수도 있다.

2. 부당성

카르텔은 공동행위가 부당한 것이어야 한다. 그러나 "부당하게 경쟁을 제한하는 … 행위"를 공동으로 한다고 할 때 그 부당함의 의미는 거의 밝혀지지 않고 있다.

(1) **행위반가치와 결과반가치의 연결요소** 먼저 부당성의 의미론이 독자적인 것임을 인정해야 한다. 예컨대 경쟁제한의 결과가 발생하였다고 해서 자동적으로 부당성을 인정한다면 "부당하게"라는 문언은 필요하지 않는 것이다. 그런데도 경쟁법학자들은 흔히 (1999.2.5. 개정으로 새롭게 등장한 문언인) 부당성을 단순히 경쟁제한성으로 환원시켜버리는 경향이 있다.[67] 마찬가지로 공동행위를 다수의 사업자가 합의한 것만으로써 — 즉 시장지배적 지위를 인위적으로 형성한 것만으로써 — 부당성을 인정한다면, "부당하게"라는 문언은 역시 필요하지 않다. 판례는 경쟁제한적인

67) 대개의 경쟁법학자들의 이런 이해는 역사적인 이유를 갖고 있기도 하다. '일정한 거래분야에서 경쟁을 실질적으로 제한하는'의 문언이 1999.2.5. 개정법에 의해 '부당하게 경쟁을 제한하는'으로 바뀌었다. 이런 개정을 두고 "이러한 변화는 부당성이 개념상 경쟁의 제한을 내포하고 있다는 점과 공동행위 자체로 위법성이 명백한 경성카르텔적인 경우가 존재할 수 있음을 고려한 것으로 보인다"(홍명수, "카르텔 규제의 문제점과 개선방안에 관한 고찰", *경쟁법연구* (11권, 2005), 254쪽)고 인식하는 것이다.

공동행위를 하면 부당성을 사실상 추정한다.

> [판례: 부당성의 사실상 추정] "사업자들이 공동으로 가격을 결정하거나 변경하는 행위는 그 범위 내에서 가격경쟁을 감소시킴으로써 그들의 의사에 따라 어느 정도 자유로이 가격의 결정에 영향을 미치거나 미칠 우려가 있는 상태를 초래하게 되므로, 그와 같은 사업자들의 공동행위는 특별한 사정이 없는 한 부당하다고 볼 수 밖에 없다."[68]

여기서 부당성은 경쟁제한(효과)의 결과로 환원되지도 않고, 공동행위의 합의(공모)로 환원되지도 않아야 함을 알 수 있다. 바꿔 말해 부당성은 행위반가치로서의 합의와 결과반가치로서의 경쟁제한성을 연결시켜주는 독자적인 역할을 해야 한다.

(2) 비신사성 그런 역할의 수행은 부당성을 도덕적 직관에 의해 인정되는 비신사성으로 이해할 때 가능해진다.

1) 도덕적 직관에 의한 가치충전이 필요한 개념 다시 말해 '부당하게'라는 '가치충전이 필요한 개념'(wertausfüllungsbegriff)은 비신사적이라는 도덕적 직관에 의해 채워진다는 것이다. 여기서 비신사성에 대한 도덕적 직관은 시장기능을 위태화시킬 적성(Eigung) 그 자체가 아니라, 그럴 것이라는 시민들의 위험의식을 구심점으로 형성되는 판단을 의미한다. 시장기능을 위태화시키는 적성 그 자체는 경쟁제한성(아래 3.단락)이라는 다른 성립요건에 속하는 것임에 주의를 요한다. 그래서 비신사적 행위는 시민들의 의식 속에서 경쟁시장구조를 위협한다고 인지되고 받아들여지는

68) 대판 2009.3.26, 2008두21058; 2010.2.11, 2009두11485.

행위라고 정의할 수 있다. 이런 공동행위의 비신사성은 바로 합의에 반도덕적 의미요소를 내재화시키는 것이기도 하다.

이처럼 비신사성이 부당성이라는 법 개념을 구성하는 것은 매우 낯설게 느껴지며, 수사학적 차원에서만 가능한 것이 아닌가 하는 의문이 들 수 있다. 그러나 신사성은 근대법의 문화적 특성이었음을 되돌아보아야 한다. 서구의 자유자본주의체제에서 재산과 교양을 갖춘 시민들은, 즉 신사들은 자유시장을 통해 그 물적 기반을 구축했기 때문에, 자유시장의 기능을 보호하는 것은 부르조아의 도덕이 된다. 그렇기에 신사성은 시장참여자들의 도덕성이 되는 것이다.

물론 어떤 시장참여행위가 부도덕한 것인지, 즉 비신사적인 것인지는 직관적으로 판단된다. 바로 이 점에서 "부당하게"의 의미가 (적극적으로) 구체화되는 데에는 일정한 한계가 있게 된다.

2) 시장기능을 내부로부터 위협하는 비신사적 행위 가령 공동으로 "가격을 결정·유지 또는 변경하는 행위"(제19조 제1항 1호)가 부당한 행위가 되는 것은 — 공급자들이 시장지배적 지위를 갖고 있지 않기 때문에 — 그 가격이 경쟁시장의 조정기능에 의해 형성된 가격일 것이라는 구매자들의 신뢰를 져버리는 비신사성 때문이다. 물론 여기서 비신사성은 시장에 대한 사기(fraud)의 성격[69]을 띠는 행위로만 환원되는 것은 아니다. 예컨대 공동

69) 영국에서도 가격고정 카르텔에 대한 합의만으로는 형사처벌되지 않고 거래행위 자체에 사기(fraud), 허위설명(misrepresentation), 부정직(dishonesty)이 있어야만 한다. 이에 관해서 Norris v Government of the United States of America 14 March 2008 (House of Lords http://www.publications.parliament.uk/pa/ld200708/ldjudgmt/jd080312/ norris-1.htm) 참조. 그러나 공모에 의한 공동행위 자체가 소비자에 대한 부정직이라는 점에서 반드시 카르텔 사업자들이 상품거래시 사기나 허위설명 등을 해야만

으로 "거래상대방을 제한하는 행위"(4호)와 같이 시장에 대한 사기가 아니라 시장참여자들 사이의 차별적 행위도 포함하기 때문이다. 이런 부당성의 다양한 의미를 포괄하는 최대공약수는 시장기능을 내부로부터 위협하는 비신사적 행위라고 할 수 있다. 다시 말해 그와 같은 수준의 비신사적 행위들이 일반화되면 시장의 기능이 위협받게 될 것이라는 도덕적 직관적 판단이 부당성의 의미를 구성하는 것이다. 다만 카르텔에서 부당성은 시장지배지위남용에서의 부당성처럼 시장의 강자가 약자에게 해서는 안되는 '약자배려의 도덕성'과는 구별된다는 점에 주의할 필요가 있다.

3) 외부로부터의 시장기능 위협을 막는 행위 시장의 조정기능을 내부로부터 위협하는 비신사적 행위일지라도 그 비신사성을 제거하는 소극적 요소가 있다. 우선 시장기능이란 전세계가 '경제적으로'가 아니라 '법적으로' 단일한 시장을 형성하지 못한 상황에서는 한 국가의 시장기능만을 의미함에 주목한다. 예컨대 외국의 시장이 우리나라의 시장을 먹어삼켜버릴 위험에 공동으로 대처하는 행위는 그 공동행위의 통상적인 비신사성이 상쇄시킬 수 있다. 가령 우리나라의 어떤 상품시장에서 다수의 사업자들이 카르텔로 형성하는 가격은 중국시장에서 건너오는 저품질의 동일상품이 관세를 부과받고 형성하는 가격보다 대개는 높다. 하지만 이 높은 가격은 중국산에 비해 소비자로부터의 선호와 선택을 잃어버리지 않을 선에서만 결정된다. 그러니까 카르텔사업들은 공동행위로 획득하는 시장지배력을 자의적으로 행사하

하는 것은 아니다.

기 어려운 외적 제약에 놓이게 된다. 그러나 다른 한편 국내 사업자들은 중국산 저가상품과의 품질차별화를 통해 소비자로부터의 선호와 선택을 유지할 수 있기 위해 고품질을 유지해야만 하는 상황에 놓여 있다. 만일 카르텔을 형성하지 않고 경쟁할 경우에 형성될 시장가격으로는 그런 고품질의 상품을 생산할 수 없다면, 카르텔의 형성은 비록 시장에 대한 사기의 요소를 갖지만, 그것은 자국시장이 외부로부터 위협받게 되는 것을 막는 것일 수 있다. 이런 카르텔 형성을 두고 국내경쟁법에서 불법, 즉 부당한 행위라고 볼 수는 없다.

4) 카르텔금지규정의 배제 법 제19조 제2항은 산업합리화, 연구·기술개발, 불황의 극복, 산업구조의 조정, 거래조건의 합리화, 중소기업의 경쟁력향상을 목적으로 하는 경우('실체적 요건')로서 공정거래위원회의 인가를 받으면('절차적 요건') 카르텔금지규정(제19조 제1항)을 적용하지 않는다고 규정한다.[70]

(가) 부당성의 구체적인 예외사유들 이는 카르텔의 불법, 특히 공동행위의 '부당성'이 예외적으로 인정되지 않음을 뜻하며, 그 구체적인 내용은 대통령령에 의하여 정하고 있다. 이처럼 부당성을 적극적으로 근거짓는 규정은 두지 않으면서 소극적으로 배제하는 규정을 둔 것은 부당성의 의미가 바로 '도덕적 직관'에 의해 비신사성이라는 점을 말해주는 것이기도 하다. 대통령령으로 구체화한 6가지 예외사유들은 위임입법에 의해 다음 표와 같이

70) 현재 이 인가제도는 거의 활용되지 않고 있다. 그래서 카르텔이 일정한 기준을 충족하면 자동적으로 금지규정의 적용을 면제해주는 유럽연합의 '일괄면제규칙'을 도입하자는 주장이 있다. 이에 관해 자세히는 심재한, "카르텔의 금지와 금지규정적용의 면제제도", *경영법률* (제16집 제2호, 2006), 621~646쪽 참조.

좀 더 구체화된 사유로 제도화되고 있다.

법 제19조 제2항	법시행령
산업합리화 (1호)	• 공동행위에 의한 기술향상·품질개선·원가절감 및 능률증진 등의 효과가 명백한 경우(제24조의 1호)
	• 공동행위외의 방법으로는 산업합리화의 달성이 곤란한 경우(제24조의2 2호)
	• 경쟁을 제한하는 효과보다 산업합리화의 효과가 클 경우(제24조의2 3호)
연구·기술개발(2호)	• 당해 연구·기술개발이 산업경쟁력 강화를 위하여 긴요하며 그 경제적 파급효과가 클 경우(제24조의3 1호)
	• 연구·기술개발에 소요되는 투자금액이 과다하여 한 사업자가 조달하기 어려운 경우(제24조의3 2호)
	• 연구·기술개발성과의 불확실에 따른 위험분산을 위하여 필요한 경우(제24조의3 3호)
	• 경쟁을 제한하는 효과보다 연구·기술개발의 효과가 클 경우(제24조의3 4호)
불황의 극복 (3호)	• 특정한 상품 또는 용역의 수요가 상당기간 계속하여 감소하고 수요에 비하여 공급이 크게 초과하는 상태가 계속되며 앞으로도 그 상태가 계속될 것이 명백한 경우(제25조 1호)
	• 당해 상품 또는 용역의 거래가격이 상당기간 평균생산비를 하회하고 있는 경우(제25조 2호)
	• 당해 사업분야의 상당수의 기업이 불황으로 사업활동을 계속하기가 곤란하게 될 우려가 있는 경우(제25조 3호)
	• 기업의 합리화에 의하여는 제1호 내지 제3호의 사항을 극복할 수 없는 경우(제25조 4호)
산업구조의	• 국내외 경제여건의 변화로 특정산업의 공급능력이 현

<table>
<tr><td rowspan="3">조정(4호)</td><td>저하게 과잉상태에 있거나, 생산시설 · 생산방법의 낙후로 인하여 생산능률이나 국제경쟁력이 현저하게 저하되어 있는 경우(제26조 1호)</td></tr>
<tr><td>• 기업의 합리화에 의하여는 제1호의 사항을 극복할 수 없는 경우(제26조 2호)</td></tr>
<tr><td>• 경쟁을 제한하는 효과보다 산업구조를 조정하는 효과가 클 경우(제26조 3호)</td></tr>
<tr><td rowspan="3">거래조건의 합리화 (5호)</td><td>• 거래조건의 합리화로 생산능률의 향상, 거래의 원활화 및 소비자의 편익증진에 명백하게 기여하는 경우(제27조 1호)</td></tr>
<tr><td>• 거래조건의 합리화 내용이 당해 사업분야의 대부분의 사업자들에 의하여 기술적 · 경제적으로 가능한 경우(제27조 2호)</td></tr>
<tr><td>• 경쟁을 제한하는 효과보다 거래조건의 합리화의 효과가 클 경우(제27조 3호)</td></tr>
<tr><td rowspan="3">중소기업의 경쟁력향상 (6호)</td><td>• 공동행위에 의한 중소기업의 품질 · 기술향상 등 생산성 향상이나 거래조건에 관한 교섭력 강화 효과가 명백한 경우(제28조 1호)</td></tr>
<tr><td>• 참가사업자 모두가 중소기업자인 경우(제28조 2호)</td></tr>
<tr><td>• 공동행위외의 방법으로는 대기업과의 효율적인 경쟁이나 대기업에 대항하기 어려운 경우(제28조 3호)</td></tr>
</table>

도표 14: 부당성의 구체적인 예외사유들

이 사유들은 시장기능을 내부로부터 위협하는 비신사적 행위의 수준에 이르지 못한 행위들이거나 외부로부터의 시장기능 위협을 막는 행위들의 전형을 '예시'한다고 볼 수 있다. 예컨대 산업구조의 조정(법 제19조 제2항 4호)에 해당하는 공급과잉으로 국제경쟁력이 현저히 약화되어 있는 상황에서 카르텔을 형성하는 것(법시행령 제26조 1호)은 외부로부터의 시장기능 위협을 막는 행위에 해당한다. 이에 비해 연구·기술의 개발(법 제29조 제2항 2호)에 해당하는 '연구·기술개발에 소요되는 투자금액이 과다하여 한 사업자가 조달하기 어려운 경우'(법시행령 제24조의3 2호)에 카르텔형성의 비신사성은 시장기능을 내부로부터 위협하는 수준에 미치지 못한다.

(나) **금지의 실질을 구성하는 소극적 요소로서 예외사유들** 이런 예외규정이 존재함으로써 부당성의 판단은 이중의 부정 판단, 즉 예외사유의 부존재에 의해 이루어지게 되기 쉽다. 하지만 이 예외사유들은 형법학적으로 보면 위법성의 요소가 아니라 구성요건요소, 즉 실질의 '금지성'이 아니라 금지의 '실질'을 구성하는 소극적 요소들이다. 따라서 이 예외사유에 해당하지 않더라도 부당성은 여전히 공정거래위원회나 법원에 의해 긍정되거나 부정될 수 있는 독자적인 의미영역을 갖고 있다고 보아야 한다.

(다) **불법과 위법성의 차별화** 여기서 첫째, 공정거래위원회로부터 인가를 받는 절차를 밟지 않고 법정 예외사유에 해당하는 공동행위를 한 경우라면 경쟁법적으로는 불법한 것이며 경쟁법적 제재(예: 과태료)의 필요성이 인정될 수 있다. 그러나 형법적으로는 (형법 제20조에 의하여) 위법성이 조각될 가능성은 남는다. 둘째, 법정 예외사유에 해당하지 않지만 부당성이 인정될 수 없는 행위는 설령 경쟁법적으로는 불법이 인정되더라도 형법적으로는 위법성뿐만 아니라 불법(구성요건해당성) 자체가 인정될 수 없다고 본다. 여기서 첫째의 경우는 형법적으로 불법을 인정하고 위법성만 조각시키는 반면, 둘째의 경우는 불법부터 인정하지 않는 것은 부당성의 예외사유를 정립하는 공정거래위원회의 법형

성권한을 존중하기 위함이면서 아울러 경쟁법과 형법 사이의 부정합성(incoherence)을 가능한 초래하지 않기 위함이다.

3. 유형성

카르텔은 법 제19조 제1항이 설정하는 다음의 행위유형에 대해서만 성립한다.[71]

— 가격을 결정·유지 또는 변경하는 행위(제1호)
— 상품 또는 용역의 거래조건이나, 그 대금 또는 대가의 지급조건을 정하는 행위(제2호)
— 상품의 생산·출고·수송 또는 거래의 제한이나 용역의 거래를 제한하는 행위(제3호)
— 거래지역 또는 거래상대방을 제한하는 행위(제4호)
— 생산 또는 용역의 거래를 위한 설비의 신설 또는 증설이나 장비의 도입을 방해하거나 제한하는 행위(제5호)
— 상품 또는 용역의 생산·거래 시에 그 상품 또는 용역의 종류·규격을 제한하는 행위(제6호)
— 영업의 주요부문을 공동으로 수행·관리하거나 수행·관리하기 위한 회사 등을 설립하는 행위(제7호)

71) 1981년부터 2007년까지 공정거래위원회에 의해 규제된 카르텔의 유형별 통계(아래 도표 참조)를 보면 가격합의가 압도적인 비중(75.8%)을 차지하고 있다. 이 표에서 입찰담합은 2007년 신설된 규정으로 이 도표에서는 통계가 잡혀있지 않다.

위반유형	사건수	비율	위반유형	사건수	비율
가격합의	454	75.8%	종류규격제한	4	0.7%
거래조건합의	22	3.7%	영업공동수행	21	3.5%
생산출고제한	16	2.7%	사업활동제한	36	6.0%
지역상대방제한	46	7.7%	입찰담합		

— 입찰 또는 경매에 있어 낙찰자, 경락자(競落者), 투찰(投札)가격, 낙찰가격 또는 경락가격, 그 밖에 대통령령으로 정하는 사항을 결정하는 행위(제8호)
— 제1호부터 제8호까지 외의 행위로서 다른 사업자(그 행위를 한 사업자를 포함한다)의 사업활동 또는 사업내용을 방해하거나 제한함으로써 일정한 거래분야에서 경쟁을 실질적으로 제한하는 행위(제9호)

(1) 카르텔의 실행행위 이러한 공동행위의 유형은 카르텔범죄의 열거적인 실행행위이다. 첫째, 경쟁시장구조를 왜곡하는 사업자들의 카르텔합의는 바로 법률이 정한 이와 같은 유형의 행위들에 의해서 실행된다는 것이다. 둘째, 이 유형들은 '열거적'이다. 그러니까 이상의 유형 이외에는 어떤 새로운 유형의 행위에 의하여 경쟁제한을 가져오더라도 현행법상으로는 카르텔에 해당하지 않게 된다.

[경쟁의 룰을 조작하는 카르텔] ① Lande와 Marvel은 카르텔행위의 전통적인 유형을 두 가지 타입, 즉 가격고정과 같이 독점자의 남용과 유사한 효과를 낳는 카르텔(Classic Collusion)과 다른 사업자를 방해하는 카르텔(Collusion to Disadvantage Rivals)로 분류하고, 새로운 제3의 타입으로 '경쟁의 룰을 조작하는' 카르텔(Manipulating the rules under which competition takes place)을 제안한다.[72] 이런 카르텔유형의 핵심을 요약해보면, 사업자들 합의에 의해 상품 (특히 가격)에 관한 광고를 제한하거나 소비자에게 가격비교를 할 수 있는 정보제공을 하지 않음으로써 소비자가 비

72) Robert H. Lande/ Howard P. Marvel, "The three types of collusion: Fixing Price, Rivals and Rules", *Wisconsin Law Review* (2000), 941~999쪽 참조.

교쇼핑을 못하게 하고, 그에 따라 각 사업자는 — 때로는 상품과 가격을 차별화하고 각기 다른 소비자군으로부터 높은 충성도를 유지하면서 — 각자 가능한 더 높은 가격으로 판매하는 것이다. ② 예컨대 인디아나 치과협회는 치과보험회사에 보험을 청구할 때 환자의 X ray 사본을 붙여달라는 요구를 거절하기로 결정하고 소속 치과의사들에게 이를 통지하였다. 이에 연방대법원은 보험회사에 협력하느냐에 따라 치과의사들 사이의 경쟁이 제한된다고 보아 셔먼법 제1조 위반을 인정하였다.[73] ③ 이런 행위는 외형상 가격고정이나 출고조절 또는 다른 사업자의 사업방해도 없어서 전통적인 카르텔의 유형(위 각호)에 속하지 않지만, 카르텔불법의 구조(합의+공동부당행위+경쟁제한성)를 띠며, 소비자후생의 실제 감소로도 이어진다. 따라서 법 제19조 제1항의 각호에 새로운 유형으로 추가할 만하다. 이럴 경우 카르텔불법을 시정하는 명령은 예컨대 정보공개명령과 같은 것이 될 수 있다. 그러나 우리나라에서 예컨대 원가공개는 기업 자유를 침해한다는 자유논증과 아직 불꽃튀는 싸움을 벌여야만 한다.

셋째, 그런데 이 유형들은 시장지배지위남용행위와도 부분적으로 중첩된다는 점이 간과되어서는 안된다. 예컨대 상품 '가격의 결정 · 유지 또는 변경'(제3조의2 제1항 1호)은 시장지배지위남용죄와 카르텔범죄의 공통된 유형이다. 하지만 같은 유형의 행위를 규정하는 조문일지라도 카르텔범죄의 경우는 시장지배지위남용죄와는 달리 백지규범(Blankettnorm)이 아니다. 왜냐하면 시장지배지위남용죄에서는 행위의 유형적 특질에서 불법의 실질을 대부분 구성해야 하기 때문에 외형상 통상적인 사업행위의 유형

73) Federal Trade Commission v. Indiana Federation of Dentists, 476 U.S. 447 (1986) 참조.

(예: 가격의 결정·유지 또는 변경)만으로는 불법을 구성하지 못하는 반면, 카르텔죄에서는 합의에 의한 부당한 행위를 공동으로 한다는 점이 불법의 실질(의 주요부분)을 구성하고 있어서, (실행)행위의 유형이라는 표지가 불법의 실질을 구성해야 하는 비중이 매우 작기 때문이다.

(2) 공동행위심사기준의 의미 공정거래위원회가 고시한[74] 예규인 「공동행위심사기준」 III(부당한 공동행위의 세부유형)은 주로 이 행위유형의 의미를 구체화하는 해석기준을 정하고 있다.

1) 위임입법이 아닌 구체적 법규범 「공동행위심사기준」은 — 시장지배지위남용의 유형 또는 기준과 같이 — 대통령령으로 정하는(제3조의2 제2항) 위임입법은 아니다. 하지만 심사기준은 구체적인 법규범이 된다. 예컨대 카르텔범죄의 실행행위인 "입찰 또는 경매에 있어 낙찰자, 경락자, 투찰가격, 낙찰가격 또는 경락가격, 그 밖에 대통령령으로 정하는 사항을 결정하는 행위"(법 제19조 제1항 제8호)는 보충규범인 법시행령 제33조에 의해 "입찰 또는 경매에 있어 낙찰자, 경락자, 투찰가격, 낙찰가격 또는 '낙찰 또는 경락의 비율, 설계 또는 시공의 방법, 그 밖에 입찰 또는 경매의 경쟁요소가 되는 사항'을 결정하는 행위"가 된다. 그리고 법률상의 실행행위인 "낙찰자, 경락자 …을 결정하는 행위"는 "낙찰예정자 또는 경락예정자를 사전에 결정하고 그 사업자가 낙찰 또는 경락받을 수 있도록 투찰여부나 투찰가격 등

74) 2007.8.3.에 신설된 법 제19조 제6항은 부당한 공동행위에 관한 심사기준을 공정거래위원회가 정하여 고시할 수 있다고 규정하지만, 공정거래위원회는 2002. 5. 8. 이미 공정거래위원회 예규 제20호로 「공동행위심사기준」을 정한 바 있다.

을 결정하는 행위, 낙찰가격 또는 경락가격을 높이거나 낮추기 위하여 사전에 투찰여부나 투찰가격 등을 결정하는 행위”(「공동행위심사기준」 III.8.가.)로 구체화된다. 여기서 법시행령은 법률을 ‘보충’하는 법규범이고, 공정거래위원회의 심사기준은 법률을 (해석을 통해) ‘구체화’하는 법규범이 된다고 할 수 있다.

2) 행위유형의 예시적 해석 이런 이해는 법이란 다원적인 주체들 사이의 소통적인 ‘과정’ 속에서 형성되는 것이라고 보는 법다원주의(legal pluralism)[75]에 입각한 것이다. 하지만 「공동행위심사기준」은 카르텔행위의 중요유형을 모두 망라하지 못하기 때문에 이 기준이 설정하는 행위유형을 구체화하는 기준들은 ‘열거적인 것’이 될 수 없고, 단지 ‘예시적인 것’일 뿐이다.[76] 따라서 심사기준에 제시되지 않은 세부유형도 법이 정한 카르텔 실행행위의 9가지 유형에 해당할 수 있다. 그렇기 때문에 시장지배지위남용죄의 경우와는 달리 ‘법률 없이는 범죄도 없고 형벌도 없다’는 죄형법정주의를 확장한 명제인 ‘공정거래위원회의 고시 없이는 범죄도 없고 형벌도 없다’의 원칙이 카르텔범죄에는 유효하지 않게 된다.

---

75) 이에 관해서 이상돈, *기초법학 제2판* (법문사, 2010), 586~593쪽; Gunther Teubner, “Globale Bukowina zur Emergenz eines transnationalen Rechtspluralsmus”, *Rechtshistorisches Journal* (1996), 255쪽 참조.

76) 「공동행위심사기준」 III.의 서두에는 “아래에 예시된 사항은 부당한 공동행위 중에서 흔히 나타나는 법 위반 유형을 제시한 것이므로 예시되지 않은 사항도 법에 위반될 수 있다.”고 규정한다.

V 경쟁제한성: 카르텔의 결과

합의에 의한 부당한 공동행위는 경쟁을 제한하는 것일 때 비로소 완전하게 카르텔범죄의 불법을 근거짓는다. 경쟁제한이란 개념의 의미는 "일정한 거래분야의 경쟁이 감소하여 특정 사업자 또는 사업자단체의 의사에 따라 어느 정도 자유로이 가격·수량·품질 기타 거래조건 등의 결정에 영향을 미치거나 미칠 우려가 있는 상태"(법 제2조 8호의2)이다. 경쟁제한은 카르텔의 불법구성요건에서 결과반가치를 형성한다.

1. 경쟁제한효과의 불확실성

카르텔의 불법을 판단함에 있어 경쟁제한성의 유무와 정도에 대한 판단은 매우 불확실하다. 물론 이런 불확실성은 경쟁제한효과에 대한 다양한 경제학적 분석과 경험적 지식들이 동원함으로써 다소 줄어들 수 있다.[77] 이를테면 산업조직론이 생산하는 경제학적 분석지식은 카르텔의 성립여부를 둘러싼 논쟁에서 주장의 설득력을 높이는 논증적 도구로 기능한다.

(1) 사법적 판단과 경제학적 판단의 한계 그러나 이런 지식의 활용은 법원이 한 사건에 대해 배분할 수 있는 소송비용의 한계

---

77) 미국에서도 법원에는 경제학적 분석을 할 전문가가 없으며, 그렇기에 FTC와 같은 집행당국이 이런 분석을 수행해야 한다고 보는 Oliver E. Williamson, "Economies as an Antitrust Defense: The Welfare Boundary", *American Economic Review* (Vol. 58, No. 1, 1968), 34쪽.

를 넘어서기 쉽다. 그렇기 때문에 법원의 경쟁제한효과에 대한 판단은 종국에는 분석적이기보다는 직관적이며, 종합적 판단이 될 수밖에 없다. 또한 그런 판단은 소송의 현실에서는 불가피하게 합리적인 것, 즉 사법체계가 물적 인적 자원의 제약과 시간적, 사항적 제약에도 불구하고 기능할 수 있게 하기 위한 것이기도 하다. 소송경제는 그런 기능성을 확보하는 법적 개념이 된다. 하지만 이와 같은 법원의 경제학 지식의 결핍이 경쟁질서의 확립에서 법원의 무용성을 말해주지는 않는다. "일관성이 특히 강조되는 경쟁정책의 집행에는 정파적, 지역적 이해를 떠나 상식에 입각한 합리적 판단을 하는 것이 그 무엇보다 중요하며, 우리나라에서도 판사들이 그 역할을 충분히 담당할 수 있을 것"[78]이라는 기대는 단순한 희망이 아니라 현실이다. 물론 법원은 당사자가 신청하는 경쟁제한효과에 대한 감정인신문은 최대한 보장하는 것이 필요하다.

사법적 판단의 한계로 인해 경쟁제한성에 대한 판단은 반독점규제의 전문기관인 공정거래위원회의 거대한 물적·인적 자원[79]을 활용하여 이루어지는 것이 바람직하다. 여기서 전속고발제가 정당한 이유가 등장한다. 그러나 경쟁제한성을 판단하는 어떤 경

---

78) 홍대식, "카르텔 규제의 집행 – 행정적 집행수단과 법원의 역할을 중심으로", *경쟁법연구* (12권, 2005), 118~119쪽. 이러한 입장은 미국에서 반독점법집행이 역사적으로 성공적이었던 이유를 경제전문가 아닌 사법부가 경쟁정책의 궁극적인 결정권자였다는 점에서 찾는 Phillip Areeda의 분석("Antitrust Law as Industrial Policy: Should Judges and Juries Make It?," *Antitrust Innovation, and Competitiveness*, (Oxford University Press, 1992), 32~35쪽)에 기초하고 있다.

79) 2009.4.21. 공정거래위원회의 직원은 493명이며(http://www.ftc.go.kr/ftcinfo/history/hrHistory.jsp), 2009년도 세입예산은 1,910억원, 세출예산 758억원(http://www.ftc.go.kr/ftcinfo/history/budget2009.jsp)에 이르고 있다.

제학이론들도 개별사안에 대한 법적 결정에 규칙적으로 작동하는 지식을 생산·제공해 주지는 못한다. 이를테면 카르텔이 소비자후생을 얼마나 감소시키는지, 또한 경영효율성을 증대시킴으로써 발생하는 소비자후생의 증대효과가 어느 정도인지를 정확히 계측할 수 있는 지식은 없다.[80]

(2) 경쟁제한의 신호로서 소비자편익의 감소 여기서 경쟁제한효과의 개념을 사실상 소비자편익의 증감에 대한 직접적 영향관계, 바꿔 말해 중·단기적인 의미의 소비자후생 개념으로 환원하는 것을 경계해야 한다. 중·단기적으로 가격이 상승하여 소비자편익이 감소하지만, 장기적으로는 생산효율성이 증대되어 오히려 소비자후생이 증대될 수 있기 때문이다. 따라서 중·단기적인 소비자편익의 증감은 단지 경쟁제한효과의 발생에 대한 '신호'로만 이해하여야 한다. 여기서 '신호'라고 보는 것의 실천적 의미는 그런 신호가 있다고 해서 경쟁제한성의 구성요건표지를 — 법적 의미에서는 완전하게 충족하는 것이지만 — '경제학적' 의미에서 완전하게 충족한 것이라고 보아서는 안되지만, 합의에 의한 공동부당행위가 카르텔범죄의 불법을 어느 정도 실현하는 것인지를 판단하는 요소의 하나로 사용할 수는 있다는 것이다. 다만 높은 결과반가치를 인정받으려면 소비자편익의 감소(예: 소비자가격의 상승)가 매우 이례적이거나 현저한 경우이어야 하며, 아래에서 검토하는 경쟁제한적성도 물론 갖추고 있어야 한다.

예컨대 A, B, C 3사가 통신회사로서 평균수익률은 15%인 상태에

---

80) Robert H. Bork, *The Antitrust Paradox: A Policy at War with Itself* (신광식 역, *반트러스트의 모순*) (교보문고, 1991), 134~135쪽 참조.

서 가격인상합의를 통해 수익률을 17%까지 올렸다고 가정하자. 통신사업은 사업인프라의 구축비용이 거대한 자본을 필요로 하는 장치산업이다. 이런 경우에 2%의 가격상승은 경영위기의 극복과 같이 반드시 필요한 경우가 아니므로 소비자편익의 감소가 이례적인 경우로서 경쟁제한의 신호로 인정할 수 있다.

2. 경쟁제한의 적성

그러나 사법체계로 넘어온 카르텔협의사건에 대한 법원의 진실발견은 경쟁제한효과의 확증을 목표로 하지 않는다. 법은 "영향을 미치거나 미칠 우려가 있는지"(제2조 8호의2)라고 하여 경쟁제한효과가 발생한 위험만으로 카르텔의 성립을 인정할 수 있게 한다. 이때 위험은 단순한 '사유적 가능성'으로서 추상적 위험도 아니지만 현실적인 개연성으로서 구체적 위험도 아니다. 사건과 같은 유형의 카르텔행위가 반복될 경우에 경쟁제한효과가 발생할 '통계적 개연성'이 있는 경우, 즉 경쟁제한의 적성을 의미한다. 그래서 카르텔범죄는 적성범(Eignungsdelikt)이 된다. 합의에 의한 부당한 공동행위에다 불법의 중점을 두고 있는 카르텔죄에서는 경쟁제한적성이 구성요건의 요소가 되는 결과반가치의 기본형이라고 할 수 있다. 그러니까 앞의 경쟁제한효과의 신호까지 발생한 경우는 경쟁제한적성 + (플러스)라고 부를 수 있겠다.

[경쟁제한성의 계량화 구조] 공정거래위원회가 제재형태를 결정하는 벌점기준의 단계적 점수(3점→2.5점→2점→1점)를 사용하면 위와 같은 결과반가치의 차등을 아래 표처럼 설정할 수 있다. 즉, 소비자편익의 감소와 같은 경쟁제한의 신호가 있으면 불법계측점

수를 3점으로 부여할 수 있고, 그런 경쟁제한신호가 없고 단지 경쟁제한의 적성이 경제학적으로 근거지을 수 있는 경우에는 2.5점을 부여할 수 있다. 또한 (아래에서 설명하듯) 경쟁제한적성이 확증되지 않지만 합의추정이 허용되는 경우에는 2점, 그렇지 않는 경우에는 기본점수 1점을 부여할 수 있다.

	규제 필요성	소비자 후생감소의 통계적 개연성	소비자 편익 감소	계측 점수
경쟁제한 효과신호	○	○	○	3
경쟁제한 적성	○	○	×	2.5
경쟁제한 추정허용	○	×	×	2
경쟁제한 추정배제	×	×	×	1

도표 15: 경쟁제한성의 단계적 구분과 점수화

(1) **경쟁제한적성의 경제학적 확증** 산업조직론과 같은 경제학적 지식이 제공하는 경쟁제한에 대한 분석은 대체로 이러한 경쟁제한적성의 유무에 대한 분석이다. 경제학적 분석이 경쟁제한효과를 확증시킬 수는 없지만 그 적성을 확증시킬 수는 있다. '적성(범)'이란 이처럼 경험과학적 지식에 의해 논증될 수 있는 경우에만 인정되는 위험 개념이라는 점에서 법적 개념으로서 추상적 위험과는 차별화되는 것이다. 물론 어떤 경제학적 분석방법과 결과를 사용하여 경쟁제한적성을 판단할 것인지는 공정거래위원회와 법원이 재량으로 결정할 사항이다. 그러나 그런 결정은 피심인(공정거래위원회를 피고로 삼는 소송의 원고)이 제출하는 경제

학적 분석(감정서)을 충분히 검토한 가운데 이루어져야 한다.

(2) 독점을 통한 경쟁효과 합의에 의한 부당한 공동행위가 경쟁을 제한하는 통계적 개연성, 경쟁제한적성을 갖는다고 판단하기 어려운 경우들이 있다.

1) 과점자의 카르텔과 결과반가치 그 첫 번째 경우로 독점적 경쟁의 이론(monopolistic competition theory)이 타당한 시장의 경우이다. 예컨대 과점자들이 카르텔을 형성하면 실질적으로 독점자의 지위가 된다. 공정거래법은 독점자의 지위 자체를 금지하지 않고 단지 그 남용만을 금지하듯, 과점자들이 카르텔로 독점자 지위를 형성하는 것도 '결과'의 측면에서만 바라보면 금지할 이유가 없다. 미국의 독점적 경쟁의 이론은 바로 이 점을 잘 설명해 준다.

[미국의 독점적 경쟁의 이론] 하버드학파를 대표하는 Turner는 "만약 독점과 독점가격이 그 자체로서 불법(unlawful per se)[81]이 아니라면 과점과 과점가격(oligopoly pricing)도, 통상적인 성격의 합의가 부재하므로, 그 자체로서 불법이라고 볼 수 없다. 또한 합법적인 독점자의 지위를 유지한다면, 우연적인 사건이나 존경할만한 노력으로 자신들의 지위를 획득한 합법적인 과점자들에게서도 그들의 지위가 자연적으로 지속되는 것을 박탈한다는 것은 말이 되지 않는다"[82]고 한다. 그렇기 때문에 "합리적인 과점자는 행동하

81) 경쟁법학자들은 unlawful per se를 당연위법으로 번역한다. per se는 그 자체로서의 의미이지만 unlawful은 카르텔은 범죄이기도 하다는 점에서 불법(구성요건)과 위법성을 구분하여 말할 필요가 있고, 이때 unlawful은 불법(구성요건)에 관계된 개념으로 봄이 타당하다.

82) Donald F. Turner, "The definition of agreement under the sherman act: conscious parallelism and refusals to deal", *Harvard Law Review* (Vol. 75, No.4, 1962), 667~668쪽.

> 는 방식은 경쟁적인 산업구조의 합리적 판매자의 방식과 똑같을 수 있다"[83]는 것이다. 이런 관점은 독점적 경쟁의 이론이라고 부를 수 있다. 따라서 Turner에 의하면 경쟁자들의 가능한 반응을 고려하는 과점자의 가격책정은 외형상 일치하더라도 — 이를 미국에서는 '의식적 병행행위'(conscious parallelism)로 개념화한다 — 셔먼법에 위반하지 않게 된다. 왜냐하면 그런 경우는 '합의가 없기 때문에 위반이 없는 것이거나, 합의는 있지만, 합의가 불법적 합의라고 볼 수 없기'[84] 때문이다. 여기서 주의할 점은 미국에서는 경성카르텔의 경우에 합의만으로 카르텔죄가 성립하므로, 과점자들의 의식적 병행행위는 주로 합의를 인정할 수 있는가의 문제로 쟁점이 쏠리기 쉽다. 그러나 합의의 존부에 대한 판단문제와 합의에 의한 공동행위가 초래하는 결과의 문제는 구별되어야 한다.

그러나 카르텔에 의한 독점지위의 형성이라는 '행위'는 '자연적인' 것이 아니라 '인위적인', 그것도 '시장사기적인' 것이므로 여전히 금지된다. 즉, 카르텔불법의 판단에서 과점자들의 카르텔형성은 행위반가치는 모두 충족하지만 결과반가치는 충족하지 않을 수 있다는 것이다. 여기서 결과반가치란 바로 경쟁제한(적성)이라는 요건을 말한다. 그러므로 미국의 독점적 경쟁의 이론을 우리나라 법제로 끌어들여 재해석해보면, '합리적인 과점과 과점가격의 설정은 경쟁제한적성이 없다'는 명제가 성립한다.

2) 과점자 카르텔의 합리성 여기서 과점자 카르텔의 합리성이 크게 다음 세 가지 조건을 구비할 때 인정될 수 있다.

— 조건 ①: 품질경쟁보다 가격탄력성이 큰 비중을 차지하는 상품

83) 앞의 논문, 665~667쪽.
84) 앞의 논문, 672쪽.

의 시장일 것.

— 조건 ②: 과점자들 사이에는 품질경쟁이 어렵고 주로 가격경쟁이 펼쳐질 수밖에 없는 상품의 시장일 것.

— 조건 ③: 과점가격이 비과점자 상품과의 품질차이에 비례성이 인정될만한 가격차이를 두는 것일 것.

(가) **필요조건** 조건 ①② 아래 놓인 과점자들이 가격경쟁을 펼치면 그 과점자들의 상품이 비과점자의 상품에 대해 갖는 품질차별성이 유지되기 어려울 수준까지 가격이 하락할 수 있다. 이는 장기적으로 저급한 상품을 만연시키게 되고, 때로는 약탈적 가격경쟁을 통해 다른 사업자를 축출시키는 게임이 벌어질 수 있게 한다. 따라서 과점자들의 가격경쟁은 사업자들간의 생존게임만 격화시키고, 소비자후생은 오히려 감소시킨다는 점에서 '반경쟁적인 것'이 된다.[85] 이 경우, 과점자들의 카르텔은 오히려 산업건전성을 유지시켜 경쟁적인 사업행위가 될 수 있다.

(나) **충분조건** 그러나 이는 필요조건일 뿐이다. 만일 조건 ③이 지켜지지 않는다면, 즉 품질 대비 가격차별이 지나치게 되면, 소비자총효용은 오히려 감소하고, 과점자들의 카르텔은 반경쟁적인 것이 된다. 물론 이런 반경쟁적 카르텔은 품질 대비 지나친 가격차별 때문에 소비자들이 비과점자의 상품을 선호하게 됨으로써 과점적 이익을 더 이상 유지하기 어려워지는 지점까지만 성립할 수 있다. 과점자들의 카르텔은 그것을 통해 독점상태를 유지하려면 과점자들 이외의 사업자들과 경쟁을 해야 한다. 여기

85) 여기서 경쟁의 시장구조가 지향하는 소비자효용의 증대란 가격은 하락하되 품질은 유지하거나 높아지는 것, 또는 가격은 높아지되 품질이 그 이상 높아지는 것을 말하는 것이지, 가격은 하락하지만 품질이 그 이상으로 하락하는 것을 말하지 않음을 알 수 있다.

서 독점과 경쟁의 상호모순성이 해소될 수 있다. 즉 "독점을 얻으려는 경쟁이 바로 경쟁의 중요한 한 형태"[86]가 되는 것이다. 그러나 과점자들의 독점적 이익은 폭리의 수준으로, 즉 독점자의 남용으로 나아갈 수도 있다.

> [독점적 경쟁의 이론과 장치산업] 여기서 독점적 경쟁의 이론은 — 위의 조건 ①②가 충족된 시장임을 전제로 할 때 — 장치산업의 상품시장(예: 통신시장, 설탕, 제분시장 등)에서만 유효함을 알 수 있다. 왜냐하면 장치산업이 아니라면 국내의 비과점자가 가격차이를 훨씬 벌리는 저가판매가 용이하고, 이는 과점자들이 설정하고 싶은 카르텔가격을 폭리로 받아들이게끔 만들며, 결국 과점자들은 가격대비 품질차이를 유지할 수 없을 수 없어서 과점자들 사이에도 가격경쟁을 할 수밖에 없게 만들기 때문이다. 예컨대 밀가루 시장은 장치설비의 투자비용을 감당할 수 없는 한 시장진입이 어렵다. 현재 중국산 밀가루는 국내시장에서 비과점사업자의 상품이지만 관세율로 저지됨으로써 국내 밀가루 과점사업자들의 독점경쟁(monopolistic competition)이 가능한 상태에 있다고 보인다.

그러므로 과점자 카르텔의 가격설정은 '엄정하게 비례적인' 가격차별로부터 '폭리적인' 가격차별 사이의 큰 폭을 가질 수 있다. 여기서 엄격하게 비례적인 가격차이란 수치로 확정할 수 있는 것이 아니므로 과점자 카르텔의 경쟁제한성을 판단할 때에는 '적정한' 가격차이인지를 기준으로 삼을 수밖에 없다. 이때 적정성을 판단하는 실용적인 기준으로는, 카르텔로 설정한 가격으로 판

86) Richard A. Posner, "Antitrust in the new economy", (http://www.techlawjournal.com/atr/20000914posner.asp) 참조: 이 말은 포스너가 디지털산업과 같은 신경제영역에 대해 설명한 것이지만 과점자들의 독점을 향한 카르텔도 제한적이지만 비슷한 측면을 갖고 있다.

매한 사업의 (영업)수익률을 들 수 있다.

[과점자 카르텔의 적정성] 과점자 카르텔로 설정한 가격으로 판매한 사업의 장기적인 평균 (영업)수익률이 사업재검토를 시작할 만한 수준(대략 2~3%)보다 얼마간 높은 선, 개인적인 판단으로는 5~8%대에 머물러 있다면 과점자 카르텔은 경쟁제한적성을 갖고 있지 않다고 판단된다. ① 담합이 장기간에 걸쳐 이루어졌다고 제재를 받은 설탕사업자이나 밀가루사업자들 가운데 D제당의 예를 보면, 제당부문은 1996년~2009년까지 영업이익률은 평균 3.61%, 밀가루부문은 1997년~2009년까지 8.72%로 파악된다.[87] 설탕시장은 매우 낮은 수익률로서 시정명령을 내리고자 한다 해도 "한계비용이 얻을 수 있는 가격과 일치할 지점까지 산출량을 늘리거나 가격을 낮춰라"[88]는 명령이 되기 쉽다. 이런 명령은 어떤 독점이익도 제거하라는 명령과도 같이 부당한 것이다.[89] ② 밀가루시장은 비교적 높은 수익률이긴 하지만 — 예컨대 통신사업자가 올리는 15%를 넘는 바와 같은 — 폭리수준에 이른 것이 아니며 국제곡물가격의 급변과 무기화 경향을 고려할 때 국내시장이 감수할 만한 것일 수 있다. 그러므로 통신시장의 과점사업자들이 카르텔을 형성하는 것은 경쟁제한적성이 있는 반면, 설탕이나 밀가루시장의 과점

87) 이 통계는 1996년부터 시작한 금융감독원 전자공시시스템에 의해 공시된 자료를 기초로 산정된 것임(다만 D제당의 경우 2006년부터는 기타 사업부문(식품, 코코아 등)이 합산 공시된 것임).

88) Turner, 앞의 논문, 669쪽.

89) 비슷하게 레미콘시장의 7개 과점사업자들이 1996년 유사한 시기 유사한 비율로 가격인상을 한 사건에서 과점자들의 점유율 합계는 93.82%이어서 법원은 카르텔을 인정하였다(서울고등법원 2000.12.5, 선고 99누5247). 그러나 이들 레미콘과점사업자들의 평균수익률은 3% 대였다. 레미콘의 품질차별이 거의 없고, 가격정보가 시장에 공개되어 있는 등의 시장 특성에서 가격경쟁은 레미콘의 품질저하와 건축물의 안전도 감소로 이어질 수 있다. 과점이 오히려 소비자후생을 유지·증진시킨다고 보아야 한다. 이런 분석내용으로 자세히는 박혜림, *부당한 공동행위(카르텔)에 대한 형법적 규제* (고려대 석사학위논문, 2009), 53~54쪽; 최민수, "레미콘 품질의 문제점과 개선방안", *건설산업동향* (11호, 2001), 1~23쪽 참조.

사업자들이 카르텔을 형성하는 것은 경쟁제한적성이 없다고 볼 수 있다. 또한 통신사업의 경우는 조건 ②의 요건도 충족되지 않는다는 점에서 독점적 경쟁의 이론이 적용될 수 없다.

3) 수요독점시장의 예외 독점적 경쟁의 이론의 또 다른 적용영역으로 수요독점시장을 들 수 있다. 즉, 어떤 상품의 시장에서 특정 수요자가 사실상 상품의 대부분을 구매하는 경우, 아울러 그 상품의 질이 비교적 균등적인 경우에도 공급자들의 카르텔은 경쟁제한의 적성이 없다. 왜냐하면 그런 시장에서 공급자들이 가격경쟁을 하면 원가에 미치지 못하는 가격이 형성될 가능성이 높고, 이는 상품의 품질저하와 공급사업자의 도산을 초래하고, 궁극에는 소비자후생을 약화시키기 때문이다.[90]

[수요독점시장에서 공급자들의 카르텔] 예컨대 한국전력공사가 수요독점자였던 컷아웃스위치의 공급자들은 원가 이하의 입찰을 우려하여 입찰 이전에 참가자, 낙찰예정자, 낙찰단가, 입찰수량과 낙찰물량을 배분하는 합의를 하였다. 공정거래위원회는 경쟁제한성을 인정하였다.[91] 그러나 컷아웃스위치시장은 전형적인 수요독점시장으로서 공급자들의 카르텔은 경쟁제한적성을 갖기 어렵다.

(3) 낮은 시장 점유율의 카르텔 경쟁제한적성이 인정되기 어

---

90) 수요독점시장에서 이루어진 공급자카르텔은 배분적 효율성을 증진시킨다고 보는 정종채, "구매자 카르텔, 공동구매 그리고 수요독점시장에 있어서의 공급자 카르텔에 대한 경쟁법적 취급", *경쟁저널* (통권 126호, 2006), 12~22쪽 참조. 이 견해에 의하면 연성카르텔로 보아, 경쟁제한효과와 경쟁촉진효과를 비교형량하여 위법성을 판단해야 한다고 본다. 그러나 경쟁제한효과를 발생시킬 적성이 없는 행위로 봄이 타당하다.

91) 공정거래위원회 2005.8.11. 의결(제2004-252호) 참조.

려운 시장의 경우로 카르텔을 형성한 사업자들의 시장점유율 합계가 낮은 시장을 들 수 있다. 카르텔은 여러 사업자가 힘을 합해 시장지배력을 획득할 때에만 그 공동행위가 경쟁시장질서를 왜곡할 수 있다. 그러므로 카르텔에 참여한 사업자들의 시장점유율 합계가 시장지배지위에 근접하는 경우이어야 한다. 같은 정도를 요구하지 않는 것은 카르텔의 불법은 시장지배지위남용죄와 같은 조항에 규정되어(제66조 제1항, 1과 9항) 법정형(3년 이하의 징역 또는 2억원 이하의 벌금)이 같지만 시장지배지위남용죄와 다른 불법의 실질들(예: 공모, 경쟁제한성)을 갖고 있어서 시장지배력에서는 다소 약한 정도이어도 같은 수준의 불법의 실질을 가질 수 있기 때문이다. 이는 두 가지 방법으로 고려된다.

1) **최소시장점유율** 첫째, 경쟁제한적성의 판단요소로 고려되는 시장지배력을 추정하는 시장점유율을 시장지배지위남용죄의 경우보다 낮게 설정하는 것이다. 즉, 시장지배지위남용금지죄(제3조의2)에서 요구되는 1인 사업자의 시장점유율인 50% 이상, 3 이하의 사업자의 시장점유율의 합계인 75% 이상보다 카르텔을 맺은 사업자들의 시장점유율 합계가 낮아도 된다. 그러나 「공동행위심사기준」[92]이 설정한 기준인 20% 이상은 너무 낮은 수준이다. 이는 카르텔죄의 주체가 되기 위한 요건으로 봄이 적절하다. 경쟁제한적성을 인정할 수 있으려면 공동행위에 합의한 사업자들의 시장점유율합계는 50% 이상은 되어야 할 것이다.

2) **경쟁정책적 결정의 요소들의 제외** 둘째, 경쟁제한적성의 판단요소로 고려되는 시장지배력은 오로지 시장점유율에 국

92) 「공동행위심사기준」 IV.2.가. 참조.

한된다. 즉 시장지배력을 구성하는 그 밖의 요소들, 해외경쟁 도입수준(예: 수입침투도나 관세율의 변화추이 등) 및 신규진입의 가능성 등[93]은 경쟁제한(적성)의 판단에서 제외된다. 왜냐하면 그런 요소를 고려한 경쟁제한 판단은 거시적인 경쟁제한 판단이고, 그런 판단은 매우 불확실하여서 카르텔의 (구성)요건영역에 배열하기에 적합하지 않기 때문이다. 그러나 그런 요소를 고려한 경쟁제한 판단은 분명 필요하다. 다만 그런 판단은 경쟁제한사실의 존재여부에 대한 사실인식이 아니라 경쟁정책적 결정임에 주목해야 한다. 이처럼 경쟁정책적 결정의 성격이 매우 강한 경쟁제한 판단은 카르텔의 구성요건의 차원이 아니라 위법성이나 제재의 차원에 위치시켜야 한다. 이를테면 카르텔의 요건을 충족하더라도 — 형사재판에서 마치 선고유예나 집행유예, 형면제 등에 보듯 정책적 결정을 수행하는 제재법의 차원과 비슷한 — 법적 제재를 부과할 것인지를 결정하는 정책적 차원에 위치하게 되는 것이다. 그런 거시적 경쟁제한의 판단에서 "경쟁질서를 현저히 저해한다고 인정하는 경우"(법 제71조 제2항)에 공정거래위원회는 형사제재를 위한 고발을 해야 한다.

3. 경쟁제한성의 추정과 그 한계

경쟁제한성을 확증하는 것은 경쟁제한효과이든 경쟁제한적성이든 결코 쉽지 않다. 경제학적 분석지식의 불충분성으로 경쟁제한은 확증되지는 못하더라도 사실로서 존재할 수 있다. 그렇게 존재하는 경쟁제한을 법은 방관할 수 없다.

---

93) 「공동행위심사기준」 IV.2.나.(4).(다)(라). 참조.

(1) 예규에 의한 사실상의 추정 그래서 공정거래위원회 예규인 「공동행위심사기준」 Ⅳ는 합의를 바탕으로 경쟁제한을 추정하는 제도를 두고 있다.

1) 경성카르텔의 경쟁제한성추정 이 심사기준에 의하면 경성카르텔(예: 가격·산출량의 결정·제한이나 시장·고객의 할당 등)의 경우에는 "특별한 사정이 없는 한 구체적인 시장상황에 대한 심사 없이 부당한 공동행위로 판단할 수 있다". 이는 합의에 의해 실질적 경쟁제한을 '사실상 추정'하는 것이다. 여기서 사실상 추정은 법다원주의의 관점에서 공정거래위원회의 예규가 실질적으로 법규범을 형성하는 것으로 보는 경우에는 '법적' 추정이 될 수 있다. 그러나 이 법적 추정은 여전히 의회에서 제정한 형식적 의미의 법률에 의한 추정, 즉 '법률상 추정'과 구별됨에 주의를 요한다. 이런 경쟁제한의 사실상 추정은 경성카르텔의 경우 경쟁제한성을 검토하지 않고 카르텔의 (형사)불법을 인정하는 다음과 같은 미국의 당연위법원칙에 영향을 받은 것으로 볼 수 있다.

> "가격고정합의의 목적과 결과는 효율적인 것일지라도 경쟁의 한 형식을 제거하는 것이다. 가격을 고정시키는 힘은 그것이 합리적으로 행사되었던 아니건 시장을 통제하고 자의적이고 불합리한 가격을 고정시키는 힘을 포함한다. 오늘 고정된 가격이 합리적인 것일지라도 경제와 영업의 상황이 변화하면 내일에는 불합리한 가격이 될지 모른다.
> … (중략) …
> 이와 같은 힘을 만드는 합의는, 그 가격이 합리적으로 고정되었는

지 아닌지를 자세히 조사할 필요 없이, 그 자체로서 불합리하고 불법(unlawful)으로 간주되도 무방하다."[94]

하지만 미국에서는 경성카르텔에서도 당연위법원칙을 적용하지 않는 판례[95]도 나오면서 더욱 더 당연위법원칙과 합리원칙 사이의 경계가 흐릿해졌다.

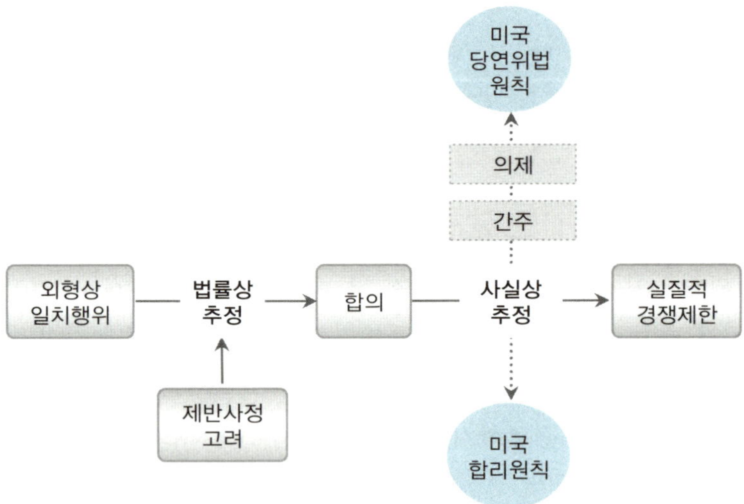

도표 16: 합의의 추정과 경쟁제한의 추정

2) 미국 당연위법원칙과 경쟁제한추정의 차이

당연위법

94) United States v. Trenton Potteries CO. et al. 273 U.S. 392, 398 (1927) 참조.

95) 대표적으로 Broadcast Music, INC., et al. v. Columbia Broadcasting System , INC., et al. 441 U.S. 1 (1979) 참조. 이 판례에서는 미국 내 작곡 저작권 등을 관리해온 BMI와 ASCAP는 방송국들에게 포괄라이센스(blanket license)를 구입하게 함으로써, 방송국 입장에서는 작곡가별로 다른 가격으로 라이센스를 얻을 수 있는 경쟁시장을 잃어버렸다. 그런데도 이 판례는 당연위법원칙을 적용하지 않았다.

	반증허용여부	입증부담
추정	○	○
간주	○	×
의제	×	×

도표17: 추정, 간주, 의제의 차이

원칙과 경쟁제한추정원칙은 같은 것은 아니다. 당연위법원칙에서 당연(illegal per se)의 개념은 예규인 「공동행위심사기준」이 정하는 추정의 수준을 넘어 의제의 수준에 이른 것이기 때문이다. 우리나라의 법리에서는 〈추정—간주—의제〉가 구별된다. 추정과 간주(예: 형법 제263조)는 반증에 의해 사실인정을 뒤집을 가능성이 있다는 점에서 그런 가능성이 없는 의제(예: 민법 제826조의2[성년의제])와 구별된다. 간주는 흔히 의제와 동의어로 이해되기도 하지만 의제가 법적 사실을(예: 미성년→성년) 창설하는 반면, 간주(看做)는 추정과 마찬가지로 사실의 입증에 관한 규칙일 뿐이다. 추정이 간주와 다른 점은 추정은 당사자가 일정한 주관적 입증부담을 이행할 것을 전제할 수 있다는 점이다. 예컨대 형법상 고의는 객관적 구성요건의 충족을 입증하면 사실상 추정할 수 있지만, 고의에 관한 간접사실을 주장하거나 얼마간의 간접증거(정황증거)를 수집·제출할 부담을 이행할 때에만 고의를 인정하는 것이다. 미국의 당연위법원칙은 대체로 의제에 가까운 법리로 보인다.[96]

(2) 경쟁제한효과 추정의 배제 그러나 경쟁제한효과의 추정이 합리성을 잃고 방만하게 행해지면 존재하지 않는 경쟁제한에도 불구하고 사업행위를 통제하는 것이 되어 자유시장을 오히려 파괴할 위험을 갖게 된다. 더욱이 합의가 입증에 의해서가 아니

96) 우리나라 법이 당연위법원칙을 채택한 것이 아니라는 견해로 정호열, "담합을 어긴 투찰과 카르텔행위의 성립", *저스티스* (제33권 1호, 2000), 174쪽.

라 법률상 추정에 의해서 인정되는 경우에도 경쟁제한을 사실상 추정한다면, 그와 같은 위험은 더욱 더 커진다. 이럴 경우에 토이브너(Teubner)의 트릴레마 이론에서 '법에 의한 사회적 통합의 와해'(Desintegration durch das Recht)[97]에 해당하는 현상이 벌어지게 된다고 볼 수 있다. 그러므로 합의가 법률상의 추정규정에 의해 인정된 경우에는 합의에 의한 경쟁제한성의 추정을 허용하지 않아야 한다. 합의가 법률상 추정에 의해서 인정된 경우에는 경쟁제한효과 또는 경쟁제한적성이 합리적 의심을 남기지 않을 정도로, 즉 확실성의 수준으로 입증되어야 한다. 그렇지 않다면 경쟁제한이라는 결과반가치는 부정되거나 가장 낮게 평가되어야 한다.

[경쟁제한추정에서 결과반가치의 계량적 차등] 예컨대 합의가 추정된 것이 아니라 입증되었고, 경성카르텔의 공동행위에 의하여 경쟁제한효과의 신호(예: 현저한 가격인상)가 발생하지 않았으며, 경제학적 분석으로도 경쟁제한적성이 입증되지 않았다면, 공동행위의 결과반가치는 — [경쟁제한성의 계량화 구조]의 도표에서 볼 때 — 앞의 두 경우(예: 계측점수 3점, 2.5점)보다 작게 평가(예: 계측점수 2점)되어야 한다. 하지만 경쟁제한효과의 신호도 없었고, 경쟁제한적성도 입증되지 않았으며, 합의도 단지 법률상 추정된 경우라면 그 공동행위의 결과반가치는 합의가 입증된 경우보다도 작게 평가(예: 계측점수 1점)되어야 한다.

97) Gunther Teubner (이상돈 편역), *법제화이론* (한국법제연구원, 2004) 참조.

Ⅵ 카르텔 제제의 이론과 정책

앞서 검토한 카르텔의 불법구성요건을 충족하게 되면 일반적으로 위법성이 인정되고, 법문이 설정한 카르텔불법이 성립한다. 그러나 법문상의 카르텔불법이 성립해도 제재를 가할 수 있으려면 다음 네 가지 제재법적 차원의 고려가 있어야 한다.

— 첫째, 그 불법이 궁극적으로 소비자후생을 저해하는 경쟁제한적 카르텔인지, 아니면 소비자후생을 증대 또는 현상을 유지시키는 카르텔인지를 검토해야 한다. 후자의 경우라면 진정한 의미에서 경쟁을 제한한 것이 아니라 오히려 경쟁촉진을 한 것이라고 말할 수 있기 때문이다. 이와 같은 소비자후생의 실질적 감소는 카르텔(죄)의 객관적 처벌조건에 해당한다(아래 1 참조).

— 둘째, 카르텔불법이 성립하는 경우에도 어떤 제재를 부과할 것인지는 그 불법의 강도에 비례하여 정해야 한다. 이는 비례성 원칙의 요청이다(아래 2 참조).

— 셋째, 카르텔불법의 최종적인 성립과 제재강도가 확정되어도, 인적 처벌조각사유로서 자진신고에 따른 감면조치를 고려해야 한다(아래 3 참조.).

— 넷째, 마지막으로 이상의 고려에도 불구하고 남을 수 있는 카르텔을 행하는 시장의 경제적 합리성과 법적 정의 사이의 간극을 메우고 통합하는 성찰적인 법적 기제로서 전속고발제도와 동의명령제를 운영할 필요가 있다(아래 4 참조).

1. 소비자후생의 실제 감소에 대한 고려

카르텔은 대개의 경우에 경쟁적 시장구조를 깨뜨리는 적성이 있는 행위가 되기 쉽다. 그러나 때로는 카르텔이 없다면 시장 자체의 사정에 의해 생산효율성이 소비자편익보다 지나치게 등안시되는 경우도 있다.

(1) 경쟁제한과 소비자후생증대의 순차적 발생 효과와 이익형량 특히 카르텔 없이 시장의 특성상 해당 산업의 건전성이 유지되기 어려운 경우가 그러하다.[98] 이런 경우에 카르텔은 시장구조에 대해서 경쟁제한을 가져오는 요소(input)이지만 '장기적으로' 소비자후생(소비자편익)을 증대시킨다는 점에서 경쟁촉진적인 산출(output)을 가져온다고 할 수 있다. 여기서 경쟁제한효과와 경쟁촉진효과라는 카르텔의 양면적 효과는 시간차를 두고 발생한다는 점에서 아래에서 설명하는 '부수적 경쟁제한'의 사례와 구분된다. 그러므로 이런 경우를 카르텔의 순차적 양면적 효과라고 부를 수 있다.

공정거래법의 궁극적인 기획은 경쟁시장구조의 확립을 통하여 기업의 생산적 효율성과 소비자후생을 균형있게 실현하는 데에 있다. 그러므로 가격인상이 단기적으로는 소비자편익을 감소시키지만 장기적으로는 기업의 (폭리가 아닌) 재정건정성을 도모하고 생산효율성을 높임으로써 장기적으로 소비자편익을 증대시키는 경우라면, 카르텔의 불법은 — 여기서 불법이란 정확히는 구성요

98) 대표적으로 건설시장의 담합을 드는 신영호, "공정거래법상 입찰담합규제 활성화 방안에 관한 고찰", *상사법연구* (제27권 제1호, 2008), 88~90쪽.

건이 아닌 객관적 처벌조건의 충족을 가리킨다 — 중·단기적인 소비자편익의 감소(구성요건상의 "경쟁을 제한")와 장기적인 소비자후생 증대 사이의 이익형량을 통해 그 최종적인 판단을 해야 한다.

1) 판례의 이익형량 그러나 판례는 이런 이익형량을 하면서도 소비자후생이 더 클 경우에는 구성요건표지로서 경쟁제한 자체가 충족되지 않은 것이라고 본다.

[카르텔의 불법판단에서 이익형량] 사단법인 J도관광협회(대표 甲)는 그 협회 구성사업자(J도지역의 농원, 성읍, 유람선업, 승마장업, 기념품업, 관광지업, 사진업, 비디오업을 하는 자)에게 구성사업자가 관광객을 유치·안내해 주는 여행사·안내원·운전사에게 지급하는 송객수수료율을 하향조정하여 최고가격을 설정하는 결정을 하고 구성사업자들에게 통보하였다. 이 결정은 준수를 강제할 수단이 없었고, 송객수수료가 지나치게 과다하여 관광의 부실화 및 바가지요금, 물품강매 등 관광부조리가 발생하는 것을 방지하기 위함이었다. ① 판례는 다음과 같은 이유로 카르텔을 인정하지 않았다: 법 제26조 제1항 제1호, 제19조 제1항 제1호의 "사업자단체의 가격을 결정·유지 또는 변경하는 행위에 의하여 일정한 거래분야의 경쟁을 실질적으로 제한하는 행위(이하 '가격제한행위'라고 한다)에 해당하더라도, 이로 인하여 경쟁이 제한되는 정도에 비하여 같은 법 제19조 제2항 각 호에 정해진 목적 등에 이바지하는 효과가 상당히 커서 소비자를 보호함과 아울러 국민경제의 균형 있는 발전을 도모한다는 법의 궁극적인 목적에 실질적으로 반하지 아니하는 예외적인 경우에 해당한다면, 부당한 가격제한행위라고 할 수 없다."[99] ② 그러나 판례처럼 카르텔에 해당하지 않는다는 판단은

99) 대판 2005.9.9, 2003두11841. 같은 취지의 판례로 대판 2005.8.19, 2003두9251 참조.

옳지 않다. 협회(대표 甲)의 가격결정행위는 경쟁제한효과의 적성이 있는 경쟁제한행위로서 카르텔의 구성요건을 충족한다. 다만 소비자편익증대의 효과를 고려하여 그 위법성(Rechtswirdrigkeit)이 조각될 뿐이다. ③ 만일 이 사안에서 소비자보호 효과가 작다면 위법성은 조각되지 않고, 제재법의 차원, 이를테면 카르텔범죄는 성립하지만 고발요건으로 요구되는 "경쟁질서를 현저히 저해"하는 경우가 아니므로 고발하지 않을 수 있게 된다.

그러나 이와 같은 경우에도 불법구성요건의 표지로서 '경쟁제한'은 이미 충족되었지만 장기적인 소비자후생의 증대를 이유로 '경제학적 의미'에서 경쟁제한표지는 아직 충족되지 않은 것으로 개념화해야 한다. 또한 이런 경제학적 의미의 경제제한표지 불충족은 객관적 처벌조건의 불충족으로 개념화해야 한다.

[소비자후생을 증대시키는 경쟁제한행위] 예컨대 A, B, C 3사가 전체 두부시장의 60%를 점유하고 있고 영업수익률은 5% 정도였는데, 이때 곡물파동으로 원재료(예: 수입콩) 가격이 30% 인상되자, 협정을 맺어 가격을 각기 20% 올렸으며, 세 회사의 평균수익률은 6.1%로 다소 상승되었다고 가정하자. 만약 협정을 통해 두부가격을 인상하지 않는다면, A, B, C사의 수익률은 하락하여 재무상태가 악화되고 결국 중국기업들에게 시장을 잠식당할 수 있다. 이런 경우 카르텔 형성은 국내 두부시장의 건전성을 유지하기 위한 것으로써 거시적으로는 소비자에게도 이익이 될 수 있다. 또한 장치산업으로서의 성격이 약하거나 벤처기업인 경우에는 시장진입도 용이하므로 더욱 더 경쟁제한의 폐해가 거의 없다고 할 수 있다. 물론 이런 사례에서도 가격이 현저히 인상된 이상 경쟁제한효과신호는 인정된다.

2) 부수적 경쟁제한의 원칙 미국에서는 경쟁제한(예: 가격고정, 시장분할 등)이 카르텔의 주된 목적인 경우와 다른 목적(예: 경쟁성 강화)에 수반하는 부수적 결과인 경우를 나누어, 각각 '노골적인 경쟁제한'(naked restraints)과 '부수적 경쟁제한'(ancillary restraints)이라고 개념화한다.

(가) **경쟁성 강화를 위한 필요불가결한 카르텔** 이때 부수적 제한이란 경쟁성 강화와 같은 '거래의 다른 주된 목적에 부수적'(ancillary to the main end of transaction) 결과로서 발생하는 경쟁제한을 가리킨다. 이때 다른 주된 목적은 정당한 목적, 예컨대 카르텔이 제3자와의 경쟁을 촉진시키는 것이어야 한다.[100] 그러니까 경쟁성 강화라는 목적을 달성하기 위해 불가피한 수단으로서 카르텔은 위법하지 않다는 것이다.

[NCAA와 부수적 경쟁제한의 원칙] 1981년 미국 대학체육협회(NCAA: National Collegiate Athletic Association)는 1982-1985년 시즌에서 가입 대학들이 각기 그들의 미식축구경기를 1년에 전국 TV 방송에 내보내는 횟수와 전체 경기의 방송 총량을 규제하는 제한규정을 마련하였다. 이는 대학미식축구 경기방송의 생산량을 감소시켜 NCAA가 일괄 교섭하는 방송료를 높게 설정하기 위함이었다. NCAA는 이런 정책에 따라 ABC방송사 등과 계약했다. 그러나 미식축구에 관한 주요대학들로 이루어져 있고, 강력한 영향력을 갖는 대학미식축구협회(CFA: College Football Association)는

100) 이는 부수적 제한의 원칙이 '보통법'(common law)상의 (고전적) 부수적 제한의 원칙(합법적 계약의 정당한 열매를 충분히 향유하는 것에 대한 제3자의 방해를 막는데 불가피한 제한은 합법적이다)에서 유래했음을 보여준다. 이에 대해 자세히는 George J. Werden, "Ancillary restraints Doctrine", *American Bar Association Section of the antitrust 54th Antitrust Law Spring Meeting* (March 29~31, 2006), 2~6쪽 참조.

NCAA보다 더 많은 방송을 허용하는 계약을 NBC방송사와 계약을 맺었다. 이에 NCAA는 CFA에 소속된 대학축구팀에 대해 CFA-NBC간 계약을 따르면 제재를 가한다고 압박을 가했다. NCAA는 가격고정의 카르텔을 하였다고 보아 셔먼법 제1조 위반으로 제소되었다. ① 연방법원은 축구방송은 NCAA와 방송사의 합작투자 성격이 있음을 고려하여 당연위법(illegal per se)을 인정하지 않고 합리원칙(Rule of Reason)을 적용하여야 한다고 보았다.[101] 그러나 원고에게 입증책임을 부과한 것이 아니라 피고인에게 정당화의 항변책임을 부과한 점에서 당연위법과 합리원칙의 중간단계인 제3의 원칙(Quick Look)이라 할 수 있다. ② 그러나 NCAA의 카르텔형성은 대학미식축구경기에서 더 강자인 CFA에 대한 경쟁력을 확보하기 위한 목적에 부수적인 경쟁제한이라는 점에서 그 불법(객관적 처벌조건)이 탈락한다고 볼 수 있다.

[미국 연방대법원의 카르텔위법판단의 세 가지 유형] 이로써 카르텔의 위법에 대한 미국 연방대법원의 입장은 3가지로 유형화된다. 첫째, 가격고정과 같은 경성카르텔은 일반적으로 그 자체로 불법이 되므로 원고는 카르텔의 합의만을 입증하면 경쟁제한효과를 입증할 필요가 없다. 피고는 항변의 기회도 갖지 못한다. 약식기준원칙의 기원이 되는 버거 대법원장의 반대의견이 있었지만 여전히 당연위법원칙이 적용된 Topco사건[102]은 그 대표적인 경우이다. 둘째, 합리원칙은 연성카르텔에 원칙적으로 적용되는데, 원고는 카르텔행위가 경쟁제한효과도 있음을 입증해야 한다. 연방대법원은

101) National Collegiate Athletic Ass'n v. University of Oklahoma, 468 U.S. 85 (1984) 참조.

102) 25개의 슈퍼마켓 지역 체인의 협력기구 Topco는 대형 식료품 체인의 브랜드 상품과 경쟁하기 위해 그 구성원들에게 Topco 브랜드 상품을 배타적으로 사용할 라이센스를 수여하고, 그 지역의 비회원사들에 대해서는 협회가입을 금지하는 집단배척(boycott)은 한 사건으로서 지방법원은 상표의 프로모션을 촉진시키고 더 큰 체인과의 경쟁을 강화한다고 보았지만, 연방대법원은 수평적 시장분할이므로 당연위법원칙을 적용하였다. 자세히는 United States v. Topco Assos., 405 U.S. 596 (1972) 참조.

BMI 사건[103]에서는 경성카르텔인데도 합리원칙을 적용하였다. 셋째, NACC사건처럼 카르텔의 유형은 경성카르텔이지만 원고는 경쟁제한효과의 존재만을 입증하면 — 경쟁촉진효과 등에 대한 자세한 분석을 함이 없이, 즉 약식으로 — 일응(prima facie) 위법성이 추정되고, 피고는 이 추정을 깨기 위해 자신의 카르텔이 반경쟁적 효과가 없고 경쟁촉진적 효과가 있음을 항변하고 입증해야 한다. 이런 원칙을 약식기준(Quick Look)의 원칙 또는 약식형 합리원칙이라고도 부른다.[104] 1990년대 이후 이런 약식기준원칙의 적용이 — 특히 이때 주로 합작투자(Joint Venture)에 의한 경쟁촉진효과를 내용으로 항변이 유용한 사건에서 — 증가하고 있다.

	대표 사례	원고의 입증	피고의 항변과 입증
당연위법	Topco	입증불요	항변 불허용 입증 불필요
약식기준 원칙	NCAA	prima facie	항변허용 입증책임
합리원칙	BMI	입증책임	항변 불필요 입증책임 없음

도표 18: 미국의 카르텔 위법판단의 세 유형

(나) 카르텔의 동시적 양면적 효과의 비교형량 이런 부수적 경쟁제한은 카르텔이 경쟁제한적성을 갖지 않는 경우와 구별되어야 한다. 왜냐하면 이런 류의 카르텔행위는 카르텔을 맺는 사업

103) 수천 명의 작곡가 등으로부터 판매대행권을 가진 CBS 협회는 라디오 방송국에 음악작품에 대한 포괄라이센스를 일정한 가격으로만 판매하였다. 이에 BMI는 CBS의 판매행위가 가격고정(price fixing)이라고 제소하였다. 대법원은 합리원칙을 적용하였다. 자세히는 Broadcast Music Inc. v. CBS Inc., 441 U.S. 1(1979) 참조.

104) 약식기준을 적용한 미국의 판결들에 대해 자세히는 서헌제, "미국 독점금지법에 있어서 합리성의 판단에 대한 약식기준의 적용사례", *공정경쟁* (통권 93호, 2003), 51~55쪽; "미국 독점금지법상 합리성의 판단의 새로운 기준", *이십일세기 한국상사법학의 과제와 전망* (2002), 653~671쪽 참조.

자들보다 더 강한 경쟁력의 사업자에 대한 관계에서는 그들의 경쟁성을 강화함으로써 경쟁촉진적이지만, 다른 한편 그들보다 같거나 더 약한 경쟁력의 사업자에 대한 관계에서는 여전히 경쟁을 제한하기 때문이다. 부수적 경쟁제한이란 경쟁촉진효과와 경쟁제한효과가 — 두부 카르텔사례처럼 중·기적으로는 소비자편익을 감소시키지만 장기적으로는 증대시키는 경우처럼 '시간차를 두고' 발생하는 것이 아니라 — '동시에' 발생하는 양면적 효과의 카르텔을 말한다. 이런 카르텔의 불법성도 다른 카르텔 유형과 마찬가지로 경쟁촉진효과와 경쟁제한효과를 비교형량하여 전자가 더 크고 그로 인해 소비자후생도 더 증가될 수 있다면, 객관적 처벌조건이 갖추어지지 않다는 점에서 불법이 탈락하거나 약화될 수 있다. 이때 미국 연방대법원이 취하는 3가지 위법성 판단의 유형들을 구분하지 않고 적용되어야 한다.[105]

> [부수적 경쟁제한원칙의 적용확대] 다만 미국의 부수적 경쟁제한원칙은 주로 판매나 자산통합을 촉진시키는 합작투자적 성격의 카르텔에 적용되므로 그런 요소가 없는 사례, 예컨대 정부의 재정보조를 받기 위한 대학들의 경쟁처럼 합작투자적 성격이 없지만, 대학 간의 무분별 경쟁으로 야기될 시장의 실패를 막기 위한 카르텔에는 적용되기 어려운 한계가 있다.[106] 그러나 부수적 경쟁제한원칙에서 경쟁성강화를 통한 소비자후생의 증대를 소비자주권으로

---

105) 미국에서도 경쟁제한이 부수적인(ancillary)인지를 따질 것이 아니라 셔먼법 하에서 인식할만한 어떤 종류의 이익(benefits)을 창출하는 것인지를 물어야 하는 주장으로 Alan J. Meese, "Farewell to the Quick Look redefining the Scope and Content of the Rule of Reason", *Antitrust Law Journal* (Vol. 68, 2000), 492쪽 아래 참조. 이 견해도 결국 모든 카르텔은 합리원칙의 적용을 받아야 한다는 결론에 이른다.

106) Meese, 앞의 논문, 489~492쪽 참조.

대체한다면, 이 원칙은 모든 카르텔유형에 적용될 수 있게 된다. 가령 소비자후생을 높이는 카르텔은 소비자주권이라는 목적에 불가피하게 수반되는 부수적 경쟁제한행위가 되는 것이다.[107)]

(2) 소비자후생 증감요소의 체계적 위치 다만 이와 같은 소비자후생의 증대라는 산출(output)은 구성요건요소에 위치시키기 보다는 제재법의 차원(예: 처벌조건, 고발여부, 기소유예, 선고 또는 집행유예)에 위치하는 것이 적절하다.

여기서 제재법이라는 것은 일탈행위에 대한 제재의 여부와 강도 및 그 절차를 포괄하는 개념이다. 즉, 제재의 조건(예: 객관적 처벌조건, 인적 처벌조각사유)이나 제재의 형태(예: 형벌, 과징금, 시정명령 등)의 선택결정 및 선택된 제재를 부과하는 절차(예: 고발, 기소유예, 선고유예 및 집행유예 등)에 관련된 법규범을 말한다.

1) 객관적 처벌조건 카르텔죄는 경쟁제한적인 카르텔행위가 (중·장기적으로) 실제로 소비자후생을 감소시키는 사실이 (행위 시점 이후에) 발생하는 것은 처벌의 조건이 된다. 이를 형법학적 용어로 옮기면 '객관적 처벌조건'이 된다. 객관적 처벌조건은 넓게는 불법의 요소이긴 하지만 불법을 직접 구성하는 요소들과 구별하여 구성요건의 부속물(Tatbestandsannex)이 된다고 본다. 예컨대 공무원의 사전수뢰죄(형법 제129조 제2항)에서 공무원

---

107) 이런 생각의 단서를 안과의사들협회가 반구각막절제술의 안전성에 대한 유보 공표가 반독점법위반이 아님을 부수적 경쟁제한원칙의 적용으로도 설명하는 Clark C. Havighurst, "Applying Antitrust Law to Collaboration in the Production of Information: The Case of Medical Technology Assessment", *Law and Contemporary Problems* (Vol. 51, No. 2, 1988), 341~379쪽, 특히 377쪽 참조.

이 될 자가 미리 뇌물을 받은 경우에 그가 나중에 실제로 "공무원이 된 사실"이 객관적 처벌조건이 되듯, 경쟁제한적인 카르텔 행위를 한 경우에 나중에 실제로 (경쟁제한행위의 궁극적 효과인) 소비자후생이 감소된 사실은 객관적 처벌조건이 되는 것이다. 물론 사전수뢰죄에서는 법문에 객관적 처벌조건이 명시되어 있는 데에 비해 카르텔죄에서는 법문에 기술되어 있지 않다는 차이가 있다.

> [소비자후생 고려의 체계적 위치설정의 경제학적 의미] 이처럼 경쟁제한적 행위가 시장의 거래비용을 줄이고 소비자후생을 증대시키는 경우에 그 행위는 기업의 입장에서도 효율성을 증대한 행위로 볼 수 있다. 이는 생산효율성은 오직 회사 내에서만 실현된다고 보았던 — 그래서 자산을 완전히 통합하는 합병은 기술적 효율성 증대가 회사 내에서 이루어지므로 경쟁제한으로 보지 않고, 카르텔과 같은 계약적 통합은 기술적 효율성 증대가 아니라 경쟁의 제한이라고 보는 — 고전경제학의 가격이론에서 벗어난 개념이다. 여기서 소비자후생의 실제감소를 객관적 처벌조건으로라도 불법의 요소로 바라보는 것은 고전경제학의 패러다임에서 벗어난 것이라 할 수 있지만, 협의의 불법구성요건 요소로 보지 않는 점에서는 고전경제학의 패러다임에 부분적으로 머물러 있는 것이라고 볼 수 있다.

2) 공동행위심사기준에 의한 제도화 이와 같은 객관적 처벌조건은 공정거래위원회의 「공동행위심사기준」에 의해 제도화되고 있다. 이 기준의 Ⅳ.는 공동행위의 위법성 심사를 ① 공동행위의 성격분석(제1단계) → ② 경쟁제한 효과 분석 → ③ 효율성증대 효과 분석(제3단계) → ④ 경쟁제한 효과와 효율성증대

효과의 비교형량(제4단계)을 하도록 규정한다. 이때 제1, 2단계가 카르텔행위의 경쟁제한성을 판단하는 단계라면, 3, 4단계는 객관적 처벌조건으로서 소비자후생의 실질감소여부를 판단하는 단계라고 할 수 있다. 여기서 두 가지 점이 주목할 만하다.

(가) **법분과별 차등적 고려와 객관적 제재조건** 첫째, 처벌조건으로서 소비자후생의 증감에 대한 고려는 각 법분과마다 차등화될 수 있다. 예컨대 소비자후생 증대효과가 경쟁제한효과보다 다소 작다고 평가되는 경우에 경쟁법적 불법은 최종적으로 인정하면서도, 형사불법은 탈락시킬 수 있다. 더 나아가 형사불법을 인정할 수 있는 경우에도 또 다른 제재법적 차원에서는 사업자에게 유리하게 고려될 수 있다. 예컨대 경쟁제한효과가 소비자후생 증대보다 상당히 큰 경우에 경쟁법적 불법과 형사불법 모두 인정할 수 있으나 '현저히' 크지 않다면 공정거래위원회는 전속고발을 하지 않을 수 있다. 여기서 형법학적 개념인 객관적 처벌조건은 객관적 '제재'조건으로 확장될 수 있음을 알 수 있다.

(나) **실질적인 시장지배력 등의 고려** 카르텔죄의 구성요건을 구성하는 경쟁제한은 카르텔죄의 불법유형에서 비중이 적다. 경쟁제한의 적성만으로도 카르텔불법을 인정할 수 있다. 여기서 예컨대 심사기준이 경쟁제한 효과 분석에서 다루도록 규정하고 있는 '수입침투도'(내수시장에서 수입상품의 점유율)나 '관세율' 등을 고려한 '실질적인 시장지배력'의 판단은 협의의 구성요건요소가 아니라 객관적 처벌조건이나 그 밖의 제재법적 고려의 요소가 된다고 볼 수 있다. 이에 비해 최소시장점유율은 구성요건요소인 경쟁제한의 요건을 충족하는 결과반가치의 하나인 경쟁제한적성을 판단할 때에 고려되어야 한다.[108]

[실질적 시장지배력] 국내 철근공급시장의 100%를 점유하고 있는 주식회사 I제철, D제강, H철강, H제철은 2000.2.1.부터 2.7.까지 사이에 철근 수요처인 건설업체와 유통업체에게 가격인상통보서 또는 견적서를 발송하는 방법으로 철근의 규격별 가격을 동일하게 인상하였다. 철근은 생산공정이 기술적으로 동일하여 품질의 차별화가 쉽지 않고 주로 가격에 의하여 경쟁이 이루어지는데, 이 당시 이들 4개회사의 철근생산능력은 연산 12,000,000t에 달하지만 실제 판매량은 8,648,000t에 그치는 등으로 초과공급상태였다. 또한 이 회사들은 회사정리절차나 화의절차가 진행 중이어서 일부 채무를 매년 상환하여야만 했고, IMF 경제위기의 여파로 인한 건설경기의 악화로 건설업계의 철근수요가 급감하여 공급과잉의 시장상황에 직면하였다. 동조적인 가격인상은 누적적으로 증가하는 적자폭을 일부라도 보전하기 위한 방편의 측면도 있었다. 판례[109]는 ① 카르텔의 실행개시일은 '가격을 결정・유지 또는 변경하는 행위'와 '경쟁을 실질적으로 제한하는 행위'라는 두 가지 간접사실이 모두 갖추어졌을 때를 의미한다고 봄이 상당하고, ② 경쟁을 실질적으로 제한하는 행위에 해당하는 지 여부는 그 전제가 되는 사업자의 시장점유율, 당해 사업자가 생산・판매하는 시장의 특성과 현황 등을 종합적으로 고려하여 판단하여야 한다. ③ 이런 판례의 입장은 4개회사의 시장점유율이 100%이지만 당시 공급초과의 시장상황과 회사정리절차나 화의절차 등의 사정들을 종합고려하면 실질적인 시장지배력은 인정하기 어렵다는 것이다.

(3) 위법성의 독자적 판단 경쟁제한행위가 효율성증대를 가져옴으로써 장기적으로 소비자후생의 실제적 감소로 이어지는지 않는지 여부는 객관적 처벌조건(객관적 제재조건)의 문제이며, 넓

108) 이에 관해 자세히는 아래 III.4.(2) 참조.
109) 대판 2003.5.27, 2002두4648.

은 의미에서 구성요건 충족여부의 문제이다. 따라서 소비자후생의 실제감소여부는 위법성의 판단과 구별되어야 한다.

1) 공정거래법상 위법성조각사유로서 정당행위 위법성이란 위법성조각사유의 부존재를 말하며, 공정거래법에서 위법성조각사유는 법 제58조(법령에 따른 정당한 행위)뿐이다.

(가) 법령에 의한 행위 제58조는 "이 법의 규정은 사업자 또는 사업자단체가 다른 법률 또는 그 법률에 의한 명령에 따라 행하는 정당한 행위에 대하여는 이를 적용하지 아니한다." 이때 법령에 의한 행위는 그 근거가 되는 명문규정이 있어야 한다.[110] 또한 정당한 행위는 법령의 범위를 현저히 일탈하거나 남용하지 않는 필요최소한도의 행위일 것이 요구된다.

[합법적 행정지도에 의한 카르텔의 위법성여부] 정보통신부장관의 합법적인 행정지도에 따라 통신회사 K와 H는 2003.6.말의 시내전화 번호이동성시행을 앞두고 K와 H 사이의 요금격차를 축소할 목적으로, 2003.6.23. K통신은 기존 요금을 유지하는 대신 H텔레콤이 요금을 인상조정해주면 K통신이 H텔레콤에게 매년 시내전화 시장점유율(가입자 순증 기준)을 1.2%씩 2007년까지 이관해주기로 합의하였다. ① K와 H의 가격담합은 카르텔의 불법을 충족시킨다. 경쟁제한적 행위일 뿐만 아니라 장기적으로도 소비자후생을 감소시킨다는 점에서 객관적 처벌(제재)조건도 충족된다. 그러나 위법성의 인정여부는 다투어질 수 있다. ② 행정지도는 행정

110) 1999.2.5. 시행된 「독점규제 및 공정거래에 관한 법률의 적용이 제외되는 부당한 공동행위 등의 정비에 관한 법률」(일명: 카르텔일괄정리법)은 그 전까지 카르텔이지만 공정거래법의 적용을 배제시킨 55개 제도 가운데 "18개 법률에 근거를 둔 20개 카르텔을 폐지 또는 개선하는 내용"을 담았다. 이런 역사에 관해 자세히는 이황, "카르텔 일괄정리법의 입법취지와 향후 정책방향 (보험산업을 중심으로)", *손해보험* (367호, 1999), 50～59쪽 참조.

처분도 아니고 법령에 근거한 명령에 따른 행위도 아니라서 위법성도 인정된다고 보는 견해[111]도 있다. ③ 그러나 두 회사는 합법적인 행정지도는 사실상 구속력이 있다는 점에서 위법성을 인정하기 어렵다. 다만 위법성의 부정은 "부당성"이 인정되지 않아서가 아니라 위법성조각사유가 존재하기 때문이다. 이때 위법성조각의 근거를 공정거래법 제1조(목적)에서 찾는 견해[112]도 있으나 제58조라고 봄이 더 타당하다. 왜냐하면 행정지도는 법규명령이나 행정행위는 아니지만 사실상 구속력이 있어 "법률에 근거한 명령"으로 볼 수 있기 때문이다.

또한 법 제59조는 "이 법의 규정은 「저작권법」, 「특허법」, 「실용신안법」, 「디자인보호법」 또는 「상표법」에 의한 권리의 정당한 행사라고 인정되는 행위에 대하여는 적용하지 아니한다"고 규정한다. 법률상 권리의 정당한 행사도 법률에 따른 행위로 볼 수 있기 때문에 제59조는 제58조의 예시라고 할 수 있다.

[수출입카르텔의 적용예외] 대외무역법 제50조는 수출입카르텔과 관련하여 제46조에 의거하여 지식경제부장관이 내리는 조정명령의 이행에 대해서는 「독점규제 및 공정거래에 관한 법률」을 적용하지 아니한다고 규정한다(제1항). 이때 그 조정명령이 국내시장에서의 경쟁을 제한하는 것이면 공정거래위원회와 미리 협의하여야 한다(제2항). 이는 수출입카르텔도 국내시장의 경쟁을 제한하는

111) 대표적인 판례로 서울고법 1992.1. 29. 선고 91구2030판결에 의하면 사업자단체가 주무관청인 상공부의 행정지도에 따라 시정명령의 대상이 되는 행위를 하게 된 것이라 하더라도 그것만으로 위법성이 조각된다거나 또는 그 시정을 명함이 금반언의 원칙에 반한다고 할 수는 없다고 본다. 비슷한 관점으로 김두진, "행정지도와 부당한 공동행위의 성부 - 공정위 심결사례(2개 이동통신사업자의 부당한 공동행위 사건)를 중심으로", *경쟁저널* (통권 133호, 2007), 89~100쪽 참조.

112) 이문지, "행정지도와 공정거래법의 적용제외 및 부당한 공동행위의 성립요건", *경영법률* (제16집 1호, 2005), 668쪽 아래 참조.

한 공정거래법에 위반되는 것이지만 예외적으로 그 위법성을 조각시키는, "수출입카르텔에 대한 적용예외를 창설하는"[113] 규정이다.

㈏ **체계적 위치** 여기서 이 법을 적용하지 않는다는 것은 카르텔죄의 구성요건해당성은 인정하되 그 위법성을 조각한다는 의미이다. 즉, 제58조는 경쟁제한적 카르텔행위가 소비자후생을 실제로도 감소시키는 경우에 비로소 적용되기 시작하는 것이다. 이에 비해 경쟁제한적 카르텔행위가 효율성증대를 통하여 장기적으로 소비자후생을 실제로 감소시키지 않는다면, 제58조에 의해 그 위법성이 비로소 조각되는 것이 아니라, (객관적 제재조건을 충족하지 않는다는 점에서) 제66조 제1항 9호의 구성요건해당성이 이미 탈락한다는 것이다.

2) 공정거래법상 정당행위와 형법상 정당행위의 관계 공정거래법상 정당행위(법 제58조)는 형법상 정당행위(제20조)의 특칙이다. 여기서 특칙이라 함은 두 가지 실천적 의미를 갖는다.

㈎ **사회상규에 의한 형법적 위법성의 조각** 첫째, 형법 제20조는 카르텔행위가 "사회상규에 위배되지 아니하는 행위"일 경우에는 법 제58조에도 불구하고 그 행위의 '형법적 위법성'이 조각될 수 있다. 즉, 공정거래위원회는 형사고발을 해서는 안된다. 이를테면 사회상규에 소비자후생의 증대가 속하는 지가 불분명하다. 그러나 적어도 경쟁제한과 가치형량하여 더 높거나 동등한 법익들, 예컨대 환경보호를 위한 카르텔은 사회상규에 위배되지 않는다는 점에서 카르텔죄의 위법성을 탈락시킨다.[114]

---

113) 이런 견해로 이문지, "수출입 카르텔과 독점금지법 -대외무역법상의 수출입 질서유지를 위한 협정과 관련하여-", *경영법률연구* (2집, 1988), 198~199쪽.

(나) 공정거래법에 의한 형법적 위법성과 형법외적 위법성의 구분

둘째, 법 제58조는 소비자후생을 감소시키는 경쟁제한적 카르텔 행위가 사회상규에 의해 그 위법성이 조각되더라도, 그 카르텔행위의 민사법적 또는 경쟁(행정)법적 위법성은 여전히 존속시킨다. 물론 이는 법 제58조의 반대해석에 따른 결론이다.

> 예컨대 외국정부의 사업인허가 조건으로 부득이하게 국내기업이 국내에서 소비자후생을 실제로도 감소시키는 경쟁제한적 카르텔행위를 하는 경우에 그 카르텔은 형법적으로 위법하지는 않지만, 경쟁법적으로는 위법한 것이 된다. 따라서 공정거래위원회는 형사고발을 할 수는 없지만, 시정명령이나 과징금부과는 할 수 있다.

이로써 법 제58조와 형법 제20조는 서로 보충하면서 서로 제약하는 특수한 관계에 놓이게 된다.

2. 카르텔 불법의 강도와 제재의 비례성

카르텔의 불법구조에 대한 지금까지의 분석은 어떤 공동행위가 어떤 제재를 받는 것이 적정한 것인지, 바꿔 말해 비례적인 것인지를 조망할 수 있게 한다. 이런 조망은 구조사고(Strukturdenken)의 힘입어 더욱 분명해진다. 분석의 편의를 위하여 그리고 법실무에서 중요하게 다루어진다는 점에서, 두 요소인 합의와 경쟁제한성만을 놓고 어떤 공동행위가 갖는 불법의 정도를 구조화 해

114) 독일의 경쟁제한방지법(GWB)의 해석론이긴 하지만 이런 류의 이익형량은 위법성의 영역이 아니라 구성요건의 단계에서 이루어져야 한다고 보는 유진희, "독점규제법상의 카르텔금지 - 독일 경쟁제한방지법을 중심으로", *경영법률총서* (4권, 2004), 27쪽. 그러나 범죄로서 카르텔의 경우에는 형법 제20조(정당행위)에 의해 위법성이 조각된다고 보아야 한다.

보기로 한다.

(1) **불법지수의 구조화** 먼저 공동부당행위의 요건은 동일하게 충족된 것으로 가정한다. 첫째 아래 도표에서 가로변은 합의라는 요건에서 — 설령 법률상 합의가 추정된다하더라도 — 행위자들이 실제로 가졌던 의사내용의 등급에 따라 부여되는 행위반가치의 계측점수(X)를 나타낸다. 둘째, 세로변은 경쟁제한이라는 요건에서 — 설령 사실상 경쟁제한이 추정된다하더라도 — 공동행위가 유발한 경쟁제한성의 등급에 따라 부여되는 결과반가치의 계측점수(Y)를 나타낸다. 셋째, 각 변의 계측점수는 공정거래위원회가 제재형태를 결정하는 점수등급(형벌은 3점, 과징금은 2.5점, 시정명령은 2점, 시정권고, 경고는 1점)을 사용한다. 그러면 공동부당행위의 불법지수(Z)는 이 두 점수(x, y)를 합한 점수로 표현된다. 아래 표에서 보듯〔 2≦Z≦6 〕의 범위에서 불법지수는 차등화된다.

	행위반가치 계측점수 x	3	2.5	2	1	색상의 의미
결과 반가치 계측점수 y	공동행위의 불법지수 Z=x+y	공모	협조 의사	정보 교환 의사 소통	정보화	색상의 의미
3	경쟁제한 효과시호	z.6	z.5.5	z.5	z.4	형벌 z.6
2.5	경쟁제한 적성	z.5.5	z.5	z.4.5	z.3.5	과징금 ≧ z.5
2	경쟁제한 추정허용	z.5	z.4.5	z.4	z.3	시정 명령 ≧ z.4

1	경쟁제한 추정불허	z.4	z.3.5	z.3	z.2		시정 권고 경고 ≦ z.3

도표 19: 카르텔의 불법점수의 구조화

(2) 제재의 비례성과 법정책 도표에서 불법지수의 등급을 단계화하여, 각각의 단계마다 적정제재의 형태를 결정할 수 있다.

1) 법정책적 지평 표의 우측편 면색이 표시하듯 카르텔범죄는 최고점수인 Z=6점, 과징금은 Z=5점 이상, 시정명령은 Z=4점 이상, 그리고 시정권고는 Z=3.5점 이상 그리고 Z=3점 이하는 경고의 제재를 할당할 수 있다.

(가) 독일의 카르텔형법정책 여기서 주의할 점은 각 제재에 적정한 불법지수가 몇 점 이상인지는 절대적 것이 아니라, 법정책적으로 결정할 사항이라는 것이다. 예컨대 과징금뿐만 아니라 형벌도 과징금의 기준점수인 Z=5점 이상이면 부과할 수 있다고 볼 수도 있다. 그러면 위 도표에서 6개의 유형이 카르텔범죄가 될 수 있다. 독일 형법상 카르텔범죄인 입찰담합죄(StGB §298)의 해석에서 이를테면 법적 구속의사 없이 이루어지는 동조적 행위, 즉 위 도표상의 정보교환적 의사소통에 의해 입찰담합을 한 행위에 대해 입찰담합죄를 적용하는 것을 두고 유추금지위반으로 보는 견해[115]보다도 이를 허용하는 견해[116]가 더 많다는 점은

115) Martin Klusmann, “Ordnungswirdrigkeiten und Strafrechts”, in: Gerhard Wiedemann, *Handbuch des Kartellrechts* (C.H.Beck, 1999), §56-16 참조.

116) Hans Achenbach, “Pönalisierung von Ausschreibungsabsprachen und Verselbständigung der Unterßnehmensgeldbuße durch das Korrup-

이러한 법정책의 경향을 보여준다. 물론 법정책적으로는 카르텔의 형사불법을 엄정하게 인정하는 것이 바람직하다. 어쨌든 여기서 중요한 점은 이와 같이 규제의 강도에 완급을 조절하는 것은 카르텔형법정책의 지평에 속하는 사항이라는 것이다.

(나) 우리나라의 카르텔형법정책 또한 여기서 주의할 점은 정보교환적 의사소통에 근거하여 범죄성립요건으로서의 합의를 추정하는 것이 무죄추정원칙에 반한다(판례의 입장)거나 책임원칙에 반한다고 보는 입장이 카르텔범죄의 합의 개념을 정보교환적 의사소통으로 해석하는 것과 법논리적으로 모순되지는 않는다는 점이다. 그러므로 우리나라에서도 카르텔의 형사불법이 도표 19에서 Z=5 이상인 유형에서 성립한다는 법정책적 결정도 가능하다. 물론 이런 법정책적 결정은 제19조 제1항의 "합의"의 개념을 확장하는 것이고, 이 확장은 합의의 내포에서 '계약적 상호구속력'이라는 의미소를 제거함으로써만 가능해진다.

물론 이런 합의 개념의 유연화는 유추금지위반의 문제를 남겨둔다. 이로써 형법정책은 법원칙의 지평으로 들어가게 된다. 유추금지원칙은 이 문제에서 결의론적인 대답을 주지는 않는다. 합의 개념을 그와 같이 유연화하는 해석이 그에 반대하는 해석보다 '더 타당한 논거'(ein besseres Argument)에 의해 근거지을 수 있느냐에 달려있다. 유연화하는 해석은 그런 해석이 경쟁질서의 유지라는 목직 달싱에 필요하나는 점, 즉 목석론적 해석에 근거

---

tionsbekämpfungsgesetz", *Wirtschaft und Wettbewerb* (1997), 958~964쪽, 특히 959쪽; Gerhard Dannecker, *Strafgesetzbuch Band 2, 2. Auflage* (NomosKommertar, 2005), §298-45; 이 밖에도 유명한 형법학자들인 Wessels, Hilenkampf, Tiedemann 등의 교과서나 주석서에서도 찬성 견해를 발견할 수 있다.

한다면, 이에 반대하는 해석은 합의라는 법문언의 한계를 넘어섰다는 논거, 즉 문법적 해석에 입각하고 있다.

> [합의 개념의 언어이론적 분석] 하지만 일방적 의식적 동조행위나 인식있는 병행행위(bewußtes Paralleverhalten)와 같은 현상에 대해 합의개념을 적용할 수 없음은 분명하고, 카르텔을 맺는 계약(Absprache, contract)에 합의 개념을 적용할 수 있음도 분명하다. 바꿔 말해 인식있는 병행행위는 합의 개념의 '소극적 후보자'라면, 계약은 '적극적 후보자'임이 명확하다. 그러나 정보교환적 소통을 통한 상호적 동조행위는 합의 개념을 적용할 수도, 적용하지 않을 수도 있는 '중립적 후보자'이다. 그런 점에서 법문언의 한계를 넘어섰다는 판단은 언어이론적인 결함을 갖고 있다.[117]

이런 해석방법들 사이에 우열관계는 정립되지 않는다. 또한 카르텔형법정책에서 각 해석간의 타당성 경쟁은 아직 진행되고 있다. 이처럼 경쟁의 승패가 아직 뚜렷하지 않은 상황에서는 여전히 법정책적 결단이 작동하게 될 것이다.

2) 법원칙의 지평 유추금지원칙의 지평보다 더 중요한 법원칙의 지평은 비례성원칙이다. 이 원칙에 의하면 각 제재는 <경고→시정권고→시정명령→과징금→형벌>의 순서로 불법지수가 더 높은 등급의 점수를 갖춘 공동행위에 대해서 부과되어야 한다.

> [제재유형의 차등성근거] 여기서 형벌이 가장 강한 제재임은 자명하다. 물론 기업에 대한 제재로는 매출액의 최대 10%(법 제22

---

117) 이와 같은 언어이론적 논의에 관해서는 이상돈, *기초법학, 2판* (법문사, 2010), 423쪽 아래 참조.

> 조)까지나 부과될 수 있는 과징금이 — 벌금인 형벌보다 더 큰 액수로 부과될 수 있는 법제 아래서는 — 재정적으로 더 부담스런 제재가 될 수 있다. 그러나 그런 법제에서는 형벌과 과징금은 병과될 수 있고, 형벌은 인격적 교정, 법규범에 대한 태도의 전환을 요구하는 제재이므로 과징금보다 더 중한 제재이다. 과징금은 형벌보다는 약하지만, 일정한 사회윤리적 비난의 기능을 수행하고, 과거의 불법을 상쇄시키는 진압적 제재로서, 장래를 향해서 불법상태를 교정하는 시정조치[118]보다 중한 제재이다. 과징금의 불법은 중간법(middle law)에 속한다. 행정법적인 제재인 시정조치로는 강제적인 시정명령이 임의적인 시정권고보다 중한 제재이다. 경고는 시정을 요구하는 것이 아니라 법준수의 의지를 환기시킬 뿐이라는 점에서 가장 약한 제재이다.

등급과 제재의 강도 사이의 비례성은 정책적 사항이 아니라 규제기관이나 법원이 지켜야 할 의무의 내용이 된다. 이런 비례적 구조는 카르텔에 대한 규제정책의 불합리성을 드러내줄 수 있다. 이런 구조에 대한 이해는 이를테면 정보교환적 의사소통들을 근거로 합의를 추정하고, 경성카르텔이라는 이유로 그 합의로부터 실질적 경쟁제한을 추정하는 우리나라 카르텔법의 현실에서는 의미가 매우 크다. 특히 그와 같은 도식적인 불법판단을 전제로 하여 공정거래위원회나 법원이 임의적으로 또는 정책적으로 제재의 형태를 그때그때 결정하는 법현실이 반성될 수 있다.

---

118) 「공정거래위원회의 시정조치 운영지침」(2009. 8. 12) IV는 시정조치의 목적을 "현재의 법 위반행위를 중단시키고, 향후 유사행위의 재발을 방지·억지하며, 왜곡된 경쟁질서를 회복시키고, 공정하고 자유로운 경쟁을 촉진시키는 것"으로 규정한다.

3. 리니언시제도와 인적 처벌조각사유

법 제22조의2는 카르텔을 자진신고한 자나 조사에 협조한 자에게 시정조치(제21조) 또는 과징금(제22조)을 감경 또는 면제할 수 있게 한다. 이를 리니언시(Leniency)라고 부른다.

(1) **리니언시의 법현실** 법시행령에 의하면 공정거래위원회가 조사를 시작하기 전에 자진신고한 자 또는 조사를 시작한 후에 조사에 협조한 자가 ① 그 공동행위를 중단하고 ② 공정거래위원회가 그 공동행위에 대한 정보를 입수하지 못하였거나 입증에 필요한 증거를 충분히 확보하지 못한 상황에서 ③ 필요한 증거를 단독 제공하고, ④ 조사가 끝날 때까지 성실하게 협조하고 ⑤ 다른 사업자에게 그 의사에 반하여 공동행위에 참여하도록 강요하거나 중단하지 못하도록 강요한 사실이 없는 경우에는 아래의 표와 같은 내용으로 시정조치 또는 과징금의 감경 또는 면제한다(법시행령 제35조). 또한 담합으로 시정조치 또는 과징금의 대상이 된 자가 다른 담합에 대하여 자진신고하면 기존의 담합에도 감면의 혜택을 주는 Amnesty Plus 제도(법시행령 제35조 제1항 4

구분	시정조치	과징금
1순위 자진신고자	면제	면제
1순위 조사협조자	감경 또는 면제	면제
2순위 자진신고자	감경가능	50% 감경
2순위 조사협조자	감경가능	50% 감경

도표 20: 리니언시에 의한 감면혜택

호), 자진신고 또는 협조가 제2순위 안에 들지 못해도 조사에 협조하면, 과징금을 20%까지 재량감경하며 「부당한 공동행위 자진신고자 등에 대한 시정조치 등 감면제도 운영고시」(제21조 제2항), 심사관이 조사에 필요한 것으로 인정하면 공동행위를 계속할 수 있다.

(2) 리니언시의 법이론적 이해 리니언시는 흔히 카르텔이라는 악을 악의 수단으로 대처하는 것이라는 비판을 받기도 하지만, 비신사적 시장활동에 비신사적인 수단으로 대처하는 것이라고 봄이 적절하다.

1) 리니언시의 양면적 기능 리니언시는 이 비신사성의 영역에서 기업으로 하여금 적발 당했을 때의 과징금과 담합의 이익을 비교형량하게 만든다.

(가) 카르텔 억제기능 리니언시는 그와 같은 이익형량에 의한 타산이 작동하는 범위 안에서만 제한적으로 작동한다. 이를 통해 리니언시는 카르텔 적발기능 및 카르텔 예방기능을 '얼마간' 확보할 수 있게 된다. 따라서 자진신고는 카르텔불법의 결과반가치를 (소멸시키는 것이 아니라) 감소시키는 행위로 이해할 수 있다.

(나) 카르텔의 수익률 조정기능 그런데 흔히 오해하는 바와는 달리 카르텔을 형성하는 기업들은 서로 먼저 자진신고하지 않을 수 없는 죄수의 딜레마(prisoner's dilemma)[119]에 빠져 있지도 않

119) 죄수의 딜레마란, 두 주체의 상호반응을 설명하기 위해 발전된 "게임이론"의 대표적인 예이다. 甲과 乙이 절도죄를 짓고 체포되어 서로 격리되었다. 이들의 절도죄에 대해서는 자백 이외에는 유죄 입증자료가 없고, 대신 음주운전이라는 경미한 죄를 입증할 증거만 존재한다고 할 때 이들이 할 수 있는 선택은 다음과 같다. ① 甲, 乙이 모두 배신하고 자백을 할 경우, 각각 5년을 복역하게 된다. ② 둘 중 한 명만 자백할 경우, 자백한 이는 형을 면

다. 또한 카르텔을 형성하는 기업이 반도덕의식을 갖는 것이 아니듯, 자진신고하는 기업이 자신의 신고행위에 대해 새삼 도덕의식을 회복하는 것도 아니다.[120] 기업들은 카르텔을 형성할 때에나 자진신고를 할 때에나 — 카르텔로 얻게 될 이익, 합의를 깰 경우에 다른 카르텔행위자들에 의한 처벌의 불이익,[121] 카르텔이 적발되어 제재를 받을 확률이나 제재에 대한 소송에서 질 확률로부터 추산되는 재정적 부담 등을 자진신고시의 추산되는 재정적 이익 등과 비교형량하여 — 어느 정도의 이윤을 거둘 수 있을지만을 고려할 뿐이다. 그렇기 때문에 리니언시는 기업의 입장에서는 카르텔을 기능적으로 구성하는 요소, 즉 카르텔에 의한 종국적인 수익률을 설정하는 요소가 되는 것이며, 도덕적 행위에 대한 보상의 제도가 아니다.

㈐ **강한 제재와 리니언시의 무관련성** 바로 이런 점에서 리

제받고, 다른 이는 10년형을 언도받게 된다. ③ 둘 다 자백을 하지 않을 경우에는 경미한 죄의 형인 2년을 복역하게 된다. 이 때 甲과 乙이 협력하여 침묵하는 것이 둘에게는 가장 좋은 성과(2년형)를 가져다준다. 하지만 甲과 乙은 서로 상대방의 배신행위로 인해 손해를 입을 것을 염려하게 된다. 이러한 모순적 상황을 죄수의 딜레마라고 한다. 이에 대해서는 Roger Leroy Miller, *Economics today(9th)*, Harper & Row, 569쪽.

120) 예를 들어 자진신고를 한 사건(예: 플래시메모리 담합사건)도 무혐의결정이 나기도 하는데, 이는 기업들이 만일의 경우에 대비하여 순위를 확보하여 리니언시의 혜택을 받으려는 '전략적 행동'을 하고 있음을 보여준다.

121) 카르텔은 예컨대 생산량증가나 상품차별화로 위반회사의 이익을 제로에 가깝게 만드는 다른 사업자들의 출고확대나 위반사업자의 비용을 높이게 하거나 합작투자형태로 카르텔을 구성하여 합의위반시 합작투자의 경영실패에 따른 부담을 짊어지게 하는 등과 같이 스스로를 관철시키는 구조를 띠기도 한다. 그러므로 카르텔은 카르텔의 자기집행적(self-enforcing) 구조를 해체함으로써 억제될 수 있다. 이런 주장으로 Ian Ayres, "How Cartels Punish: A structural theory of self-enforcing collusion", *Columbia Law Review* (Vol. 87, 1987), 295~323쪽 참조. 리니언시는 그런 카르텔의 자기집행적 구조를 해체하는 방편이긴 하지만, 해체보다는 일정한 한도로 줄이는 기능을 수행할 뿐이다.

니언시에 의한 카르텔의 감소는 '제한적'일 뿐이다. 즉, 리니언시로 카르텔이 적발되고 억제되는 효과가 있지만, 리니언시를 고려하여 카르텔을 감행하는 작용, 다시 말해 카르텔의 교두보 기능이 있다. 물론 억제효과가 교두보 기능보다는 크다. 이처럼 리니언시가 카르텔 감행의 교두보 기능을 하는 점을 완전히 제거하기 위해, 더욱 강한 제재, 이를테면 천문학적 숫자의 벌금이나 미국과 같은 민사상의 징벌적 손해배상제도 그리고 개인의 징역형이 필요하다고 보는 것[122]은 적절하지 않다. 징벌적 손해배상이나 징역형이라고 해서 예방효과가 벌금이나 과징금보다 더 큰 것은 아니기 때문이다. 특히 징역형은 도덕의식 속에 내면화될 수 있는 행위규범의 위반에 대해서 기능하는 것이지만, 카르텔죄나 자진신고자의 내면에는 그런 도덕의식이 뿌리내려 있지 않다.

2) 결과반가치의 감소로서 자진신고 이렇게 볼 때 자진신고 등은 그 진실에 있어서는 행위반가치를 감소시키는 것이 아니라, 단지 결과반가치만을 감소시키는 것이라 할 수 있다. 이런 불법의 감소는 형법상 자수(형법 제52조)보다는 중지미수(제26조)에 조금 더 가깝다.

㈎ 자수와 자진신고의 구조적 차이 먼저 카르텔은 대개 연속범의 형태로 일어난다.[123] 자진신고는 간격은 있으나 연속적인

---

122) 바로 이런 점에서 EU의 카르텔규제는 미국에 비해 그 억제력이 약하다고 보고, 강한 제재에 의해 리니언시를 엄호해야 한다고 주장하는 Andreas Stephan, "The Bankruptcy Wildcard in Cartel Cases", *ESRC Centre for Competition Policy & The Norwicj Law school CCP Working Paper 06-5* (March 2006), 4~32쪽 참조.

123) 연속범으로 파악할 경우에 제재에서는 일정기간 이루어진 공동행위들을 묶어 하나의 카르텔로 보고, 제재를 가하게 되는 반면, 시효는 분할가능한 개별 공동행위별로 판단할 수 있는 장점이 있다.

공동행위에 대한 포괄적 합의를 한 후 그 연속적인 공동행위가 끝나기 전에 이루어지기 쉽다. 그러나 카르텔이 종료된 이후에도 자진신고가 가능하다. 이런 자진신고는 카르텔범죄의 행위시점에 결과반가치가 감소하는 것이 아니고, 마치 자수(형법 제52조)와 비슷한 행위로 이해되기 쉽다. 그러나 자진신고는 오히려 중지범(형법 제26조)과 유사한 구조로 이해되어야 한다. 왜냐하면 카르텔형성행위가 초래하는 불법적 결과란 '경쟁시장구조'의 왜곡이고, 이는 행위시간대를 넘어 장기간에 걸쳐 발생하기 때문이다.

(나) **중지미수의 자의성과 자진신고의 구조적 차이** 하지만 리니언시는 형법상 중지미수의 의무적인 감면제도와도 구조적인 차이가 여전히 존재한다. 중지미수는 범행중지의 '자의성'이 — 특히 주관설에 의하면 윤리적 반성에 의할 것을 요구하므로 — 행위반가치의 감소에 중점이 놓여 있는 것과 구별된다. 물론 중지미수의 자의성도 '합법성에로의 회귀' 또는 윤리적 동기나 준법의식과 무관한 '자율적 의사결정'의 의미로 이해되는 경우 자진신고와 자의성 사이에 차이가 사라질 수 있다. 그러나 자진신고를 하는 기업인들이 카르텔형성이나 리니언시의 계산적인 활용에 의해 이윤을 적정한 수준까지(예컨대 수익률 5~7%의 적정이윤) 추구하는 것은 기업가정신에서 이해되는 '경영윤리에는 합치한다'는 의식[124]을 적극적으로 갖는다는 점이 여전히 범행을 자의로 중지하는 미수범의 통상적인 의식과 구분된다.

124) 이렇게 볼 때 카르텔이 적발되어 과징금을 내고 남을 것으로 예상되는 실제수익률(R) [= 총 수익률 - 과징금의 비율] 이라고 하자. 나의 개인적인 생각으로는 ① 10% ≦ R 인 경우의 카르텔형성과 자진신고는 반윤리적, ② 5% ≦ R < 10% 인 경우의 카르텔형성과 자진신고는 비윤리적, ③ 2% ≦ R < 5% 인 경우의 카르텔형성과 자진신고는 심지어 '윤리적'이라고까지 말할 수 있다고 본다.

(3) 결과반가치의 감소와 제재의 완화 이렇게 볼 때 자진신고 등으로 제재가 완화되는 것을 공동행위 불법지수를 나타내는 위의 표로써 설명해보자. 각 행위유형들의 불법은 자진신고를 통해 〔z.6→z.5.5→z.5→z.4.5→z.4→z.3.5→z.3.→z.2〕의 순으로 각기 아래 등급으로 낮아진다. 낮아지는 단계의 등급이 한 단계씩일지 두 단계 이상일지는 구체적인 사안에서 판단할 수밖에 없다. 그러나 여기서는 한 단계씩 낮아진다고 가정해보자.

1) 형사불법적인 카르텔의 자진신고 먼저 형사불법인 카르텔의 경우에는 자진신고로 불법이 — 그 지수가 z.6에서 z.5.5 또는 두 단계 낮은 z.5로 — 감소된다. 이때 두 가지 효과가 발생한다.

㈎ 형사불법의 하한선 아래의 불법과 형면제사유 첫째, 자진신고를 통해 해당 사업자의 카르텔불법은 형사불법의 하한선 아래로 감소하게 된다. 따라서 법 제22조의2가 리니언시를 과징금과 시정조치에 대한 감면만을 규정하고 있지만 그 감면의 근거인 불법(결과반가치)의 감소는 카르텔죄의 경우에도 발생하기 때문에 명문규정이 없어도 사물논리적으로 형벌을 면제하여야 한다. 따라서 자진신고는 카르텔범죄에 있어 마치 중지미수(형법 제26조)처럼 인적 처벌조각사유(persönliche Strafaufhebungsgrund)로서 형이 면세된나.[125] 이런 형면제사유가 있으면 비록 유죄이지만 형면제판결(형사소송법 제322조)을 받게 된다.

㈏ 과징금의 제재여부 둘째, 자진신고에 따른 형사불법의

125) 독일의 입찰담합죄(StGB 제298조 제3항)도 자의로(freiwillig)로 담합의 수락이나 실행을 방해한 자에게 형면제사유를 인정한다는 점도 이런 해석과 같은 방향임을 보여준다.

감소는 중간법적인 불법까지 완전히 제거시키지는 못한다. 예컨대 협정을 맺어 사업자들이 현저하게 가격을 인상하는 공동행위를 하다가 한 사업자가 최초로 자진신고를 하였을 경우에 법시행령 제35조 제1항 1호에 따라 반드시 "과징금 및 시정조치를 면제한다"고 보는 것은 타당하지 않다. 법 제22조의2 제1항은 "감경 또는 면제할 수 있다"고 되어 있으므로 이런 경우에 과징금을 감경하고, 시정조치는 면제하는 법해석을 할 수도 있다. 다만 이때 "할 수 있다"를 임의규정이나 재량규정으로 보아서는 안되고, 자진신고에 대한 법적 보상이 사업자로 하여금 계산적인 합리성의 기초로 작동하는 데 필요한 범위에서는 의무규정으로 보아야 한다. 또한 감경의 범위도 제2순위의 자진신고자처럼 50% 감경으로 고정되지 않고 그보다 넓어(예: 51% 이상 99% 이하) 질 수도 있다.

2) 중간법적인 카르텔불법의 자진신고 카르텔이 원래 과징금을 부과해야 마땅한 불법인 경우에는 자진신고로 불법이 감소되면 사안에 따라 — 그 지수가 z.5.5에서 z.5로 또는 z.5에서 z.4.5로 — 감경되거나 면제되어야 한다. 최초의 자진신고에 대한 감경의 폭은 제2순위의 자진신고자에 대한 감경의 폭(50%)보다 커야 하겠지만 법시행령 제35조 제1항 1호처럼 반드시 면제되기만 하는 것은 아니다.

3) 행정법적인 카르텔불법의 자진신고 자진신고에 따라 행정법적 카르텔불법의 감소는 그 제재조치인 시정조치를 감경 또는 면제하게 할 수 있다. 그러나 이는 논리적 결론일 뿐이고, 시정조치는 경쟁시장구조의 왜곡을 제거하고 장래를 향해 경쟁

상태를 회복하기 위한 조치이므로 원칙적으로 감경되거나 면제될 수 없다. 「공정거래위원회의 시정조치 운영지침」[126]에서 부당한 공동행위자에게 취할 수 있는 시정조치를 보면 합의파기명령, 약정서파기명령, 독자적 가격재결정명령, 담합상품의 가격변동추이의 보고명령 등이 있다. 이 가운데 독자적 가격재결정명령이나 보고명령은 자진신고사업자에게는 면제할 수는 있을 것이다. 그 밖에는 면제가 불가능하고 또한 모든 시정조치는 감경의 대상이 되지 않는다.

4. 카르텔 불법과 경제체계의 통합기제

어떤 카르텔행위가 유형적, 구조적으로 형사불법에 해당하더라도 그 유형과 비형사불법에 해당하는 유형 사이의 경계는 언제나 유동적이다. 구조적 요소만으로 불법유형의 전체를 파악할 수는 없기 때문이다. 구조적 요소로 파악되지 않고 남은 불법요소들은 특히 공정거래위원회와 피심인의 역동적인 상호작용의 전개에 따라 그 내용이 얼마든지 변화한다. 그렇기 때문에 사안의 고유한 특성들을 그때그때 고려하고, 특히 그 사안의 질감(texture)에 대한 정의감정으로서 법감정도 고려하여 형사처벌여부를 정하는 것이 필요하다. 게다가 복잡한 현대사회에서는 경쟁시장질서를 형성하는 데 필요한 제재와 형사사법체계에서 제기되는 고유한 정의요청 사이에는 언제나 간극과 충돌이 존재한다. 여기서 카르텔의 형사불법적 특성의 입증에서의 불확실성을 제거하고, 사안에 대한 시민들의 정의감정을 고려하며, 경제체계와 법

126) 공정거래위원회가 2009.8.12. 고시.

체계 사이의 간극을 메우는 체계통합(Systemintegration)의 달성을 도모하는 절차적 기제가 필요함을 알 수 있다. 그 대표적인 기제가 전속고발제와 동의명령(consent order)이라고 할 수 있다.

(1) 전속고발제 카르텔범죄는 공정거래위원회의 고발이 있어야만 검사가 공소를 제기할 수 있다(제71조 제1항). 이를 전속고발제라고 한다.

1) 카르텔범죄의 고발에서 체계통합의 원리 고발은 공정거래위원회의 권리이며, 그 권리의 행사는 형사정의의 실현이 아니라 경쟁시장질서의 실효적인 구축이라는 목적을 좇는다. 따라서 고발의 1차적 원리는 합목적성이며, 합법성(또는 정당성)은 2차적 원리일 뿐이다. 그러나 합법성(정당성)의 원리가 1차적 원리가 되고, 고발이 공정거래위원회의 의무가 되기도 한다. 즉, 법은 "그 위반의 정도가 객관적으로 명백하고 중대하여 경쟁질서를 현저히 저해한다고 인정하는 경우"에 공정거래위원회에게 고발을 의무화하고 있다(동조 제2항)[127]. 또한 같은 경우에 검찰총장은 공정거래위원회에 통보하여 고발을 요청할 수 있다(동조 제3항). 카르텔범죄가 명백하지 않거나 중대하지 않은 경우 또는 (명백하고 중대하더라도) 경쟁질서를 현저히 저해하지 않는 경우에는 합목적성의 원리가 지배하고 고발은 재량사항이 되는 반면, 법위반이 명백하고, 중대하고 그리고 경쟁질서를 현저히 저해하는 경우에는 합법성의 원리가 지배하고 고발은 의무사항이 된다. 이로써 합목적성과 합법성, 고발권과 고발의무가 서로 조화를 이루

127) 이 조항을 입법하게 한 헌법재판소의 결정으로 헌재결 1995.7.21. 94헌마136 <전원재판부> 참조.

게 되고, 궁극적으로는 경제체계와 법체계의 통합이 도모될 수 있게 된다.

2) 고발의무영역 카르텔행위 가운데 고발이 의무인 경우는 우선 카르텔불법이 형사불법의 실질을 갖춘 경우이다. 첫째, 계약이나 협정과 같은 명시적 합의에 의해 부당한 공동행위를 하고, 경쟁제한효과의 신호(예: 가격의 현저한 인상)가 있었던 경우(앞의 도표 19에서 z.6.)이어야 한다. 이는 법 위반의 명백성과 중대성 가운데 중대성 요건을 충족하는 경우이다. 둘째, 고발의무는 그와 같이 중대한 카르텔행위의 사실이 추정에 의해서가 아님은 물론이고 충분한 증거에 의해 합리적 의심을 남기지 않을 정도로 입증되는 경우이어야 한다. 따라서 합의가 법률상 추정되었거나 경쟁제한이 사실상 추정된 경우는 이 명백성의 요건을 충족하지 못함은 물론이다.

셋째, 카르텔이 명백하고 중대하여도 언제나 "경쟁질서를 현저히 저해"하는 것은 아니다. 경쟁질서저해의 현저성 판단은 거시적인 경쟁정책의 사항에 속한다. 따라서 가격의 현저한 인상과 같은 중·단기적인 경쟁제한효과(의 신호)만이 아니라 그에 따른 효율성증대 효과, 이를테면 "규모의 경제, 범위의 경제, 위험 배분, 지식·경험의 공동활용에 의한 혁신 속도 증가, 중복 비용의 감소 등"[128]도 고려하여 양자를 비교형량하여 규제와 통제의 강약을 조절하는 것이다. 이 비교형량은 카르텔의 구성요건이 아니라 제재법의 차원에서 위치한다.

이때 효율성증대 효과는 글로벌 시장에서 국내사업자의 경쟁

---

128) 「공동행위심사기준」 IV.3.가. 참조.

성 유지를 통해, 외국사업자의 시장지배에 따른 국내소비자의 후생감소를 막는 것도 포함된다. 따라서 수입침투도(내수에서 수입품의 비중)나 관세율의 수준 및 인하가능성 등도 고려하여 판단되어야 한다.

3) 자진신고와 고발 형사불법의 실질을 가지는 카르텔을 한 사업자가 자진신고하여 리니언시의 혜택을 받게 되는 경우에는 그 행위가 "명백하고 중대"하여도 경쟁정책적으로 볼 때 "경쟁질서를 현저히 저해한다고 인정하는 경우"에서 제외시킬 수 있다. 이 제외결정에 대해 검찰은 '형사사법적 판단'으로 해당 사업자까지 공소제기할 수 있다. 또한 형사소송법의 고소불가분원칙도 작동할 수 있다. 하지만 자진신고는 일종의 형면제사유에 해당한다고 보아 법원은 (형법 제26조[중지범]을 유추적용하여) 형면제판결을 내릴 수 있다.

[리니언시의 형사법적 효과] A사·B사·C사는 설탕 가격에 대해 담합을 하였지만, 아직 공정거래위원회에 의해 적발되지 않고 있었다. 그러던 중 A사는 「독점규제 및 공정거래에 관한 법률」에 의해 담합한 당사자가 자진신고를 하는 경우 시정조치 및 과징금을 감면받을 수 있다는 사실을 알고, B사 및 C사와의 담합사실을 공정거래위원회에 자진신고 하였다. 이에 공정거래위원회는 B사와 C사에 대해서는 각각 1억원의 과징금을 부과하고 검찰에 고발하였으나, 자진신고자인 A사에 대해서는 과징금을 면제해 주었을 뿐 아니라 검찰고발도 하지 않았다. 그러나 검찰은 형사소송법 제233조의 "고소의 불가분원칙"을 이유로 A사에 대해서도 공범자로 기소하였다. ① 이에 대해 서울지방법원은 독점규제 및 공정거래에 관한 법률상 고발은 형사소송법상 고소와 소송조건이라는 점만 일치할 뿐 입법취지, 주체 등 여러 가지 점에서 다르다고 보았다. 또

한 독점규제 및 공정거래에 관한 법률상 고발의무가 생기는 기준인 법위반의 중대, 명백성 및 경쟁질서 저해 정도는 같은 범죄사실에 참여한 각 사업자라도 시장지배율, 참여정도 등에 따라 달라질 수 있으므로, 같은 부당한 공동행위에 참가한 여러 사업자별로 고발의무 여부가 달라질 수 있고, 위와 같은 법규정의 취지에 비추어 보면 공정거래위원회가 고발을 하지 않을 권한에는 공범 중 일부에 대하여만 고발을 면제하는 권한도 포함된다고 보이므로, 유추적용이 독점규제 및 공정거래에 관한 법률의 해석과 모순되는 점도 있다는 것이다. 따라서 독점규제 및 공정거래에 관한 법률상 고발에 형사소송법상 '고소불가분'에 관한 규정을 유추적용할 수 없다고 보았다.[129] ② 물론 고소를 하지 않는 것은 공정거래위원회의 경쟁정책적 결정에 속하는 것이지만, 검찰은 사법적 판단으로 그 담합의 명백·중대성을 고려하여 형사소송법상 고소불가분원칙(제 조)에 따라 소추조건도 충족되어 공소를 제기할 수 있다고 본다. 경쟁정책적 결정과 사법적 판단의 차이, 경제체계와 법체계의 간극을 조정하는 기제는 법원이 형면제판결을 내리는 것이다.

(2) 동의명령제 동의명령제란 공정거래법 위반사건의 피심인이 혐의 사실을 인정하고 시정방안을 제안할 경우 공정거래위원회가 그 타당성 여부를 검토한 후 피심인과의 합의를 통해 조치방안을 결정하는 제도이다.[130] 마이크로소프트 사건을 계기로[131] 한미 FTA에서 합의된[132] 동의명령제를 입법한 공정거래

129) 서울중앙지방법원 2008.6.13.선고, 2008노842판결 참조.

130) 미국의 연방거래위원회(FTC)가 관할하는 동의명령(consent order)에 관해서는 E. Thomas Sullivan/Herbert Hovenkamp, *ANTITRUST LAW, POLICY AND PROCEDURE: CASES, MATERIALS, PROBLEMS* (LexisNexis, 2003), 147~152쪽.

131) 윤세리, "세계화시대의 공정거래법의 전개방향", *저스티스* (통권 제98호, 2007), 8쪽.

132) 2007년 4월에 타결된 한미 FTA협정은 "각국은 경쟁법 집행당국에 행정

법개정안은 카르텔을 적용대상에서 제외하고 있다(법 제51조의2). 그러나 이런 제외는 타당하지 않다. 카르텔이 시장지배제위남용보다 경쟁시장을 더 왜곡하는 것도, 또한 개별 불공정거래행위보다 더 '직접적으로' 소비자의 편익을 해하는 것도 아니기 때문이다. 또한 소송으로까지 갈 경우 승패가 불확실한 영역에서만 당사자들은 동의명령제를 이용하려 할 것이다. 카르텔의 심사에서는 특히 합의여부가 명확하지 않고, 거시적 경쟁제한에 대한 판단이 불확실하기 때문에 동의명령에 의한 경쟁질서의 확립과 신속한 소비자보호조치가 더 바람직할 수도 있다. 물론 카르텔이 명백하고 중대하고, 경쟁질서가 현저히 저해되는 경우에는 동의명령제를 적용하지 않아야 한다. 이러한 적용배제는 명백성 · 중대성 · 현저성의 요건충족여부를 판단하는 데 드는 공정거래위원회의 조사비용이 매우 적게 드는 예외적인 사안에서만 인정되어야 한다.

적 또는 민사적 집행조치를 상호 합의하에 의해 해결할 수 있는 권한을 부여하여야 한다. 국가는 그러한 합의가 사법적 승인을 거쳐야 함을 규정할 수 있다"는 조항을 담고 있다.

출처와 생성

제3장은 최근 영남법학(제31호, 2010, 27~67쪽)에 게재한 "시장지배지위남용의 형법적 적정규제"를 — 양적으로 1.5배가량 — 보완한 글이다. 이 보완의 과정에는 2008년 제자들(지유미·박혜림)과 함께 펴낸 기업윤리와 법(법문사, 2008)에서 다뤄진 담합이나 리니언시에 관한 내용이 다시 참조되고 활용되었다.

제 3 장

시장지배적 지위남용과 형법

Ⅰ 시장지배지위남용죄의 현황

1. 시장지배지위남용죄의 구성요건

「독점규제 및 공정거래에 관한 법률」(이하 '법')은 시장지배자가 그 지위를 남용하는 행위(Abuse of market dominance)를 금지한다(제3조의2).

(1) 구성요건의 형성 이 지배남용행위의 대표적인 유형으로는 가격남용(제3조의2 제1항 1호), 부당한 출고조절(2호), 부당한 사업활동방해(3호), 신규진입방해(4호), 기타 소비자이익의 현저한 저해(5호) 등이 있다. 동법시행령 제5조는 법 제3조의2 제2항의

위임에 의해 남용행위의 유형과 기준을 정하고 있다. 또한 법시행령 제5조 제6항의 위임에 의해 공정거래위원회가 고시한 각종 심사기준(예: 「시장지배적지위남용행위 심사기준」)은 남용행위의 유형과 기준을 더 구체적으로 정하고 있다.

[시장지배지위남용죄의 구성요건형성 예시] 가령 법률 제3조의2 제1항 제3호는 "다른 사업자의 사업활동을 부당하게 방해하는 행위"를 금지하고, 시행령 제5조 제3항은 이 행위의 4가지 유형을 규정하는데 예컨대 제3호는 "정당한 이유없이 다른 사업자의 상품 또는 용역의 생산·공급·판매에 필수적인 요소의 사용 또는 접근을 거절·중단하거나 제한하는 행위"를 규정한다. 또한 공정거래위원회가 고시한 시장지배적지위남용행위 심사기준 IV.3. 다.(1)은 시행령 제5조 제3항 제3호의 한 경우로 '부당하게 특정 사업자에 대하여 거래를 거절하는 경우'를 규정한다. 이로써 법률 제3조의2 제1항 제3호의 부당한 사업활동방해행위는 '시장지배적사업자가 부당하게 특정 사업자에 대한 거래를 거절함으로써 그 사업자의 사업활동을 어렵게 하는 행위'로 구체화된다. 이런 행위를 한 자는 법률 제66조 제1항 제1호에 의하여 3년 이하의 징역 또는 2억원 이하의 벌금에 처한다. 아래 그림은 이를 나타내준다.

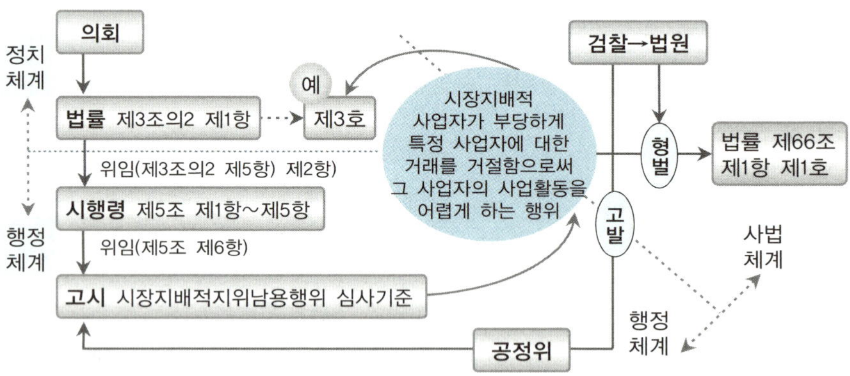

도표 21: 시장지배지위남용죄의 구성요건 형성 구조

법 제66조 제1항 제1호는 시장지배지위남용행위에 대하여 "3년 이하의 징역 또는 2억원 이하의 벌금"에 처하고 있다. 이로써 시장지배지위남용은 중범죄[1]의 하나가 된다.

(2) 불법의 비교 이러한 시장지배지위남용죄의 법정형은 형법상 강요죄(형법 제324조)의 "5년 이하의 징역"보다는 가볍지만 부당이득죄(제349조)의 "3년 이하의 징역 또는 1천만원 이하의 벌금"보다는 무겁다. 시장지배지위남용죄는 힘의 불균형 상태를 이용하여 경제적 이득을 취하는 범죄라는 점에서 부당이득죄와 그 '도덕적 구조'가 매우 유사하고, 공정한 경쟁행위를 하려는 자로 하여금 공정경쟁을 하지 못하도록 만든다는 점에서 강요죄의 불법유형과 부분적으로 유사성이 있다. 물론 시장지배지위남용죄는 실행행위로서 폭행 또는 협박을 사용하지 않으며, 개인적 법익을 침해하는 범죄가 아니라 공정경쟁질서라는 보편적 법익을 위태롭게 하는 추상적 위험범이라는 점에서 강요죄와는 큰 차이가 있다.

2. 시장지배지위남용죄의 집행결손

(1) 과도한 탈규제정책 시장지배지위남용사건은 전체 공정거래법위반 사건에서 약 2% 비중을 차지하고 있다. 이에 대한 제재조치로는 시정명령이 연평균 2.21건(전체처리사건의 79.5%), 과징금이 연평균 1.21건(전체처리사건의 43.5%) 부과되고 있다. 이에 비해 형사고발조치는 연평균 0.1건이며 전체처리

1) 미국 셔먼법 제2조(독점화죄)에서도 시장지배지위남용행위는 중죄(felony)를 구성한다.

사건 가운데 3.8%의 미미한 비중을 차지하고 있지만, 이것마저도 1998년 3건이 고발조치된 것을 빼면 0%에 해당한다. 아래 표[2]는 이를 보여준다.

	전체 공정거래 법위반사건 중 시장지배적 지위 남용 사건의 비중(2008년)	시장지배적 지위 남용 사건에서 조치 유형별 건수 및 비율 (1981-2008)		
		고발	과징금 (병과 포함)	시정명령
건수	33건 /1646건	총 3건[3] 연평균 0.1건	총 34건 연평균 1.21건	총 62건 연평균 2.21건
비율	2%	3.8%	43.5%	79.5%

도표 22: 시장지배지위남용사건처리의 통계

이런 집행결손은 공정거래위원회에 의해 시장지배지위남용행위가 탈규제정책의 수준을 넘어서 사실상 비범죄화되었다고 말할 수 있게 한다.[4] 사실상 비범죄화되었지만 형벌법규는 그대로 남아 있을 때, 그 형벌법규는 단지 형법이 공정거래질서를 지향한

2) 이 표의 통계는 *2008년 공정거래위원회 통계연보* (공정거래위원회, 2009)에 있는 자료를 갖고 만든 것임.

3) 고발 3건은 모두 1997년 경제위기 직후인 1998년도 조치한 것이고, 그 이후는 없었음.

4) 이런 탈규제정책은 미국에서도 마찬가지이다. Joseph C. Gallo, Kenneth G. Dau-Schmidt/Joseph L. Craycraft and Charles J. Parker, "Criminal Penalties under The Sherman Act: A Study of Law and Economics", *Research in Law and Economics* (Volume 16, 1994), 25~71쪽의 경험적 분석에 따르면 1955~1993년 사이에 셔먼법(Sherman Act)상 독점지위남용(Monopolization)을 형사사건으로 기소된 경우는 1961년 1건, 1964년 1건, 1973년 2건, 1974년 2건이다. 그러나 1975년 이후로는 독점지위남용을 형사사건으로 다루지 않음으로써 명확하게 탈규제적 형법정책의 경향을 보여준다.

다는 상징성만을 갖게 된다. 그렇기에 시장지배지위남용죄는 사실상 상징형법(symbolisches Strafrecht)이 되었다고 말할 수 있다.

(2) 현실의 상징성과 상징의 현실성 상징형법이란 형법이 기획한 것을 실제로는 실현하지 않거나 못하면서 실현할 수 있다는 상징만 유지하는 형법이다.[5] 상징형법은 주로 보편적 법익을 보호하고, 추상적 위험범의 구성요건형식을 띤다.

1) 상징형법성 여기서 시장지배지위남용죄를 상징형법이라고 말하는 것은 형법이론적으로 다음 두 가지 의미를 갖는다. 첫째, 시장지배지위남용죄를 엄정하게 집행하더라도 그 집행비용에 비하여 공정경쟁질서의 확립 효과가 별로 크지 않은 경우에 시장지배지위남용죄는 단지 비효율적인 형법이 될 뿐이다. 이렇게 비효율적인 형법일지라도 시장지배지위남용죄가 없을 경우에 공정경쟁질서가 더욱 더 위태로워질 수도 있다. 그런 경우라면 시장지배지위남용죄는 공정경쟁질서를 실현하는 데 여전히 없어서는 안되는 '필요'수단이 된다. 이처럼 비효율적이지만 필요한 형법은 광의의 상징형법이 된다. 둘째, 시장지배지위남용죄는 비효율적일 뿐만 아니라 공정경쟁질서의 위태화방지에 전혀 도움을 주지 못하는 수단일 수도 있다. 그럴 경우 시장지배지위남용죄는 가장 전형적인 상징형법, 협의의 상징형법이 된다. 우리나라에서 집행결손의 현실은 위 통계에서 보는 바와 같이 시장지배지위남용죄가 사실상 협의의 상징형법인 듯한 인상을 준다.

5) 이에 관해 자세히는 M. Voß, *Symbolische Gesetzgebung* (Ebelsbach 1989); W. Hassemer, "Symbolisches Strafrecht und Rechtsgüterschutz", *NStZ* (Heft 12, 1989), 553쪽 아래 참조.

2) 하이퍼리얼의 창출여부 그러나 시장지배지위남용죄가 공정거래질서의 상징을 창출하는 데 실질적인 기능을 하지 않는 것일지라도, 그 상징이 또 다른 차원의 현실을 만들어 내는 것인지를 살펴보아야 한다. 예컨대 증권시장의 공정성을 실현하는 데는 주가조작죄나 내부자거래죄가 역시 충분한 수단이 되지 못하지만, 법이 기능한다는 상징성으로 인해 특히 소액투자자들의 증권시장이탈이 심리적으로 상당한 수준으로 방지될 수 있다. 그래서 증권형법은 증권시장의 공정성이라는 '하이퍼리얼('Hyperreal)을 만들어내는 코드가 된다. 이처럼 법적 코드에 의한 하이퍼리얼의 창출(작업)을 시뮬라시옹이라고 부른다.[6] 다시 말해 증권시장의 공정성은 실재가 아니며, 실재를 모사하는 이미지(또는 가상현실)도 아니고, 그 둘 사이의 경계를 지울 수 없는 현상으로서 '실재적 이미지'가 된다. 이런 점에서 주가조작죄나 내부자거래죄는 상징형법이라는 개념이 어울리지 않는다. 왜냐하면 이때의 상징은 실제와 구별되는 것이 아니라, 실제 바로 그것이 되는 것이기 때문이다.

그러면 시장지배지위남용죄가 협의의 상징형법이고, 그 죄가 창출하는 상징이 공정거래질서에 어떤 현실적 기능을 수행하는지를 바라볼 필요가 있다. 시장지배지위남용죄는 주가조작죄처럼 수사절차에 넘겨지는 사례가 거의 없고, 일반시민들도 그 존재를 잘 알지 못한다. 게다가 그 죄가 없다고 하여 공정거래질서, 즉 경쟁적 시장구조를 형성하려는 시장참여자가 급격히 줄어드는 것도 아니다. 그런 점에서 시장지배지위남용죄는 시뮬라시옹의

6) 이에 관해 자세히는 장 보드리야르(Jean Baudrillard)/하태환 역, *시뮬라시옹: 포스트모던 사회문화론* (민음사, 1992), 12~13쪽.

효과가 없다고 보아야 한다. 그렇기 때문에 시장지배지위남용죄는 공정경쟁질서를 실현하는 효율적 수단이거나 적어도 최소한의 필요수단으로서 자리매김될 수 있을 때에만 그 존속이 정당화될 수 있다.[7]

3. 근본관점의 차이

시장지배지위남용죄를 상징형법으로 만들어 버린 집행결손을 바라보는 근본관점은 사회집단에 따라 큰 차이가 있다. 이를테면 전경련이나 경총의 기업친화적 입장과 각종 시민단체들의 (대)기업비판적 입장 사이의 차이를 들 수 있다.

(1) 비범죄화의 관점 첫째, 기업친화적 입장은 시장지배지위남용죄의 사실상 집행결손에도 불구하고 이미 시장지배지위자에 의한 공정경쟁질서의 위태화는 형법적 통제가 필요하지 않을 만큼은 방지되고 있다고 본다. 즉, 시정명령이나 과징금과 같은 제재에 의해서 이미 시장지배지위남용에 대한 통제가 충분하다고 보는 것이다. 이런 관점에서 보면 시장지배지위남용죄는 과잉규제의 법이 되고, 헌법상 과잉금지원칙에 위배될 수 있다. 그러므로 시장지배지위남용죄는 궁극적으로 폐지하는 것이 바람직하다고 보게 된다.

7) 여기서 필요수단으로 자리한다는 것의 의미는 빈번한 적용을 배제하지만 그래도 그 죄의 규범이 살아 있음을 확인하는 판례가 때때로 나올 것을 요구한다. 예컨대 부당이득죄도 경제활동의 자유를 훼손할 위험이 크기 때문에 매우 제한적으로만 적용되어 왔다. 1972년 판례(대판 72도1803) 이후 약 28년 만인 1999년에 다시 적용되었고(대판 99도4560), 다시 5년 만에 최근 4건이 적용되었다(대판 2004도3393; 2004도7866; 2004도7866; 2004도4239 참조).

(2) **범죄화의 관점** 둘째, 이에 반해 기업비판적 입장은 현실의 시장은 시장지배력을 가진 자와 그렇지 않은 자 사이에 자유로운 경쟁을 제대로 보장해주지 못한다고 본다. 시정명령이나 과징금으로는 이런 보장을 기약할 수 없고, 시장지배지위남용죄와 같은 형법이 효과적인 수단이 된다. 이런 관점에서 보면 현행 시장지배지위남용죄는 오히려 과소규제의 법이 되고, 공정거래질서는 과소보호의 상태에 놓여 있는 것이 된다. 그러므로 시장지배지위남용죄는 지금보다 더 엄정하게 집행되고, 더 강화되는 것이 바람직하다고 보게 된다.

이와 같은 근본관점의 차이는 유럽과 미국의 법제 사이에서도 찾을 수 있다.[8] 유럽연합의 경쟁법(EC 제82조)은 시장지배지위남용의 금지만을 규정하고, 형벌부과 여부는 개별 회원국에게 내맡겨두고 있다. 대표적인 회원국인 독일 경쟁제한방지법(Gesetz gegen Wettbewertsbeschrängkungen)[9] 제81조는 시장지배지위남용(Mißbrauch einer marktbeherrschenden Stellung)에 대해 (고의뿐만 아니라 과실[10]로도 가능한) 질서위반범으로서 범칙금(Bußgeld)만을 규정한다. 다만 1997년 형법전에 '경쟁에 대한 범죄의 장'이 신설되

8) 이런 차이의 근본원인으로 미국과는 다른 경제체제, 즉 사회적 시장경제체제를 채택한 독일의 질서자유주의(Ordolibaralism)를 지목되기도 한다. 이에 관해 Heike Schweitzer, "The History, Interpretation and Underlying Principles of Section 2 Sherman Act and Article 82 EC", *12th Annual Competition Law and Policy Workshop* (Robert Schuman Centre, 8-9 June 2007)의 Proceedings, 41쪽.

9) 이 법에 관해 전반적인 고찰과 우리나라 법제에 대한 시사점을 다룬 유진희, "독일 경쟁법의 동향과 그 시사점 - 독일 경쟁제한금지법 제6차 개정을 중심으로 -", *경영법률* (제10집, 1999), 451~473쪽 참조.

10) 다만 독일에서도 이 점에 비판적인 견해(Hans Achenbach, "Das neue Recht der Kartellordnungswidrigkeiten", *wistra* (1991), 241~242쪽)도 있다.

어, 특히 카르텔범죄(제298조)만이 형사범죄로 취급되고 있다. 경쟁제한방지법상의 범칙구성요건들은 매우 비체계적이고 혼돈에 빠져 있다고 비판받지만, 대체로 실체법적 규정에 중대한 위반행위들은 최고 100만 유로의 범칙금으로 제재될 수 있고, 경쟁당국에 대한 신고 등의 의무위반행위는 최대 10만 유로의 범칙금으로 제재된다.[11] 이에 반해 미국에서는 2004년 제정된 Antitrust criminal penalty enhancement and reform act (2004) SEC. 215 (b)에 의하면 셔먼법 제2조(독점화죄)에 위반한 범죄에 대해 벌금형을 대폭으로 — 법인은 1,000만 달러에서 1억 달러, 개인은 35만 달러에서 100만 달러로 — 높이고, 징역형도 3년 이하에서 10년 이하로 높였다.

(3) 적정형법 법은 언제나 양 극단 사이에 위치하는 것(inbetweenness)일 때 적정한 것일 수 있다. 즉, 시장지배지위남용죄에 의한 기업활동의 규제가 적정규제가 되려면 시장지배지위남용죄는 완전히 비범죄화되어서는 안 되며 동시에 시장지배지위남용을 규제하는 실효적인 수단의 대표가 되어서도 안 된다. 적정규제의 이념은 이 둘 사이를 왔다 갔다 해야 한다. 이는 시장지배지위남용죄를 폐지하지는 않되, 형사불법의 성격을 잃지 않도록 매우 제한적으로 해석하고, 범죄적인 시장지배지위남용에 대해서는 형벌권을 관철하는 방향을 말한다.

Ⅱ 시장지배지위남용의 불법유형

시장지배지위남용죄가 사실상 상징형법이 되어버린 현실에 대한 반성은 그 범죄구성요건이 프로그래밍한 불법의 실질이 유형

11) Heinz-Bernd Wabnitz/Thomas Janovsky, *Handbuch Wirtschafts- u. Steuerstrafrechts, 3. Auflage* (C.H.Beck, 2007), III.3. Rn. 61~62 참조.

적으로 무엇이며 어떤 특성이 있는 것인지를 살펴보는 데서 출발한다. 아래서 불법의 실질과 유형은 보호법익을 중심으로, 그리고 그 특성은 불법의 불명확성을 중심으로 살펴본다.

1. 보호법익

시장지배지위남용죄가 보호하고자 하는 법익은 궁극적으로는 공정거래질서이다. 여기서 공정거래질서란 "공정하고 자유로운 경쟁을 촉진함으로써 창의적인 기업활동을 조장하고 소비자를 보호함과 아울러 국민경제의 균형있는 발전"(제1조)이라는 목적을 달성하기에 적합한 시장질서를 말한다.

(1) 경영효율성과 소비자 후생의 조화 공정하고 자유로운 경쟁이란 '경쟁적 시장구조'의 달성(a), '기업활동의 조장'은 '경영의 효율성'(efficiency)(b) 그리고 '소비자보호'는 소비자의 '후생'(welfare)(c)으로 옮길 수 있다. 여기서 말하는 소비자보호는 후생경제학적 의미, 즉 파레토최적상태에서 달성되는 자원배분의 효율성(allocative efficiency)이 소비자에게 가져다주는 이익의 총합을 의미한다.[12] 이와 같은 경영효율성(b)과 (소비자)후생(c)은 서로 긴장과 대립의 관계에 놓이기 쉽다. 기업의 수익극대화는 소비자의 희생을 요구하기 쉽고, 소비자 편익의 극대화는 기업의 희생을 요구하기 쉽기 때문이다.

1) 경쟁적 시장구조에 의한 조화 이 두 법익을 조화시키는 제3의 기제가 '경쟁적 시장구조'(a)이다. 경쟁적 시장구조는

12) 같은 취지로 김두진, "시장지배적 지위의 남용", *한국비교사법학회* (제14권 1호, 2007), 222쪽.

양면적이다. 첫째, 경쟁적 시장구조는 시장을 지배하는 기업의 이익을 견제하지만, 힘없는 기업의 이익을 촉진한다. 둘째, 경쟁적 시장구조는 독과점 시장보다는 소비자후생을 촉진하지만, 복지국가의 기획과 비교하면 소비자 후생을 외면한다고 볼 수 있다. 이렇게 양면적인 기능을 하는 경쟁적 시장구조(a)는 경영효율성(b)과 소비자후생(c) 사이의 긴장과 대립 속에서 현실적으로 벌어지기 쉬운 불균형을 교정한다. 이런 교정을 제1조는 "국민경제의 균형있는 발전"(d)이라고 표현하고 있다.

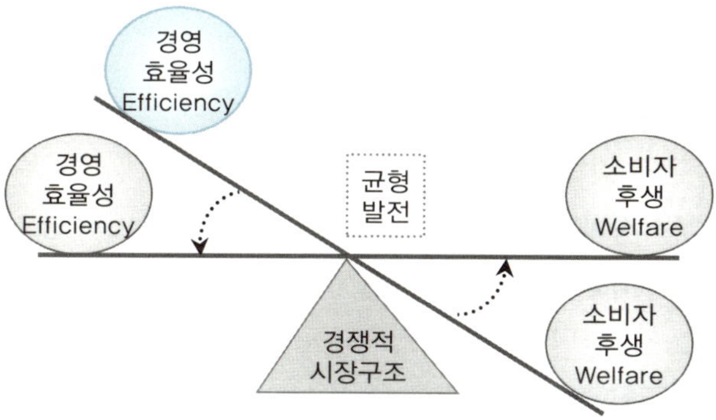

도표 23: 효율성과 소비자후생 및 경쟁적 시장구조의 관계

2) 공정성의 결과 여기서 경쟁적 시장구조는 단지 두 이익간의 불균형을 교정할 뿐만 아니라 그 둘 사이의 긴장과 대립을 상호수렴적인 관계로 변화시킨다. 즉, 한편으로 경영효율성은 경쟁적 시장구조의 틀 속에서 사회적 총효용을 극대화하여 궁극적으로 소비자에게 귀속될 재화의 크기를 증대시키면서, 다른 한편으로 소비자 후생은 경쟁적 시장구조의 틀 속에서 사회적 총비용을 최소화하여 궁극적으로 기업의 경영효율성을 증대시키는

것이다. 바로 이런 상태를 시장의 공정성(fairness)이라고 부를 수 있다.[13] 공정거래법의 "공정"은 바로 이런 의미이다.[14]

(2) 경쟁적 시장구조의 의미 형법은 공정거래법이 기업의 경영효율성과 소비자후생의 균형을 경쟁적 시장구조의 확립을 통해서 실현할 것을 요구함으로써 형법적 보호법익이 방만해지지 않게 한다. 그러나 경쟁적 시장구조의 의미는 매우 불확실하며, 통일적인 개념도 아니다.[15] 또한 경제학적 분석은 물론 유용하지만 어떤 경제학이론도 경쟁적 시장구조를 판단하는 기준을 법적 결정에 작동시킬 수 있는 형태로 마련해주지는 못한다.

1) 사안특수성 시장지배지위남용행위의 전형적인 유형에 속하는 끼워팔기(결합판매)의 예로 설명해보자. X시장의 지배자가 그 상품에 Y시장에 속하는 상품을 결합하여 판매하면, 일종의 '지렛대효과'(leverage effect)에 의해 Y시장에서의 자유 경쟁을 제약하기 쉽다고 판단할 수 있다.

---

13) 미국의 법경제학자들이 후생(Welfare)과 대립항으로 설정되는 공정성 개념(대표적으로 Louis Kaplow and Steven Shavell, "Fairness versus Welfare: Notes on the Pareto Principle, Preferences, and Distributive Justice", *Harvard Law and Economic Discussion Paper* (No. 411, 2003), 1~23쪽 참조)은 주로 자유주의적 시장경제를 지탱하는 대칭성, 일관성, 책임원칙과 같은 황금률 등에 관계된 것이다. 따라서 내가 말하는 공정성은 후생과 대립항적인 공정성이 서로 변증된 상태를 가리킨다.

14) 우리나라 법의 규제이념은 자유시장과 효율성을 중시하는 시카고학파(the Chicago School)의 영향이 있기 이전, 즉 19세기 후반부터 1960년대까지 미국의 반독점정책의 이념적 좌표와 비슷하다고 보기도 한다. 이런 견해로 조성혜, "미국의 독점금지와 기업결합의 제한 -셔먼법 제2조와 클레이튼법 제7조를 중심으로", *비교사법* (제9권 제2호, 2002), 445~446쪽.

15) 독일에서도 경쟁(Wettbewerb) 개념은 통일적 개념이 아니고, 개별 규범의 목적과 의미연관에 따라 다양하게 변화한다. 이에 관해 Christian Müller-Gugenberger, *Wirtschaftstrafrecht, 3. Auflage* (Aschendorff Rechtsverlag, 2000), §57-5 참조.

[윈도우미디어플레이어 끼워팔기사건] MS사는 윈도우 98에 윈도우미디어플레이어(WMP)를, 2000년 윈도우 Me와 2001년 윈도우 XP에 MSN메신저를 결합하여 판매하였다. MS사는 PC운영체제시장(X시장)의 시장지배자이다. 공정거래위원회는 이와 같이 다른 시장(Y시장)에 속하는 미디어플레이어나 메신저를 끼워파는 것은 시장지배적지위남용행위(제66조, 제3조의2 제1항)에 해당한다고 보고, 시정명령과 과징금을 부과했다.[16)]

그러나 X시장의 지배자(MS사)에 의한 Y시장 상품의 끼워팔기(예: WMP)에도 불구하고 Y시장(미디어플레이어시장)에서 자유로운 경쟁의 시장구조는 깨지지 않을 수 있다. 오늘날 미디어플레이어 시장에서 MS사의 결합상품보다 G사의 미디어플레이어가 지배하는 현실은 이를 보여준다.

여기서 두 가지 점이 주목된다. 첫째, 자유로운 경쟁을 제약하는지 여부는 행위시점에서 미래를 향해 '사전적으로'(ex ante) 판단해서는 인식하기가 어렵고 대부분 재판시점, (또는 그보다도 더 늦은 시점에 가서야 비로소) '사후적으로'(ex post) 판단될 수밖에 없다. 둘째, 이 사후적 판단에 의하더라도 어떤 행위가 있을 때 경쟁적 시장구조를 깨뜨리게 되는 것인지에 관해 법적으로 사용가능한 규칙(법칙성)을 세우기 어렵다는 것이다. 그런 점에서 여기서 경쟁적 시장구조의 법적 의미는 철저하게 구체적 사안에서야 비로소 정해지는 것(fallimprägnant)임을 알 수 있다.[17)]

16) 공정거래위원회는 시정명령으로 프로그램 분리명령, 윈도우-MSN 메신저간 상호연동 금지명령 및 경쟁제품 탑재명령 등과 약 330억원의 과징금을 부과하였다. 자세히는 공정거래위원회 2006.2.24, 2002경촉0453(의결 제2006-042호) 참조.

17) 이를 "사안중심의 공정성"(situation-specific-fairness)라고 부를 수도 있

2) 경쟁적 시장구조의 도덕적 차원 그렇기 때문에 자유로운 경쟁을 해치는지, 즉 경쟁제한성을 시장구조의 형태나 변형 여부가 아니라 시장구조 밖에 놓여 있는, 특히 법적 결정의 기준으로 삼기 쉬운 도덕적 성격의 (시장)외재적 기준을 설정하게 된다. 즉, 법문의 "공정하고 자유로운 경쟁"(제1조)에서 공정하다는 것은 시장구조의 공정성이 아니라 사업자의 행위 차원에서 모종의 도덕적 요소를 가리키기 쉽다.

(가) 지배성과 서비스융합 예컨대 공정거래위원회가 MS사의 결합판매를 두고 Y시장에서 공정한 경쟁을 해친다고 본 것은 그 사업자가 X시장(예: PC운영프로그램시장)의 지배자라는 점을 고려한 결과이기 쉽다. 지배자의 끼워팔기는 비지배자의 끼워팔기보다 비도덕적인 것이다. 이런 비도덕성을 상쇄시키는 도덕적 요소가 이른바 상품이나 서비스의 융합(convergence)이라는 토포스이다.

상품이나 서비스의 컨버젼스는 — 비록 시장지배자에 의한 끼워팔기라 할지라도 — 시장지배자(예: MS사)의 경영효율성뿐만 아니라 소비자의 편익도 함께 높이기 때문에, 그 비도덕성을 상쇄시키게 된다. 이런 상쇄가 있는 한, 시장지배지위남용죄의 보호법익은 더 이상 침해(위태화)된다고 말할 수 없다. 따라서 위 MS사의 결합판매는 시장지배지위남용죄에 해당할 수 없게 된다.

> [단일상품과 컨버젼스의 구별] 상품들의 결합판매가 윈도우와 인터넷 웹브라우저나 IP-TV처럼 '기능적으로 통합된 상품'(단일상

다. 이 개념의 출처로 Steven Semeraro, "The Efficiency and Fairness of Enforced sharing: An Examination of the Essence of Antitrust", *Kansas Law Review* (Vol. 52, 2003), 47쪽 참조.

품)을 형성한다면 결합판매는 새로운 시장을 형성하는 행위가 되지 기존의 시장을 지배하는 사업자의 끼워팔기가 되지 않는다.[18] 단일상품(통합상품)이 되려면 구매자들이 따로 구입하고, 스스로 결합하여 사용할 경우에 구매자들에게 발생할 이익이 없어야 한다. 이에 비해 컨버젼스는 단일상품과 동일한 개념으로 사용되기도 하지만, 다소 다르게 이해되어야 한다. 즉, 상품의 컨버젼스는 비록 구매자가 따로 구입하고 스스로 결합하는데 구매자의 이익이 존재할지라도 결합하여 제공되면 따로 구입하여 얻을 수 있는 이익과 다른 별개의 이익이 구매자에게 추가로 제공되는 경우를 가리킨다.

(나) **시장을 넘나드는 경쟁** 여기서 컨버젼스의 사업행위는 (형)법적으로 합법화된다. 물론 다른 시장에의 진출이 아무런 '산업연관성'도 없이 이루어지는 문어발식 사업확장(재벌)은 컨버젼스가 아니어서 비도덕성을 상쇄시키는 효과도 인정되지 않는다. 여기서 보면 경쟁적 시장구조는 이제 단지 한 시장 안에서 사업자들이 자유로운 사업활동을 통해 시장을 점유해가는 기회를 균등하게 누릴 수 있는 시장구조를 의미하는 데에 그치지 않음을 알 수 있다. 자유로운 경쟁이란 기존의 시장활동을 통한 사업능력을 활용하여 다른 시장에 진출할 자유를 포함하는 경쟁을 의미한다. 이를테면 X시장의 지배자가 그 지배력을 이용하여 Y시장에 결합상품으로 (또는 Y시장의 기업 인수합병을 통해) 진입할 가능성에 맞서 정반대로 Y시장의 지배자가 그 지배력을 이용하여 (또는 X

18) 예를 들어 MS사가 인터넷 브라우저와 Window95를 결합 판매한 것을 들 수 있다. 이 결합판매를 시장지배지위남용으로 보지 않은 Unites States v. Microsoft Corp, 147 F.3d 935(D.C. Cir. 1998) 참조; 또 다른 예로 IP-TV는 디지털케이블방송과 IP망을 통한 콘텐츠 서비스가 결합하여 하나의 단일상품이 된다. 이런 단일상품성에 관해 이춘·조영주·김도식, "디지털 TV에서의 컨버전스기술", *전자공학회지*(제35권 제2호, 2008), 45쪽.

시장의 기업 인수합병을 통해) X시장에 진입할 가능성이 있다면 경쟁적 시장구조는 유지되는 것이다.

> 이를테면 케이블방송시장(X시장)의 지배자가 방송서비스와 인터넷망서비스를 결합하여 판매하여 인터넷망서비스 시장(Y 시장)에 진입할 가능성에 맞서 인터넷망서비스시장의 지배자가 방송서비스를 결합하여 판매함으로써 방송시장에 진입할 가능성이 있다면 X시장과 Y시장의 경쟁적 구조는 깨지는 것이 아니다. 물론 IP-TV처럼 결합상품이 새로운 단일한 상품시장을 형성하면 결합판매는 시장지배지위남용에 속하는 끼워팔기에 해당하지 않게 된다.

그러므로 자유로운 시장 위에서 기업들 간의 경쟁은 "하나의 시장 안에 갇힌 경쟁이 아니라 오히려 시장을 넘나드는, 새로운 시장을 창출해가는 경쟁"[19]이 된다.

(3) 소비자주권 형법이 합법화해야 하는 컨버전스의 사업행위는 비록 문어발식 사업확장에 의한 재벌의 형성을 포함하는 것은 아니지만, 대기업(집단)에 경제력이 집중되게 할 여지는 있다.

1) 소비자주권의 의미 그러나 경제력 집중 자체가 경쟁적 시장구조의 왜곡이나 소비자후생의 감소를 가져오는 것은 아니다. 대기업의 경제체제에서도 — 물론 독점규제법에 의한 경제력집중을 규제하는 제도들에 힘입어서 — 시장은 여전히 경쟁성을 유지하고, 경영효율성과 소비자후생을 동시에 높이는 것이 가능하기 때문이다.

(가) 대기업과 소비자의 비대칭성 교정 그러므로 대기업중심의

---

19) 이상돈 · 지유미 · 박혜림, *기업윤리와 법* (법문사, 2008), 96쪽.

경제인가 중소기업 중심의 경제인가 하는 것은 각국마다 다를 수 있는 기업문화의 문제라고 보아야 한다. 다만 대기업의 사업활동이 소비자후생을 높일지라도 대기업과 소비자가 힘의 관계에서 너무나 '비대칭적'(asymmetric)이라는 점이 문제이다. 일반소비자는 대기업이 계획 생산한 상품과 서비스의 수동적인 소비주체로만 자리잡기 쉽다. 여기서 공정거래법은 개인을 수동적인 소비주체의 지위에서 능동적인 소비주체의 지위로 끌어올리는 과제를 수행해야 한다. 능동적인 소비주체란 적어도 '소비생활에서 자기결정의 일반적 가능성'을 잃어버리지 않은 주체이어야 한다. 이런 주체가 누리는 법적 지위를 소비자주권이라고 개념화할 수 있다. 그러므로 소비자주권은 무엇보다도 기업과 소비자 사이의 '비대칭성'을 교정하는 기능을 수행한다.

(나) **소비자권익의 수사학적 강조** 소비자주권은 최근 사용되기 시작한 개념이다. 이 개념은 먼저 이미 오랫동안 사용된 소비자기본법상의 개념인 "소비자의 권익"(소비자기본법 제1조)이나 소비자후생의 개념과 구별할 필요가 있다.

첫째, 소비자권익은 경쟁적 시장구조를 통해 경영효율성과 함께 균형 있게 실현하려는 소비자후생의 개념과 구별된다. 왜냐하면 소비자의 권익은 자원배분의 효율성을 때로는 훼손하면서도 사회적 약자로서 소비자가 보호되어야 할 권익까지 포함하는 개념이며, 아울러 경쟁적 시장구조의 확립을 통하지 않고서 보호될 수도 있는 권익이기 때문이다. 소비자주권도 이런 점에서는 소비자권익의 개념과 같고, 소비자후생의 개념과 다르다.

둘째, 하지만 공정거래법의 보호법익인 것처럼 이해되는 소비자주권[20]의 개념은 단순한 소비자권익의 개념과도 구별된다. 소비자주권이란 마치 인권과 비슷한 개념구조를 띠는 수사학적 개념[21]이다. 즉, 실정법(소비자기본법 등)에 의해 이미 보호되고 있지만 현실에서 엄정하게 실현되어야 함을 강조하거나, 아직 실정법에 의해 보호되지 못하고 있는 소비자의 어떤 권익이 당장 무조건적으로 실정법에 의해 보호되어야 마땅한 권익임을 강조하는 수사학적 개념이다. 이처럼 수사학적 개념으로서 소비자주권 개념의 사용을 정하는 규칙은 없다. 그래서 어떤 소비자의 권익이 소비자주권으로 개념화됨으로써 공정거래법의 보호법익이 되는 것인지도 매우 불분명하다. 하지만 소비자권익을 실정법적 권리로 변화하는 공론형성과 공론경쟁의 동적 과정에서 소비자권익이 불현듯 매우 정서적인 공감(empathy)[22]의 연대를 창출하게 될 때, 소비자권익은 소비자주권의 개념으로 표제화된다고 볼 수 있다.

2) 경쟁적 시장구조의 도덕적 차원으로서 소비자주권 그런데 소비자주권을 대기업과 소비자 사이의 경쟁적 관계를 실현하는 권리로 재해석하고, 그런 경쟁적 관계도 경쟁적 시장구조의

---

20) 예컨대 이봉의 · 전종익, "독점규제법 제3조의2 제1항 제5호 후단 '소비자이익 저해행위' 금지의 위헌성 판단 - 명확성원칙을 중심으로", *서울대학교 법학* (제49권 제3호), 268쪽.

21) 인권 개념의 이와 같은 수사학적 차원에 대해 자세히는 이상돈, *인권법* (세창출판사, 2005), 121쪽 아래; *기초법학* (법문사, 2010), 191쪽 아래 참조.

22) 공감의 개념에 대해서 이상돈, *기초법학* (법문사, 2010), 80쪽; *법미학* (법문사, 2008), 129쪽; Spencer J. Pack, *Capitalism as a Moral System: Adam Smith's Critique of the Free Market Economy* (Edward Elgar, 1991), 76쪽 참조. 이 문헌들에서 좀 더 명확해져야 하는 점은 공론이란 이성적 논거에 의한 상호이해와 합의의 형성과정인 반면, 공감은 이성적으로 생각하기를 멈추고(stop thinking rationally) 감성적으로 함께 느끼는(feeling together, Mitgefühl) 작용이기 때문에 공감은 공론에 의해 형성되는 것이 아니라 공론의 과정 속에서 또는 그것과 (우연히) 병행하여 형성되는 것임에 주의를 요한다.

도덕적 차원으로 편입시킬 수 있다. 물론 이런 이해는 다분히 '정치경제학적'이다. 이 정치경제학적 이해에 따르면 소비자주권에 대한 침해는 곧 경쟁적 시장구조를 깨는 것이 되고, 비록 경영효율성과 소비자후생의 균형이 달성되더라도 경쟁법과 형법에 의해 통제되어야 한다. 하지만 소비자주권 개념이 고도로 법감정에 의해 그때그때 구체화되는 불명확한 개념임을 고려해보면 소비자주권을 구성하는 권리들의 침해는 그것이 매우 '중대한 소비자권익을 명백하게 침해하는' 경우에만 형법적 통제의 대상으로 삼아야 한다.[23] 여기서 중대하고 명백한 경우란 그 침해되는 권익의 주권성에 대해 대다수의 시민들이 공감하는 경우라고 할 수 있다.

[끼워팔기에 의한 소비자주권의 침해와 형사불법] 예를 들면 MS사의 윈도우미디어플레이어(WMP) 끼워팔기 사건에서 소비자의 권익을 실현하는 조치는 대략 다음 표와 같은 ③ 단계로 나눌 수 있다. ① 단계는 소비자보호 수준이 가장 낮고 ③ 단계는 가장 높다. 한국의 공정거래위원회는 ②-1,2 단계의 소비자보호조치를 취했다.[24] 같은 사건을 두고 EU에서는 끼워팔기의 지렛대효과를 중시하여[25] WMP가 (컴퓨터제조단계에서) 제거된 윈도우의 판매

23) 미국에서도 셔먼법 위반행위들은 형사불법에 해당하는지가 명확하고 확실한 경우가 아니라면 형사처벌의 대상이 될 수 없다고 보기도 한다. 이런 견해로 Kramer Victor H., "Criminal prosecution for violation of sherman act in search of a policy", *Georgetown Law Journal* (vol.48, issue 3, 1960), 535쪽 참조.

24) 자세한 것은 공정거래위원회 2006.2.24, 2002경축0453(의결 제2006-042호); 2006.6.16, 2006심이11639(재결 제2006-027호) 참조.

25) 미국은 끼워팔기의 지렛대효과를 간과하여 더욱 시장친화적인 해결방안을 취했다고 보는 Rudolph J.R. Peritz, "Re-thinking U.S. v. Microsoft in Light of the E.C. Case", *NYLS Legal Studies Research Paper* (04/05 No.4., 2004), 3~5쪽 참조.

의무를 인정하는 (시장)간섭적 조치를 취한 반면, 미국(의 동의명령)에서는 단지 소비자에게 WMP가 보이지 않게 설치하고 호환성만 확보하게 하는 조치만을 취했다.[26] 이런 비교법적 고찰을 함께 고려해보면, 가령 — 경쟁법상으로는 ②-1,2 단계에 이르는 보호조치를 해야만 비로소 합법이 된다고 볼지라도 — 형법적으로는 ②-1 또는 ②-2 단계 이상의 소비자보호조치를 취하지 않는 끼워팔기만 소비자주권을 침해한다는 폭넓은 공감을 얻을 수 있다. 그러므로 이런 경우에 시장지배지위남용죄의 다른 요건들을 충족한다면 MS사의 WMP끼워팔기는 설령 미디어플레이어시장의 경쟁을 제한하지 않는다고 판단하더라도 시장지배지위남용죄에 해당하게 된다. 물론 형사처벌은 공정거래위원회의 정책적인 고발결정이나 동의명령에 의한 해결 여부에 따라 좌우될 수 있음을 간과해서는 안된다.

<table>
<tr><th>경쟁법</th><th>형법</th><th>보호단계</th><th>보호내용</th></tr>
<tr><td rowspan="2">합법</td><td rowspan="3">합법</td><td>③</td><td>윈도우가 WMP 이외에 타사제품을 반드시 함께 제공하여(must carry) 소비자가 선택하게 함</td></tr>
<tr><td>②-2</td><td>윈도우가 WMP 이외의 타사 미디어플레이어를 사용할 수 있는 호환성 (및 타사제품 다운로드 아이콘 메뉴설정) 등의 보장</td></tr>
<tr><td rowspan="2">불법</td><td>②-1</td><td>마이너스 옵션, 즉 WMP를 빼고 윈도우를 구입할 가능성 보장</td></tr>
<tr><td>불법</td><td>①</td><td>소비자는 윈도우와 WMP를 패키지로 구입할지 여부만을 선택할 수 있음</td></tr>
</table>

도표 24: 윈도우미디어사건의 소비자보호조유형

26) 이런 비교는 Randal C. Picker, "Unbundling Scope-of-Permission Goods: When Should We Invest in Reducing Entry Barriers?" *The University of Chicago Law Review* (Vol. 72, No. 1, 2005), 189~208쪽.

이러한 제한을 통해 소비자주권을 보호법익으로 삼고 시장활동에 개입하는 형법은 보충성이라는 그의 전통적인 법원칙을 유지할 수 있게 된다.

2. 불법의 불명확성

시장지배지위남용에 대한 형법적 통제는 언제나 불명확하다는 비판이 뒤따른다.

(1) 텍스트의 불명확성 그래서 시장지배지위남용죄의 적용은 소비자 후생의 감소효과가 명백하고 현저한 경우에만 국한하자는 제안을 하기도 한다.[27] 그러나 이 죄의 보호법익은 소비자 후생으로만 환원되지 않고, 기업의 경영효율성도 포함하며, 더 나아가 경쟁적 시장구조의 유지까지 아울러야 한다.[28] 물론 시장지배지위남용죄의 법텍스트는 비교적 불명확하다. 무엇보다도 시장지배지위남용죄의 모든 구성요건들에서 사용되고 있는 "부당하게"(제3조의2 제1항, 1호~5호 전단)라는 핵심적 불법표지가 일반조항적인 개념이며, "소비자이익저해행위"(5호 후단)도 고도로 가치충전이 필요한 개념이기 때문이다. 물론 미국에서 보듯 독점규제법처럼 수범자의 지식수준과 전문성이 높은 법영역에서는 엄격한 명확성이 요구되지 않는다고 볼 수 있다.[29] 그러나 이는 행정

27) 이봉의 · 전종익, 앞의 논문, 265쪽.

28) 다만 이런 환원은 시장지배지위남용죄의 구체적 유형이 개인적 귀속가능성을 검토함으로써 형사불법으로 운용될 적격성을 가졌는지를 판단할 때에는 유용할 수 있다. 이런 작업으로 이상돈, "공정거래질서와 형법정책", *법제연구* (통권 제25호, 2003), 167~195쪽.

29) 전종익, "미국 헌법상 명확성원칙심사 — 미국연방최고법원 판례를 중심으로", *서울대학교 법학* (제50권 제1호, 2009), 462쪽.

법적 제재(예: 시정명령)나 중간법적 제재(예: 과징금)의 경우에만 타당하고 형사제재의 경우에는 그렇지 않다. 그럼에도 불구하고 현행 시장지배지위남용죄는 그런 일반조항적 개념이나 가치충전 개념의 사용을 이유로 명확성원칙에 위배되는 것으로 판단받기 매우 어렵다.[30)]

> 예를 들면 CJ케이블넷이 공정거래법 제3조의2 제1항 제5호의 "소비자이익저해행위"가 명확성원칙에 위배된다고 위헌법률심판제청 신청을 하였지만 서울고등법원은 신청을 기각했다.[31)]

그러나 시장지배지위남용죄에 의한 통제가 불명확한 것은 법텍스트의 불명확성에서 연유하는 것은 아니다.

(2) 불법의 실질의 순환구조 시장지배지위남용죄의 불명확성은 주로 불법의 실질이 순환적 구조로 이루어진 데서 비롯된다. 이를 설명해보자.

1) 불법판단의 기호화와 불확실성 시장지배지위남용죄의 구성요건해당성은 크게 세 가지 단계, <시장획정(T_1)→ 시장지배지위의 판단(T_2)→남용행위의 판단(T_3)>으로 판단된다.[32)] 순차적 판단으로 이 세 가지 요건들이 모두 충족되면 법적 효과(OR)가 귀속된다. 이를 기호로 나타내면 시장지배지위남용죄는 $\wedge x$

---

30) 독일 연방법원(BGHZ 96, 337[*NJW* 1986, 1877쪽])도 "부당한"(unbillig), "실질적으로 정당한 이유 없이"(ohne sachlich gerechtfertigten Grund)와 같은 일반조항적 개념들은 비록 과태료 부과의 요건으로 사용되긴 하지만 형법적 명확성원칙을 충족한다고 본다.

31) 서울고등법원 2008.8.20, 2007누23547 참조.

32) 이런 논리적 체계적 순서를 명확하게 서술순서로 삼고 있는 유진희, "시장지배적 지위의 남용금지", *경영법률연구총서* (제15권, 2004), 123~153쪽.

($[T_1x \wedge T_2x \wedge T_3x] \rightarrow ORx$)가 된다.[33)]

시장지배지위남용죄의 기호화: $\wedge x$ ($[T_1x \wedge T_2x \wedge T_3x] \rightarrow ORx$)
논리적 체계적 판단순서: $T_1x \rightarrow T_2x \rightarrow T_3x$
현실적 판단순서: $T_3x \rightarrow T_2x \rightarrow T_1x$

하지만 이런 순서는 단지 체계적 순서일 뿐이다. 현실에서는 각 요건($T_1 \sim T_3$)의 판단이 언제나 일정한 불확실성을 겪을 수밖에 없고, 그 불확실성의 틈새로 해당 기업이나 사업분야에 대한 정치경제적 가치판단이나 규제정책적 목표설정과 같은 '실천적 규제기획'이 작용할 수 있다. 그럴 경우에는 이 순서는 얼마든지 흐트러질 수 있다. 이를테면 시장지배지위(T_2)나 기업활동의 남용성(T_3) 판단이 먼저 행해지고, 시장획정(T_1)은 그에 맞춰서 이루어질 수 있다. 이를 "시장획정의 정치화"[34)]라고 할 수 있다.

[셀로판 가격남용] 1950년대 중반 듀퐁은 미국의 셀로판(cellophane) 판매량의 75%를 점유했다. 그러나 당시 셀로판은 같은 용도로 사용하는 유동성포장재(flexible packaging materials) 전체매출의 18%를 구성하였다. 따라서 셀로판과 다른 유동성포장재를 하나의 시장으로 보면 듀퐁의 시장점유율은 약 13.5%가 된다. 듀퐁사는 셀로판의 가격을 한계비용을 훨씬 초과하는 높은 수준으로 유지하였다. 여기서 셀로판시장과 유동성포장재시장을 별개의 시장으로 보면 듀퐁사는 미국 셔먼법 제2조 독점화위반죄에 해당하고 같은 시장으로 보면 해당하지 않게 된다. 연방대법원은 소

---

33) x는 불특정한 개인(인적 변수)을 가리키며, $\wedge$는 모든 불특정한 개인에 대하여 타당하다는 뜻이다. 즉 $\wedge x$ ($[T_1x \wedge T_2x \wedge T_3x] \rightarrow ORx$)란 누구든지 ($T_1 \wedge T_2 \wedge T_3$)의 요건을 충족하는 행위를 하면 OR의 법적 효과를 받게 된다는 뜻이다.

34) 박혜림, *부당한 공동행위(카르텔)에 대한 형법적 규제* (고려대 석사학위논문, 2009), 51쪽.

비자들은 셀로판이 비싸면 다른 유동성포장재를 구입한다는 대체구입가능성(interchangeability)을 이유로 그 둘을 하나의 시장으로 획정했다.[35] 이에 반해 비록 용도는 동일하지만 제품자체의 특성(예: 파열강도, 가스침투성, 투명성, 방습성 등)에서 명확한 차이를 고려하면 그 둘은 별개의 시장이 된다. 따라서 시장획정에서 소비자의 대체구입가능성과 제품의 물리적 특성차이 가운데 어느 것을 중요시할 것인지가 관건이 된다. 미국 정부가 제소한 논리를 재구성해보면, 듀퐁사는 셀로판의 가격을 매우 높게 유지하는 행위(T_3x)를 하고 그 가격유지행위를 통해 높은 마진율(수익률)을 얻은 점을 고려하여 시장지배지위를 인정하고(T_2x), 이런 지위를 인정할 수 있게 하기 위해 셀로판과 유동성포장재를 — 제품의 물리적 특성차이를 중시하여 — 다른 시장에 분류시킨다(T_1x). 여기서 시장지배지위남용의 판단순서는 $T_3x \rightarrow T_2x \rightarrow T_1x$가 된다.

2) 선결문제의 오류 이와 같이 먼저 판단된 기업활동의 남용성은 시장지배지위남용죄의 보호법익인 경쟁적 시장구조를 깨뜨리는 효과(경쟁제한효과)가 있는 행위에 대해서만 인정될 수 있는 것이다. 그러나 기업활동의 경쟁제한효과는 어디까지나 그 기업이 시장지배자임을 전제로 할 때에만 인정될 수 있다. 즉, 여기서 말하는 기업활동의 남용성 판단은 시장지배지위남용죄의 핵심적인 표지인 "부당하게"에 의해 좌우되는 판단이다. 그런데 이 부당성은 실질적으로는 바로 그 행위의 경쟁제한성을 의미하고, 이는 다시금 그 행위자가 시장지배자일 때에만 인정될 수 있다. 이로써 시장지배지위남용죄의 판단은 결론적으로 주장하는 바를 그 주장의 근거(전제)로 제시하는 순환논증('선결문제요구' petitio principi)의 오류에 빠지게 됨을 알 수 있다.

35) U.S. v. E.I. duPont De Nemours and Co., 351 U.S. 377 (1956) 참조.

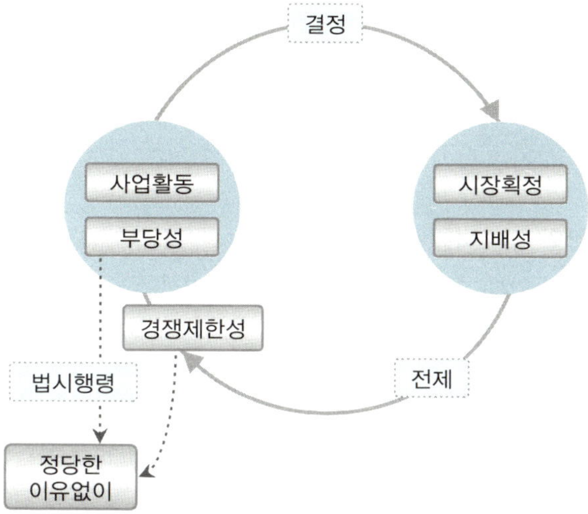

도표 25: 부당성과 경쟁제한성의 순환논증 구조

법 제2조 제8호의2[36]는 경쟁제한행위의 개념을 경쟁제한효과의 우려가 있는 상태를 초래하는 행위로 정의함으로써 이러한 오류를 확인시켜주고 있다. 이와 같은 법률과 실무의 오류는 법시행령에 의해 시장지배지위남용행위를 더 구체화하는 정의를 내려도 제거되지 않는다. 이를테면 시행령은 법률에 규정된 "상품판매 또는 용역제공을 부당하게 조절하는 행위"(제3조의2 제1항 제2호)를 "정당한 이유없이 최근의 추세에 비추어 상품 또는 용역의 공급량을 현저히 감소시키는 경우"(법시행령 제5조 제2항, 1호) 등으로 좀 더 구체화한다. 그러나 시행령은 여기서 보듯 시

36) 법 제2조 제8호의2: "경쟁을 실질적으로 제한하는 행위라 함은 일정한 거래분야의 경쟁이 감소하여 특정 사업자 또는 사업자단체의 의사에 따라 어느 정도 자유로이 가격 · 수량 · 품질 기타 거래조건 등의 결정에 영향을 미치거나 미칠 우려가 있는 상태를 초래하는 행위를 말한다."

장지배지위남용행위유형의 모든 구체화에서 "정당한 이유없이"라는 문언을 사용한다. 그러나 법률이 사용하는 "부당하게"란 곧 시행령의 "정당한 이유없이"의 다른 표현이며, 이는 경쟁제한효과를 유발하는 것을 의미한다.

(3) 경쟁제한의 부도덕한 적성범 이런 오류는 부당성을 경쟁적 시장구조의 위태화와 무관한 기준, 예컨대 특정한 소비자권익의 보호가치성 여부에 의하여 판단할 때에만 완전하게 극복될 수 있다. 하지만 그렇게 되면 시장지배지위남용죄는 공정거래질서를 보호하는 형법이 아니라 소비자보호법이 되기 쉽다.

1) 경쟁제한의 적성 여기서 이런 순환구조의 문제를 해결하는 방법은 아마도 경쟁적 시장구조의 유지와 간접적으로 연관되는 기준을 설립하는 것일 듯하다. 이를테면 시장의 더 많은 행위자들이 반복적으로 행할수록, 그 행위의 누적적 효과로서 경쟁적 시장구조가 깨질 개연성이 발생하게 되는 그런 행위의 유형들을 설정하는 것이다. 그런 행위들은 경쟁적 시장구조를 직접 인과적으로 깨뜨리는 것은 아니지만, 깨뜨리기에 적합한 특성을 가진 행위, 즉 적성범(Eignungsdelikt)이 된다. 시장지배지위남용죄가 적성범의 성격을 띤다는 점은 판례가 경쟁제한행위를 "경쟁제한의 효과가 생길 만한 우려가 있는 행위로 평가될 수 있는 행위"[37]로 개념화하는 점에서도 확인된다. 이 개념정의는 경쟁제한행위가 경쟁제한효과를 인과적으로 초래할 적합성이 있다는 평가를 받을 만한 행위라고 보는 것이다.

37) 대판 2007.11.22. 2002두8626.

2) 부도덕한 행위 그러나 보편적 법익(예: 경쟁적 시장구조)을 훼손할 적성만으로 그 법익의 훼손(위태화)을 한 개인의 행위에 귀속시킬 수는 없고, 그런 행위를 하는 모든 사람들에게 집단적으로만 귀속시킬 수 있다.[38] 따라서 그런 법익침해의 적성만으로 형사불법이 최종적으로 인정될 수는 없다. 형법의 과잉이 우려되기 때문이다. 여기서 개인적 귀속의 새로운 거점이 필요하다. 이 거점은 경쟁적 시장구조를 깨뜨릴 적성이 있는 행위가 사업행위자들에게 행위규범으로 내면화할 수 있는 가능성이 있는 행위들일 것을 요구함으로써 확보될 수 있다. 그런 행위들은 시장 위의 '부도덕적 행위'로서 표제화할 수 있어야 한다.

매우 불명확한 개념인 소비자주권을 침해하는 행위를 시장지배지위남용죄로 처벌할 가능성은 그 행위에 의해 침해된 소비자의 권익이 크고 명백하다는 점 그 자체가 아니라, 소비자주권 침해행위로 표제화되는 행위들이 경쟁적 시장구조를 깨기 쉬운 적성을 가진 부도덕한 행위라는 점에 대한 사람들의 폭넓은 공감에 기초하는 것이다. 이로써 소비자주권침해의 지배지위 남용행위도 경쟁적 시장구조라는 보호법익과 더 한층 두터운 연관을 맺게 된다.

Ⅲ 시장지배지위남용 성립요건

시장지배지위남용죄의 불법은 그 보호법익의 보편성과 복합성, 불법성립의 불확실성과 순환구조 그리고 불법판단의 주관적·정

38) 이상돈, *형법강의* (법문사, 2010), §4-48 참조.

서적 성격 등의 특성을 갖고 있다. 이런 특성을 고려할 때, 시장지배지위남용죄의 요건 설정은 세 가지 과제를 수행해야 한다. 첫째, 성립요건을 체계적으로 세분화되고 잘 정돈된 요소들(아래서는 1. 시장지배성, 2. 부당성, 3. 유형성, 4. 의도성)로 구체화한다. 둘째, 각 성립요소들은 최대한 과학적 설명모델로 무장된 논거에 의해 구성한다. 셋째, 시장지배지위남용행위가 형사불법이 되기 위한 조건, 즉 형법외적 불법보다 가중된 불법요소를 발굴한다.

[시장지배지위남용죄와 카르텔죄의 불법구성요소의 비교] 이해를 돕기 위해 시장지배지위남용죄와 카르텔죄의 불법요소들이 아래 도표 26처럼 구조적으로 차별화될 수 있다.

<table>
<tr><th>불법중점</th><th></th><th colspan="3">시장지배지위남용죄</th><th colspan="4">카르텔죄</th><th>불법중점</th></tr>
<tr><td rowspan="3">●</td><td rowspan="3">주체</td><td rowspan="3">시장지배자</td><td colspan="2">시장획정</td><td colspan="4" rowspan="3">시장지배력 없으나 시장영향력 있는 사업자
(예외: 과점자들의 카르텔)</td><td rowspan="3"></td></tr>
<tr><td rowspan="2">시장지배력</td><td>시장점유율</td></tr>
<tr><td>실질경쟁제한의 힘</td></tr>
<tr><td rowspan="3">○</td><td rowspan="3">행위</td><td colspan="3">부당성(= 비신사성의 도덕적 직관)</td><td colspan="4">부당성(= 비신사성의 도덕적 직관)</td><td rowspan="2"></td></tr>
<tr><td colspan="3">유형성(=경쟁시장의 내부로부터의 남용행위)</td><td colspan="4">유형성(=경쟁시장에 대한 외부로부터의 공격행위)</td></tr>
<tr><td colspan="3">×</td><td colspan="4">공동(행위)성</td><td>●</td></tr>
<tr><td rowspan="3"></td><td rowspan="3">결과</td><td colspan="3" rowspan="3">×</td><td rowspan="3">경쟁제한</td><td rowspan="3">구성요건요소</td><td>경쟁제한효과신호</td><td></td><td rowspan="3">○</td></tr>
<tr><td>경쟁제한적성(시장점유율)</td><td>*시장획정
*시장점유율 고려</td></tr>
<tr><td>경쟁제한추정근거사실</td><td></td></tr>
</table>

				객관적 처벌조건	시장지배력	실질 경쟁제한의 힘 고려	
					경쟁제한과 효율성증대효과의 비교형량을 통한 소비자후생감소 판단		
	주관요건	**의도성**	**합의 (공모) · 고의**				●

도표 26: 시장지배지위남용죄와 카르텔죄의 불법구조 비교

1. 시장지배성

시장지배지위남용죄는 신분범이다. 벌칙조항인 제66조 제1항 1호는 “제3조의2(시장지배적지위의 남용금지)의 규정에 위반하여 남용행위를 한 자”라고 규정하여 일반범인 듯한 문언을 취한다. 그러나 여기서 “남용행위를 한 자”는 시장지배적 사업자의 업무를 수행할 권한을 가진 자이므로 이중의 신분관계, 즉 행위자는 사업자의 업무를 수행할 권한을 가진 자(예: 대표이사)이고, 그 사업자는 시장지배적 사업자이어야 한다. 아래서는 시장지배적 사업자란 신분적 요소만 다루기로 한다.

(1) 시장의 획정 시장지배적 사업자란 시장지배력(market power)을 지닌 자이다. 여기서 시장지배력은 특정한 시장에서의 지배력을 의미한다. 그런데 시장지배력은 해당 시장의 구체적인 외연을 어떻게 확정하느냐에 그 인정여부가 완전히 달라진다. 시

장의 외연을 넓게 획정하면 지배력은 그 만큼 약화되고, 반대로 좁게 획정하면 지배력은 그 만큼 강화된다.

1) 관련시장 시장의 외연은 어떤 상품의 구입조건이 변화함에 따라 다른 상품이나, 다른 지역 또는 다른 생산판매단계(예: 제조→도매→소매)의 상품으로 대체구입이 이루어지는 모든 상품들을 포괄하여 획정된다. 이를 관련시장(법 제2조 8호)(=관련상품시장, 관련지역시장, 관련시적시장)이라 부른다. 이때 대체가능성은 주로 '수요대체성'으로 이해되고, 이 대체성의 판단에서는 특히 소비자의 경제적 가치설정, 집단적 선호경향에 대한 고려가 중시되기도 한다.[39)]

[프로그램방송시장의 획정] 서울 강서구의 종합유선방송사업자(SO) 또는 플랫폼사업자인 Tg방송(주)은 Tk방송(주)을 합병하여 상호를 Tk방송(주)로 바꾸고 W홈쇼핑(주)에게 채널변경행위를 하여, W홈쇼핑(주)은 매출에 손실을 입었다. ① 공정거래위원회는 Tk방송(주)은 (SO와 가입<시청자> 사이) 프로그램송출시장의 지배력을 남용하여 인접시장인 (SO와 홈쇼핑사업자 사이의) 프로그램송출서비스시장에서 거래상대방인 W홈쇼핑에게 "부당하게 거래상대방에게 불이익이 되는 거래 또는 행위를 강제하는 행위"(시장지배지위 남용행위 심사기준 Ⅳ.3.라.(3))를 하여 다른 사업자의 사업활동을 부당하게 방해하는 행위(법시행령 제5조 제3항 4호)를 하였음을 인정하였다. ② 그러나 프로그램송출서비스시장과 프로그램송출시장은 별개의 시장이고, 프로그램송출시장의 관련지역시장은 전국이므로 Tk방송(주)은 시장지배적 사업자가 아니며, 프로그램

39) 사항적 관련시장을 고객의 입장에서 대체가능성이 있는가, 그리고 공간적 관련시장을 수요자의 입장에서 대체가능성이 있는가를 기준으로 판단하는 유진희, "시장지배적 지위의 남용금지", *경영법률연구총서* (제15권, 2004), 126쪽, 141쪽.

송출시장에 대한 지배력이 프로그램송출서비스시장으로 전이되지도 않는다.[40]

2) 범죄신분구성적 시장의 외연 그러나 행정법적 제재가 아니라 형벌을 부과하기 위한 요건으로서 관련시장을 획정할 때에는 그 대체가능성의 판단에서 단지 수요자 입장에서 (가격, 기능, 디자인 등 다양한 측면의) 유사한 상품가치성뿐만 아니라 공급자(기업)의 판매전략적 의사결정이나 전문가집단의 상품시장이해 그리고 대체구매시 발생하는 (법적, 경제적, 문화적, 시간적) 거래비용[41]의 증감 등을 다양한 요소를 종합적으로 고려하여, 관련시장의 획정에 관한 여러 대안들 가운데 가장 넓은 관련시장을 선택해야 한다. 이로써 시장지배지위남용죄의 신분성에서 불명확성이 최소화될 수 있다.

(2) 지배력 현행법상 시장에 대한 지배력(market power)이란 "상품이나 용역의 가격·수량·품질 기타의 거래조건을 결정·유지 또는 변경할 수 있는 시장지위"(제2조 7호)를 말한다.

1) 지배력의 추정 현행법은 단독 점유율이 50% 이상(독점 monopol), 3개 이하의 사업자를 시장점유율 합계가 75% 이상(과점 oligopol)일 때[42] 그 사업자들을 시장지배적 사업자로 추정

40) 같은 입장으로 대판 2008.12.11. 선고 2007두25183.

41) 과거 소주시장은 지역별로 시장이 분할되어 있었다. 특히 헌법재판소가 위헌결정을 내린 주세법상 '자도소주 구입명령제도'와 같은 대체구매의 법적 제한이 있는 경우에는 지역관련시장은 대체구매가 법적으로 불가능한 지역지역을 관련시장에서 배제된다. 또한 법적 제약이나 관세 또는 운송비 부담 증가와 같은 제약이 없어도 소비자들이 자도소주를 집착하는 경향이 강하면, 타도의 소주는 관련지역시장에서 배제되기 쉽다.

42) 이는 단독점유율이 30% 이상, 3개 이하의 사업자 점유율 합계는 50% 이

한다(제4조).[43] 그러나 법원은 실질적인 시장지배(력)에 대한 판단에 따라서는 점유율에 의한 추정을 깨고 시장지배지위를 인정하지 않을 수 있고, 점유율에 의해 추정되지 않는 사업자도 시장지배지위를 인정받을 수 있다. 따라서 시장점유율은 어떤 사업자가 시장지배력이 있는지를 결정하는 필요조건도 충분조건도 아니다.[44]

2) 실질경쟁의 배제력 시장지배성의 판단에서 중요한 점은 실질적 경쟁[45]을 배제시킬 수 있는 힘을 가지고 있는지 여부

상, 5개 이하의 사업자 점유율 합계는 66% 이상일 때 시장지배지위를 인정하는 독일의 경우(GWB §19(3) 참조)에 비해 낮은 편이다. 미국의 법원은 전통적으로는 시장점유율이 90% 이상이면 확실하게 시장지배력을 인정하고, 33% 이하이면 확실히 인정하지 않으며, 60~64% 정도에서 인정여부의 경계선을 설정한다. 이에 관해 United States v. Aluminum Co. of Am., 148 F.2d 416, 424 (2d Cir. 1945) (Hand, J.) 참조. 이렇게 볼 때 시장점유율에 의한 시장지배력 인정에서는 우리나라 법이 독일보다는 완화된 기준이지만(이 점을 비판하는 김두진, "시장지배적 지위의 남용", *한국비교사법학회* (제14권 1호, 2007), 226쪽 참조) 미국 판례보다는 다소 엄격한 기준이라고 볼 수 있다.

43) ① 이때 기업집단은 경제적으로는 단일체로 기능하기도 한다는 점에서 시장점유율을 계산할 때 하나의 기업으로 취급한다. 이 경우 모회사이든 자회사 모두가 또는 선택적으로 시장지배적 사업자로 취급될 수 있다(법시행령 제4조 제3항). ② 또한 공정거래위원회는 BC카드와 12개 회원은행들이 수수료율 등을 높게 유지한 공동의 행위에 대하여 시장지배지위남용을 인정함으로써(공거래위원회 의결 제2001-40호, 2001.3.28) 사실상 '경제적 행위동일체'를 인정한 바 있다. 그러나 판례는 각 사업자들이 각자의 책임과 계산 하에 독립적으로 사업하고 있고 손익분배를 함께 하고 있지 않다면 하나의 사업자로 볼 수 없다고 본다(대판 2005.12.9, 2003두6283). 소비자의 입장에서 BC카드와 그 회원은행들은 하나의 사업자로 보이지만, 각 회원은행들은 BC카드를 취급함에도 상품과 서비스의 내용을 차별화하고 그 수익률로 차이가 나는 것이므로 하나의 사업자로 보기는 없다. 다만 이들의 행위는 부당공동행위(카르텔)로 바라보고 통제할 수 있다.

44) 시장점유율은 경쟁제한효과를 발생시킬 만큼의 가격을 상승시킬 수 있는 많은 능력이 있음을 나타내는 지시자가 되는 것은 아니라고 보는 Einer Elhauge, "Defining better monopolization standards", *Standford Law Journal Review* (Vol.56, 2003), 259쪽.

$$L = \frac{(P - MC)}{P}$$

이다. 이때 경쟁이란 가격, 품질, 조건, 서비스 등 다양한 차원에서 가능하다. 공정거래위원회의 규제는 이 다양한 차원 가운데 어느 하나, 예컨대 가격경쟁을 배제시킬 수 있는 힘(power of price)만으로도 시장지배적 지위를 인정할 수 있을 것이다. 경제학적 공식으로 유명한 러너지수(Lerner index)[46]도 가격을 중심으로 시장지배력을 측정한다. 러너지수는 기업이 이윤을 최대화하는 방향으로 설정한 가격(P)에서 이윤을 최대화하는 생산수준에서의 한계비용(MC)을 빼고 이를 다시 이윤을 최대화하는 가격으로 나눈 값(L)이다. 러너지수(L)가 커지면 시장지배력이 커지며, 지수가 작아지면 시장지배력은 약화된다. 이는 수요의 가격탄력성(E_d : Elasticity of demand)과 역비례적인 부(마이너스)의 관계($L = -1/E_d$)에 놓인다.

3) 범죄신분구성적 지배력 그러나 시장지배지위남용죄로 형사처벌되기 위한 요건으로는 경쟁의 다양한 차원들[47]에서 실

45) 여기서 말하는 실질적 경쟁은 오늘날 독일 경쟁제한방지법(GWB)이 사실상 목표로 삼는 비록 완전경쟁은 아니지만 '기능은 하는 경쟁'(funktionsfähiger Wettbewerb)으로도 표현할 수 있다. 이 개념을 흔히 "유효경쟁"이라고 번역한다. 예를 들면 신동권, "독일 경쟁제한방지법(GWB)상의 시장지배 개념", *경쟁저널* (통권 제110호, 2004), 14쪽 참조.

46) Abba Lerner, "The Concept of Monopoly and the Measurement of Monopoly Power", *The Review of Economic Studies* (1 (3), 1934), 157~175쪽.

47) 러너지수로 측정되는 시장지배력에서 가격(P)은 상품의 가격만이 아니라 '장기적으로는' 수량이나 품질도 포함한 개념일 수 있다. 이윤을 최대화하는 수량(출고조절)은 결국 이윤을 최대화하는 가격을 전제할 수밖에 없고, 품질도 그 좋고 나쁨의 변화에 따라 이윤을 최대화하는 가격의 설정을 변화시킬 것이기 때문이다. 그러나 '단기적으로는' 가격은 수량과 품질과 구분되어 이윤극대화의 방향으로 설정될 수 있다.

질적 경쟁을 배제하는 힘(전 방위의 경쟁배제)을 가져야 한다. 이는 법이 열거하고 있는 "상품이나 용역의 가격 · 수량 · 품질 기타의 거래조건"이나 시장지배력판단에서 고려해야 할 요소들 "시장점유율, 진입장벽의 존재 및 정도, 경쟁사업자의 상대적 규모 등"의 구문론적 관계를 모두 '또는'(∨)이 아니라 '그리고'(∧)의 관계로 이해하는 것이다. 즉, 경쟁사업자의 규모[48]가 상대적으로 매우 작고, 진입장벽[49]도 존재하며, 아울러 시장지배력을 추정하는 점유율 이상인 사업자로서[50] 가격 · 수량 · 품질 기타의 거래조건에서 실질경쟁의 배제력[51]을 갖는 경우만을 시장지배지위남용죄의 신분자로 인정하는 것이다. 예컨대 시장점유율이 매우 낮지만 정보의 비대칭 등에 터 잡아 소비자보호를 외면함으로써 얻을 수 있는 시장지배력[52]만으로는 시장지배지위남용죄의

---

48) 이를 판단함에는 "(1) 경쟁사업자의 시장점유율 (2) 경쟁사업자의 생산능력 (3) 경쟁사업자의 원재료 구매비중 또는 공급비중 (4) 경쟁사업자의 자금력"을 고려한다(「시장지배적지위 남용행위 심사기준」(2009) III.3.나 참조).

49) 이에는 (1) 법적 · 제도적인 진입장벽의 유무 (2) 필요 최소한의 자금규모 (3) 특허권 기타 지식재산권을 포함한 생산기술조건 (4) 입지조건 (5) 원재료조달조건 (6) 유통계열화의 정도 및 판매망 구축비용 (7) 제품차별화의 정도 (8) 수입의 비중 및 변화추이 (9) 관세율 및 각종 비관세장벽 등이 고려된다(「시장지배적지위 남용행위 심사기준」(2009) III.2.나 참조).

50) 시장점유율(market share)만으로는 시장지배력을 파악할 수 없지만, 시장점유율은 수요의 가격탄력성, 공급의 가격탄력성에 대해 상관관계가 있는 효과를 미친다고 본 William M. Landes and Richard A. Posner, "Market Power in Antitrust Case", *Harvard Law Review* (Vol. 94, No.5, 1981), 937~996쪽, 특히 946쪽 아래 참조.

51) 이런 실질경쟁의 배제력을 판단함에는 시장봉쇄력(원재료의 구매비율이나 공급비율이 시장지배자 추정 시장점유율 이상일 때), 자금력, 신기술개발능력, 산업재산권 보유량, 거래선변경의 가능성 등을 고려해야 한다.

52) 이에 관해 Robert H. Lande, "Market Power Without A Large Market Share: The Role of Imperfect Information and other 'Consumer-Protection' Market Failures", *American Antitrust Institute Working Paper* (No. 07-06, 2007), 5쪽 아래 참조.

신분성을 인정하지 않는다.

2. 부당성

시장지배지위남용죄는 시장지배적 사업자가 그 지위를 이용하는 행위가 부당한 것이어야 한다. 부당성은 시장지배지위남용죄의 요건 가운데 가장 불명확하면서도 가장 핵심적인 요소이다. 이 "부당하게"의 표지를 제외하면 시장지배지위남용행위는 외형상 통상적인 사업활동의 형태와 같기 때문이다.

(1) 부당성 개념의 이율배반성 부당성 개념의 불명확성은 그 개념의 이율배반적 의미구조에서 비롯된다. 즉, 한편으로는 부당성 개념은 경쟁제한행위를 구성하는 개념표지이지만 동시에 경쟁제한효과와 어떤 방식으로든 관련지어져야 한다. 만약 그렇지 않다면 시장지배지위남용죄(제3조의2)와 개별불공정거래행위죄(제23조)가 불법유형에서 차이가 사라지기 때문이다.[53] 그러나 다른 한편, 부당성 개념은 경쟁제한효과의 유발여부에 의해 그 실질이 판단 · 결정되어서도 안된다. 왜냐하면 그렇게 되면 순환논증(선결문제요구)의 오류에 빠지기 때문이다. 물론 이와 같은 부당성 개념의 이율배반성이 법시행령의 문언인 "정당한 이유없이"에 의해 해소되는 것은 아니다. "정당한 이유없이"는 법률의 문언인 "부당하게"를 더 구체화하는 것은 아니라 단지 동어반복일 뿐이다. 법시행령은 부당한 남용행위의 실행유형을 더 구체화할 뿐이고, "부당하게"의 의미를 구체화하는 것은 아니다.

---

53) 대판 2007.11.22, 2002두8626은 같은 견해를 취하고 있으나 박시환 대법관의 반대의견으로는 두 조항의 목적을 동일한 것으로 바라본다.

(2) 논증과 결정의 차원구분 부당성의 이와 같은 이율배반적 요구를 충족시킬 수 있는 방법은 부당성의 판단에 대한 이유를 설명하는 차원과 그런 판단을 실질적으로 가져온 힘의 차원을 구별하는 것이다. 법이론적인 용어로는 앞의 차원은 '논증'(Argumentation)의 차원으로, 뒤의 차원은 '결정'(Entscheidung)의 차원으로 개념화할 수 있다. 이런 차원의 구분을 시장지배자가 경쟁자를 시장에서 축출하기 위해 하는 가격덤핑(약탈적인 가격설정; predatory pricing)을 예로 하여 설명해보자. 가격덤핑이란 그 상품거래에서 적자를 감수하면서까지 경쟁사업자의 상품가격보다 현저하게 낮은 가격으로 판매하는 행위이다. 바꿔 말하면 자신은 버틸만한 하지만, 경쟁자는 버티기 어려운 출혈경쟁을 하는 것이다. 이러한 행위가 부당한 것은 충돌하는 당사자들의 이익을 비교형량하여,[54] 지배자의 이익이 우월적 이익이 아니라는 가치판단에 의해 논증(줄임말: '가치논증')되거나 시장지배자의 경영효율성(능률)을 높이는 것과 무관한 행위이므로 부당한 행위라고 논증(줄임말: '효율성논증')될 수 있다. 그러나 두 가지 논증은 서로 충돌할 수 있다. 출혈경쟁은 궁극에는 경영효율성을 촉진하기 위한 것이므로 부당하지 않은 반면, 그것에 의해 견디지 못하는 경쟁사업자의 이익은 지배자의 이익만큼이나 보호되어야 한다는 점에서 부당한 것이 될 수 있다.

(3) 비신사성의 결정 여기서 출혈경쟁을 부당한 행위로 규정하는 실질적인 힘은 그처럼 충돌하는 가치논증이나 효율성논

54) 이런 입장으로 유진희, "시장지배적 지위의 남용금지", *경영법률연구총서* (제15권, 2004), 134쪽.

증 사이를 선택하게 만드는 더 높은 차원에 놓이게 된다. 그 차원은 시민들의 법의식이다.

1) 공통된 도덕적 직관으로서 비신사성 이를테면 출혈경쟁이라는 경쟁행위[55]는 '비신사적'이라는 '공통된 도덕적 직관'[56]으로부터 그 행위의 부당성이 판단된다. 이와 같이 시장에서 경쟁의 부당성을 구성하는 도덕적 직관으로서 비신사성은 게임에서 비신사적 행위에 비유될 수 있다. 공정거래위원회가 제정·운영하고 있는 「시장지배적지위 남용행위 심사지침」이 목록화한 남용행위의 세부 유형 및 기준행위들은 이런 의미의 비신사적 행위[57]들을 목록화한 것이라 할 수 있다.

> 몇 가지 비신사적 행위의 유형을 들어 보자. ① 상품의 가격을 높게 결정하는 행위는, 예컨대 구매자를 현혹할 만큼 판촉활동을 하기 위해 일반관리비나 영업외비용을 과도하게 사용하는 비신사적 사업행위이기 때문에, 부당한 행위가 되는 것(제3조의2 제1항 1호

55) 출혈가격경쟁은 독일에서도 부당성이라는 일반조항적 개념의 불명확성을 극복하고 명확하게 적용할 수 있는 사례군으로 에서 정립된 예이다. 이에 관해 Christian Müller-Gugenberger, *Wirtschaftstrafrecht, 3. Auflage* (Aschendorff Rechtsverlag, 2000), §57-42 참조.

56) 이는 '원인규제주의'가 아니라 '폐해규제주의'를 채택하고 있는 우리나라 법에서 마치 미국의 반독점법이 미국 헌법상의 이념인 '견제와 균형'에 따라 사적 경제적 권력에 대한 법적 견제에 대한 미국시민들의 신뢰(이에 관해 자세히는 A. D. Neale and D.C. Goyder, *The Antitrust Laws of the United States* (Cambridge University Press, 1980) 참조)에 기초한다는 설명(윤보옥, *셔먼법에 관한 연구*, 서울대학교 박사학위논문 (1985), 147~150쪽 참조)과 일맥상통한다. 한국시민들의 신뢰는 법이 비신사적이라고 말할 수 있는 부도덕한 사업행위를 시장지배적 사업자들이 하지 못하게 한다는 점에 향해 있는 것이다.

57) 이처럼 신사성(과 숙녀성)은 법의 규범적 기획을 실현하는 인간행위의 특성으로 파악하는 이상돈·민윤영, *법정신분석학입문* (법문사, 2010), 236쪽 참조.

해당)이며, ② 원재료가 되는 상품의 공급량을 감소시키는 행위는, 예컨대 자신은 그 원재료를 이용하여 관련제품을 생산하면서 다른 사업자에게는 원재료 공급을 감소시키는 비신사성 때문에, 부당한 행위가 되는 것(동항 2호 해당)이며, ③ 어떤 직원을 채용함으로써 다른 사업자의 사업활동을 방해하는 행위는, 예컨대 그 직원이 다른 사업자의 사업활동에 없어서는 안 될 기술요원인데 그를 고액 연봉의 유혹으로 스카우트해가는 비신사성 때문에, 부당한 행위가 되는 것(동항 3호)이며, ④ 원자재 구입을 현저히 증가시켜 신규사업자가 필요한 원자재 구입을 어렵게 만드는 행위가 부당한 행위가 되는 것(동항 4호)은 그런 행위의 비신사성 때문이며, ⑤ 통상거래가격에 비하여 낮은 대가로 공급하거나 높은 대가로 구입하여 경쟁사업자를 배제시킬 우려가 있는 행위가 부당한 행위가 되는 것(동항 5호 전단)도 바로 그 행위의 비신사성 때문이다.

물론 비신사성의 기준이 시장과 완전히 무관한 도덕관련적 법의식으로 이해되서는 안된다. 왜냐하면 부르조아들, 서구의 자유자본주의체제에서 재산과 교양을 갖춘 시민들은 자유시장의 조정기능에 대한 신뢰 속에서 새로운 질서를 형성했는데, 이때 시장의 조정

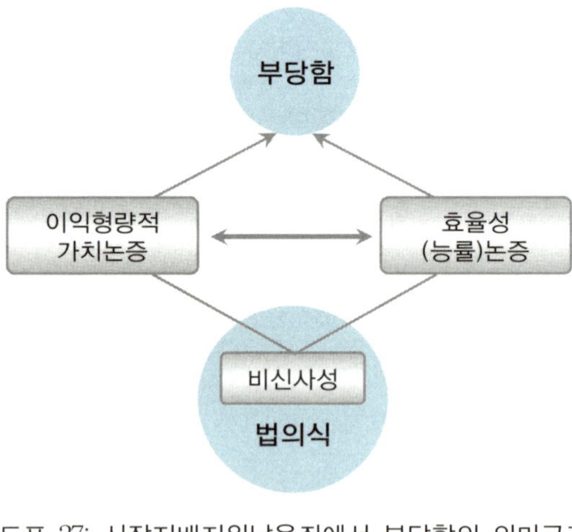

도표 27: 시장지배지위남용죄에서 부당함의 의미구조

기능을 훼손하는 것은 부르조아들이 도덕적 품성으로서 신사성을 저버리는 것이기 때문이다. 또한 시민의 도덕적 품성으로 신사성은 시장에 참여할 때 다양한 모습으로 전개될 수 있다. 시장지배지위남용금지는 주로 시장의 강자가 약자들에게 해야 할 배려의 요청이라는 도덕적 품성에 관계한다.

2) 비신사성의 논증한계 여기서 주의할 점은 비신사성은 논증언어[58]가 아니며, 결정의 차원에서 작동하는 공통된 도덕적 직관 형성의 구심점이 되는 법의식이라는 점이다. 그러므로 비신사성에 따른 결정은 합리적 논거에 의해 그 타당성이 설명되어야 하며, 이 설명은 가치논증이나 효율성논증의 형태를 띠게 된다. 그러나 이런 논증에 의해 비신사성의 판단이라는 결정의 차원이 제거되거나 대체되는 것은 아님에 주의를 요한다.

가령 "다른 사업자의 사업활동을 부당하게 방해하는 행위"(법 제3조의2 제1항 3호), 이를테면 "정당한 이유없이 다른 사업자의 상품 또는 용역의 생산·공급·판매에 필수적인 요소의 사용 또는 접근을 거절·중단하거나 제한하는 행위"(법시행령 제5조제3항 제3호)를 예로 들자. ① 이때 비신사성(부당성, 정당한 이유 없음)은 예컨대 "필수요소를 제공하는 사업자의 투자에 대한 정당한 보상이 현저히 저해되는 경우"나 "기존 사용자에 대한 제공량을 현저히 감소시키지 않고서는 필수요소의 제공이 불가능한 경우"(「시장지배적지위남용행위 심사지침」 IV.3.다.(4) 참조) 등이 아니었는지, 그러니까 일종의 효율성논증의 형태로 판단된다. ② 이런 효율성논증은 예컨대 "정당한 보상이 현저히 저해"되는 경우가 언제인지는 다시금 — 사업자의 입장에서 합리적 경영판단으로 볼 때 — 무엇이

58) 물론 이 불명확성은 비신사성을 논증언어로 바라보아도 그것은 가치충전을 필요로 하는 개념으로서 일반조항적인 개념인 부당성보다는 덜 불명확한 것이다.

현저히 저해되지 않는 정당한 보상인지에 대한 가치판단에 좌우되고, 이 가치판단은 다시금 사업자가 원하는 보상수준의 (비)신사성에 대한 공감에 기초하게 된다. 정당한 이유의 판단은 이처럼 비신사성이 일종의 선이해로 작동하는 해석학적 순환에서 빠져나올 수 없다.

3) **형사불법으로서 현저한 비신사성** 시장지배자의 비신사적인 사업행위가 시장지배지위남용죄에 해당하려면 그 비신사성은 현저한 것이어야 한다. 출고조절행위의 예로 설명해보자. 상품의 수급을 조절하는 기능은 시장의 조정기능 가운데 가장 대표적인 기능이다. 경쟁시장에서는 사업자들의 출고조절에 따라 시장의 수급변화가 일어나지만, 사업자들은 인식가능한 시장의 수급변화를 고려하고 자신의 수익을 극대화하는 방향으로 출고를 조절하려고 한다. 그렇기에 출고조절은 수익을 극대화하려는 사업자들의 정상적인 경영행위이다. 그러나 출고조절이 수요와 공급을 조절하는 시장의 조정기능을 위태롭게 하는 정도로 비신사적 성격을 띠게 될 수 있다. 이럴 경우 그 행위는 경쟁법적 제재의 대상이 될 수 있다. 이를테면 상품의 수급상황, 원자재 조달이나 생산능력의 상황을 고려해 볼 때 출고조절행위가 통상적인 수준을 지속적으로 벗어나는 경우에는 시장의 조정기능을 훼손하는 것이 된다. 하지만 이런 인위적 조정도 장기화되면 결국에는 시장의 조정기능이 다시금 작동하게 된다. 시장은 인위적인 출고조절을 어렵게 만드는 반응(예: 다른 대체상품의 수급변화, 소비자운동에 의한 경영악화 등)을 보이게 되기 때문이다. 그러므로 보통의 인위적인 출고조절행위는 중·단기적으로는 경쟁법적 제재의 대상이 되지만 장기적으로는 형사불법이 되기에 부적합하다.

시장의 조정기능이 형벌보다 더 효과적으로 그런 행위를 통제할 것이기 때문이다. 따라서 상품의 수급상황, 원자재 조달이나 생산능력의 상황을 고려해볼 때 현저하게 인위적인 출고조절행위만이 '중·단기적으로' 형사불법의 성격을 띨 수 있다. 여기서 출고조절행위가 형사불법을 띠려면 중단기적으로 일반소비자들에게 예컨대 매점매석에 대한 도덕적 반감과 유사한 법감정을 불러일으키고, '정말 해도 너무한다', '정말 치사하다'와 같은 언어로 서술될 수 있을 정도로 현저히 인위적인 것이어야 한다.

(4) 형사불법적 부당성의 소극적 요소로서 적정수익률 형사불법의 요소가 되는 부당성은 경쟁제한행위가 단지 경쟁제한효과의 적성을 가졌다는 '행위반가치'(Handlungsunwert)만으로는 충분하지 않고, '결과반가치'(Erfolgsunwert)도 구비한 것이어야 한다. 이 점은 부당성 이외의 행위표지들(예: 출고조절행위)은 이익극대화를 추구하는 통상적인 사업활동과 경계 짓기가 매우 어렵다는 점을 고려할 때 더욱 그러하다. 부당성의 결과반가치적 요소란 부당한 사업활동을 통해 '폭리', 즉 "현저하게 부당한 이익"(형법 제349조 제1항)까지는 아니더라도 '폭리를 향해가는 수익률'을 거두어들이는 것을 말한다. 예컨대 사업자의 높은 가격설정이 형사불법의 질을 갖는 착취행위가 되려면 그 가격설정의 비신사성 이외에 그 가격설정을 통해 기업이 얻은 이익이 적정수익률[59]을 현저히 넘어서는 것이어야 한다.[60] 적정수익률의 유지는 그 기업과 해당

59) 적정수익률의 대용지수로서 각 산업별 평균수익률을 사용할 수도 있을 것이다.

60) 이와 비슷한 판단기준으로 유럽공동체법원(EuGH)도 Chiquita사건(이에 관해 자세히는 Beutler/Bieber/Pipkorn/Streil, *Die Europäische Union – Rechtsordnung und Politik, 5. Auflage* (Baden-Baden, 2001), 343~345

산업의 건전성을 유지하는 데 필요하고, 장기적으로 보면 이는 다시금 소비자의 후생으로 이어질 수 있기 때문이다. 따라서 기업의 매출총액에서 기업이 실제로 지출한 총비용과 R&D 비용, 기타 재정건전성유지를 위해 비축할 필요가 있는 자본규모를 빼고 남은 이익의 매출총액 대비 비율(이하 '수익률')이 적정한 수준[61]을 현저히 초과하는 것일 때에만 형사불법으로서 부당성을 인정해야 한다. 물론 적정수익률은 그 기업이 지배하는 시장의 산업적 특성(예: 고위험성여부, R&D의 중요성 정도 등)이나 국제경영환경 등에 따라 가변적일 수 있다. 하지만 적어도 시장지배지위를 이용한 행위가 중·단기적으로 적자를 면하기 위한 조치였다면, 그것만으로도 이미 그 행위는 남용행위가 아니라 산업건전성을 유지하기 위해 불가피한 행위가 된다.

> [대두유 출고조절사건] H회사는 S주식회사가 100% 출자한 회사이며, 원료를 수입해서 대두유를 제조판매하는 회사이며, 대두유 시장에서 시장지배적 사업자이다. 1997.12. 환율급등으로 대두유원료의 수입비용은 급등했고, 가격인상에 대한 불안심리에 대두유의 수요가 증가하는 상황에서 H회사의 대표 甲은 대두유의 출고량을 오히려 줄이기로 하였다. 이에 따라 1997.12.8.~12.16.까지 H회사의 대두유제품출고량은 그 직전기간인 12.1.부터 12.6.까지의 일일

쪽 참조)에서 실제의 생산비용 이외에 그 기업의 다른 사업, 특히 다른 투자에 필요한 재정을 조달하는 정도의 수익률을 달성케 하는 판매가격도 여전히 '적절한 가격'이 되고, 남용행위도 인정하지 않는다(Sammlung der Rechtsprechung des EuGH 1978, 207, 305쪽 참조).

61) 이는 한국표준산업분류에 의할 때 시장지배적 사업자가 속한 업종과 동종업종 및 유사업종의 평균수익률을 기준으로 정할 수 있을 것이다. 적정수익율을 현저히 초과하게 만드는 가격결정은 그것에 기초가 되는 비용계산에서 특히 판매비와 일반관리비의 지출을 정당한 이유 없이 과다하게 지출하는 경우(법시행령 제5조 제1항, 2호)를 들 수 있다.

평균판매량(229톤) 기준으로 38.3%, 그 직후인 12.17.~12.31.까지의 일일평균판매량(545.9톤)의 16%에 불과한 약 87톤으로 현저히 낮추었고, 재고량은 2배 이상 증가(894톤에서 2202톤)시켰다. 또한 12.18.에는 대두유 1.8L당 가격을 16.9% 인상하였고, 1998.1.12. 다시 13.7% 인상하였다. 이에 따라 대두유 판매의 경상이익률이 1997.11월에 -0.09%이었던 것이 12월에는 3.1%로 올랐으며, 1998.1월에는 8.9%로 올랐다. ① 공정거래위원회는 H회사의 이런 "부당한 출고조절행위는 그 위반의 정도가 객관적으로 명백하고 중대하여 경쟁질서를 현저히 저해한 것"으로 판단하였다.[62] 또한 H회사는 S회사의 판매부서 역할을 수행하고 있으므로 H회사의 출고조절행위는 S의 행위가 된다고 보고, S회사에 3억여 원의 과징금을 부과하였고, S회사와 행위자 甲을 고발하였다. ② 그러나 출고조절행위는 시장지배지위남용죄(특히 부당성)의 성립을 근거짓는 (적극적) 요인으로 (실수요 등으로 인한) 높은 가격으로 판매하기 위한 전략적 선택, 출고조절로 인한 매출실적과 경상이익률의 현저한 증가 등과 시장지배지위남용죄를 탈락시키는 (소극적) 요인으로 "불가피한 경영상의 이유"[63] 등을 종합적으로 형량하여야 한다. ③ 특히 적자를 탈출하기 위한 전략의 일환으로 이루어진 출고조절행위는 형사불법을 근거지을 정도로 부당한 사업활동이라고 보기는 어렵다.

3. 유형성

경쟁법의 이상에서 보면 시장지배적 사업자의 모든 부당한 행위를 규제해야 하지만 그 행위의 경쟁제한효과에 대한 판단의 불확실성으로 인해 자칫 과잉규제가 행해지기 쉽다. 과잉규제를 예방하는 방법은 시장지배지위남용죄의 실행행위를 공론을 통하

62) 공정거래위원회 1998.11.4, 9808독관1302(전원회의 의결 제98-252호) 참조.
63) 공정거래위원회 1998.11.4, 9803독관0299의 심결이유 참조.

여 합의가능한 범위에서 최대한 유형화하여 그것을 실행행위로 미리 정해 놓는 것이다.

(1) 실행행위의 유형설정 현행 법률은 그런 유형으로 5가지를 규정하고 위임입법(제3조의2 제2항)에 의해 법시행령에 의해 13가지로 더 구체화하고 있다.

1) 현행법상의 남용행위유형 아래 도표 28은 시장지배지위남용행위의 현행법상 유형을 정리하고 있다. 시장지배지위 남용행위는 다른 사업자의 경쟁가능성을 침해하는 행위(방해행위)와 실질경쟁의 경우에서 요구할 수 없는 가격이나 거래조건을 요구하는 행위(착취행위)로 나뉜다.

행위	법률 제3조의2 제1항	법시행령 제5조
★ 착취	★ 상품의 가격이나 용역의 대가를 부당하게 결정·유지 또는 변경하는 행위(제1호)	★정당한 이유 없이 상품의 가격이나 용역의 대가를 수급의 변동이나 공급에 필요한 비용(동종 또는 유사업종의 통상적인 수준의 것에 한한다)의 변동에 비하여 현저하게 상승시키거나 근소하게 하락시키는 경우(제1항)
• 방해	• 상품의 판매 또는 용역의 제공을 부당하게 조절하는 행위(제2호)	• 정당한 이유 없이 최근의 추세에 비추어 상품 또는 용역의 공급량을 현저히 감소시키는 경우(제2항 제1호)
		• 정당한 이유 없이 유통단계에서 공급부족이 있음에도 불구하고 상품 또는 용역의 공급량을 감소시키는 경우(제2항 제2호)
• 방해	• 다른 사업자의 사업활동을 부당하	• 정당한 이유 없이 다른 사업자의 생산활동에 필요한 원재료 구매를 방해하는 행위(제3항 제1호)
		• 정상적인 관행에 비추어 과도한 경제상의 이익을 제공하거나 제공할 것을 약속

<table>
<tr><td rowspan="3"></td><td rowspan="3">게 방해하는 행위 (제3호)</td><td>하면서 다른 사업자의 사업활동에 필수적인 인력을 채용하는 행위(제3항 제2호)</td></tr>
<tr><td>• 정당한 이유 없이 다른 사업자의 상품 또는 용역의 생산·공급·판매에 필수적인 요소의 사용 또는 접근을 거절·중단하거나 제한하는 행위(제3항 제3호)</td></tr>
<tr><td>• 제1호 내지 제3호외의 부당한 방법으로 다른 사업자의 사업활동을 어렵게 하는 행위로서 공정거래위원회가 고시하는 행위(제3항 제4호)</td></tr>
<tr><td rowspan="4">•
방해</td><td rowspan="4">• 새로운 경쟁사업자의 참가를 부당하게 방해하는 행위(제4호)</td><td>• 정당한 이유 없이 거래하는 유통사업자와 배타적 거래계약을 체결하는 행위(제4항 제1호)</td></tr>
<tr><td>• 정당한 이유 없이 기존사업자의 계속적인 사업활동에 필요한 권리 등을 매입하는 행위(제4항 제2호)</td></tr>
<tr><td>• 정당한 이유 없이 새로운 경쟁사업자의 상품 또는 용역의 생산·공급·판매에 필수적인 요소의 사용 또는 접근을 거절하거나 제한하는 행위(제4항 제3호)</td></tr>
<tr><td>• 제1호 내지 제3호외의 부당한 방법으로 새로운 경쟁사업자의 신규진입을 어렵게 하는 행위로서 공정거래위원회가 고시하는 행위(제4항 제4호)</td></tr>
<tr><td rowspan="2">•
방해
(전단)</td><td rowspan="2">• 부당하게 경쟁사업자를 배제하기 위하여 거래하거나(제5호 전단)</td><td>• 부당하게 상품 또는 용역을 통상거래가격에 비하여 낮은 대가로 공급하거나 높은 대가로 구입하여 경쟁사업자를 배제시킬 우려가 있는 경우(제5항 제1호)</td></tr>
<tr><td>• 부당하게 거래상대방이 경쟁사업자와 거래하지 아니할 것을 조건으로 그 거래상대방과 거래하는 경우(제5항 제2호)</td></tr>
<tr><td>★
착취
(후단)</td><td>★ 소비자의 이익을 현저히 저해할 우려가 있는 행위(제5호 후단)</td><td></td></tr>
</table>

도표 28: 시장지배지위남용행위의 유형

2) 명확성의 증가와 보충성의 실현 이런 유형화는 시장지배지위남용에 대한 규제법규의 명확성(Bestimmtheit)을 증가시킨다. 이런 증가는 헌법의 요청으로서 규제법규가 가져야 할 명확성뿐만 아니라 죄형법정주의를 실현하기 위한 전제조건을 충족시키게 된다. 그러나 다른 한편 이런 유형화는 규제의 단편성을 초래한다. 이 단편성은 형법(시장지배지위남용죄)의 (비형사법규에 대한) 보충성을 실현한다는 점에서는 정당하다. 그렇지만 이로 인해 경쟁법적으로는 규제의 흠결을 초래할 수도 있다. 이를테면 현행 남용행위의 유형에서 빠져 있는 '수요 면에서'의 시장지배지위남용행위에 대한 규제는 과소규제가 된다.[64]

3) 위임입법에 의한 실행행위유형의 정립 그런데 시장지배지위남용행위의 유형을 정하는 위임입법은 다른 위임입법과는 좀 다른 특성을 갖는다. 법률의 5가지 유형은 대체로 시장지배지위남용죄의 불법유형(Unrechtstypus)의 대강만을 서술하고 있다. 이 대강의 서술은 그 자체로서 명확성원칙에 위반하는 것은 아니다. 입법자의 형법적 규율기획[65]은 입력이 되어 있기 때문이다. 그럼에도 불구하고 법률의 5가지 불법유형은 시장지배지위남용죄의 '실행행위'유형을 설정하고 있다고 보기는 어렵다. 넓은 의미에서는[66] 백지형법(Blankettnorm)이라고 부를 수 있다. 시장

---

64) 같은 인식으로 권오승, "시장지배적 지위의 남용금지", *인권과 정의* (제234호), 52쪽.

65) 형벌법규의 명확성원칙 위배여부를 판단하는 기준으로 입법자의 규율기획을 제안하는 이상돈, *형법강의* (법문사, 2010), §2-47; 입법자의 규율기획은 결정프로그램(Entscheidungsprogramm)으로 표현되기도 하고(Winfried Hassemer, *Alternativkommentar zum StGB*, Bd.1 (Luchterhand 1990, §1, Rn.20), 규범프로그램(Normprogramm)으로 표현되기도 한다(Müller, *Juristische Methoditik* (Berlin, 1976), 116쪽 아래 참조).

지배지위남용죄의 '실행행위'의 유형은 행정부가 법시행령에 의해 설정하고, 법률의 5가지 불법유형은 이 유형화에 있어 단지 안내기능을 수행할 뿐이기 때문이다.

(2) 법다원주의적 입법 이런 점에서 시장지배지위남용죄(의 실행행위)의 위임입법은 법률이 규정한 실행행위의 의미를 해석하는 행위라는 차원을 넘어 실행행위유형을 실질적으로 입법하는 차원에 도달해 있다.

1) 법형성권한의 다원화 즉, 시장지배지위남용죄의 불법을 구성하는 주체를 의회로부터 실질적으로 경쟁정책을 수행하는 행정부로 이행시키는 것이다. 이로써 법규범의 민주성이 약화되고, 전문성이 강화된다. 그러나 이와 같은 법생산권한의 분권화는 법이란 과정으로서 법(law as process), 즉 다원적인 주체들 사이의 소통적인 '과정' 속에서 비로소 형성되는 것이라는 법다원주의의 흐름[67]에 부합한다. 이를 증명이라도 하듯 시장지배지위남용죄의 실행행위의 유형은 위임입법에 의해서 뿐만 아니라 행정에이젼시인 공정거래위원회의 심사지침에 의해서도 정립된다. 심사지침은 주로 시행령이 정립한 실행행위유형의 해석기준을 마련하는 것이지만, 때때로 더 구체적인 실행행위의 유형을 설정하기도 한다. 대표적인 예를 들면 다음 도표 29와 같다.

---

66) 이런 Klaus Tiedemann의 입장에 대해서는 Ulrich Immenga/Ernst-Joachim Mestmäcker (Hg), *GWB - Kommentar zum Kartellrecht, 2.Auflage* (1992), vor §38, 방주 18쪽 아래 참조.

67) 이에 관해서 이상돈, *기초법학 제2판* (법문사, 2010), 586~593쪽; Gunther Teubner, "Globale Bukowina zur Emergenz eines transnationalen Rechtspluralsmus", *Rechtshistorisches Journal* (1996), 255쪽 참조.

<table>
<tr><td rowspan="6">다른 사업자의 사업활동을 어렵게 하는 행위(시행령 제5조 제3항 제4호)</td><td>• 부당하게 특정사업자에 대하여 거래를 거절하거나 거래하는 상품 또는 용역의 수량이나 내용을 현저히 제한하는 행위</td><td rowspan="6">심사지침 IV. 3. 라</td></tr>
<tr><td>• 거래상대방에게 정상적인 거래관행에 비추어 타당성이 없는 조건을 제시하거나 가격 또는 거래조건을 부당하게 차별하는 행위</td></tr>
<tr><td>• 부당하게 거래상대방에게 불이익이 되는 거래 또는 행위를 강제하는 행위</td></tr>
<tr><td>• 거래상대방에게 사업자금을 대여한 후 정당한 이유없이 대여자금을 일시에 회수하는 행위</td></tr>
<tr><td>• 다른 사업자의 계속적인 사업활동에 필요한 소정의 절차(관계기관 또는 단체의 허가, 추천 등)의 이행을 부당한 방법으로 어렵게 하는 행위</td></tr>
<tr><td>• 지식재산권과 관련된 특허침해소송, 특허무효심판 기타 사법적·행정적 절차를 부당하게 이용하여 다른 사업자의 사업활동을 어렵게 하는 행위</td></tr>
<tr><td rowspan="4">새로운 경쟁사업자의 신규진입을 어렵게 하는 행위(시행령 제5조 제4항 제4호)</td><td>• 정당한 이유없이 신규진입 사업자와 거래하거나 거래하고자 하는 사업자에 대하여 상품의 판매 또는 구매를 거절하거나 감축하는 행위</td><td rowspan="4">심사지침 IV. 4. 라</td></tr>
<tr><td>• 경쟁사업자의 신규진입에 필요한 소정의 절차(관계기관 또는 단체의 허가, 추천 등)의 이행을 부당한 방법으로 어렵게 하는 행위</td></tr>
<tr><td>• 당해 상품의 생산에 필수적인 원재료(부품, 부자재 포함)의 수급을 부당하게 조절함으로써 경쟁사업자의 신규진입을 어렵게 하는 행위</td></tr>
<tr><td>• 지식재산권과 관련된 특허침해소송, 특허무효심판 기타 사법적·행정적 절차를 부당하게 이용하여 경쟁사업자의 신규진입을 어렵게 하는 행위</td></tr>
</table>

도표 29: 공정거래위원회에 의한 시장지배지위남용죄 법규범의 형성 예시

2) 법다원주의적 이해와 죄형법정주의 법다원주의의 이해에서 보면 공정거래위원회도 의회와 정부와 함께 공정거래(형)법을 형성하는 주체가 된다. 이렇게 보면 가령 심사기준이 더 구체적인 실행행위의 유형을 설정하고 있는 경우에 시장지배지위남용죄는 그 유형들에 한정되어 적용되어야 한다. 사법기관도 이를 존중해야 한다. 이런 존중은 공정거래위원회의 전문성을 존중하지 않고는 형법을 통한 공정거래질서의 확립이 경제적으로는 시장의 자유와 조정기능을 해치게 되는 부작용이 발생할 수 있다는 통찰에서 비롯된다. 다만 전통적인 법이해, 법의 단계적 효력관계를 중시한다면 사법기관은 물론 심사기준에 유형화되지 않은 행위도 시장지배지위남용죄의 실행행위유형으로 인정할 수 있을 것이다. 그러나 이와 같은 전통적인 법이해를 따르는 경우에도 공정거래위원회의 심결과 형사고발결정은 스스로 정립한 심사기준을 변경하기 전까지는 그 기준에서 유형화한 실행행위에 한정하여 시장지배지위남용행위를 인정해야 한다. 이 점은 형법이 전문화되고, 그 전문형법의 생산권한이 다원화되는 현대사회에 요구되는 죄형법정주의의 새로운 모습이라고 할 수 있다. '법률 없이는 범죄도 없고 형벌도 없다'는 '공정거래위원회의 고시(에 특정된 시장지배지위남용행위) 없이는 범죄(시장지배지위남용죄)도 없고 형벌도 없다'로 확장되는 것이다.

4. 의도성

시장지배지위남용죄의 불법은 사업자가 경쟁제한효과의 적성이 있는 경쟁제한행위를 하고 있다는 점을 인식하고 의욕했어야 한다. 여기서 시장지배지위남용죄의 고의는 최강도의 고의, 즉 의도(intent, Absicht)의 수준에 달할 것이 요구된다.

(1) 시장지배지위남용의 악의 미국에서 시장지배지위남용죄의 고의를 표현하는 개념으로 사용되는 악의(wrongful intent)도 이런 의도성을 전제한다. 그러나 악의의 개념에는 도덕적 · 정서적 요소로서 '나쁜'(wrongful)이란 의미소(意味素)가 부가되어 있다. 이 개념은 시장지배지위남용죄의 고의를 더욱 좁게 설정한다. 물론 '나쁜', '악한'이란 가치충전을 필요로 하는 개념이다. 그러므로 경쟁제한효과를 발생시킬 적성이 있는 행위를 의도하는 내면의식의 '어떤' 상태가 '나쁜' 내면의식인지는 구체적 사안의 특성을 고려하여 결정될 수밖에 없다.

1) 나쁜 의도의 사용규칙례 하지만 어떤 사례군에서는 나쁜 의도라는 개념의 사용규칙을 세워볼 수도 있다. 예를 들어 현존(경쟁)상태의 유지(status quo)를 목적으로 하는 의사는 단순한 '의도'로 개념화할 수 있는 반면, 현존상태를 깨고, 더욱 경쟁을 제한하는 것을 목적으로 하는 의사는 '나쁜 의도'라고 개념화할 수 있다.

> [열연코일 거래거절사건] P(회사)는 우리나라에서는 유일의 일관제철회사로서 시장지배적 사업자이다. 국내 자동차시장의 독점적 사업자의 계열사인 H(회사)는 냉연강판공장을 완료하여 냉연강판시장에 새롭게 진입함으로써 P와 경쟁관계에 들어서게 되었다. H는 공장 완공 전후로 시험가동이나 제품생산을 위하여 P에게 수차례에 걸쳐 냉연용 열연코일의 공급을 요청하였으나 P는 이를 받아

들이면, 최종제품인 자동차냉연강판의 판매에서 H의 원료공급업체가 될 것을 우려하여 거절하였다. 하지만 P는 H가 냉연강판시장에 진입하기 이전의 기존 냉연강판 제조업체에게는 계속 냉연용 열연코일을 공급하였다. H는 할 수 없이 일본에서 열연코일을 수입하여 냉연강판을 생산·판매하였고, 정상조업을 개시한 이후 수년간 지속적으로 순이익을 올렸다. 또한 P의 거절 이후에도 생산량이 감소되거나 가격이 상승되지 않았으며, 乙의 진입으로 냉연강판시장의 규모가 확대되었을 뿐이다. ① 대법원은 P에게 시장지배적 사업자 지위를 인정하고, P의 거래거절로 가격상승 등의 효과가 발생하지 않았다는 점에서 경쟁제한효과는 인정하지 않았으며, 경쟁제한의 효과가 생길 만한 우려가 있는 경우에는 그에 대한 의도나 목적이 입증되어야 하는데 P는 단지 기존의 내연강판시장의 틀을 유지하겠다는 것이어서 시장지배지위남용을 한 것이 아니라고 보았다.[68] ② 그러나 P는 냉연코일을 공급한다고 해서 — 비록 H의 대주주가 우리나라 자동차시장의 독점사업자라고 하더라도 — H의 원료공급업체가 되는 것이 아니라 자동차용 냉연강판시장의 경쟁관계에 본격적으로 들어가게 되는 것을 막기 위한 것이므로 경쟁제한의도(독점유지의도)는 있는 것이며, 또한 P와 H가 자동차용 냉연강판에서 경쟁을 펼쳤으면 자동차용 냉연강판의 가격하락(과 아울러 자동차의 가격하락)이 발생했을 가능성도 있기 때문에 P의 거래거절은 경쟁제한효과를 발생시키는 적성도 있는 행위이다. 따라서 P의 행위는 경쟁법적 제재의 대상은 된다.[69] ③ 다만 P는 기존의 경쟁상태를 더욱 악화시키려는 악의가 없었기 때문에 시장지배지위남용죄가 성립하지 않을 뿐이다.

2) 경쟁법적 일탈행위와 범죄고의의 차등화 이로써 시장지배지위남용죄의 주관적 요건은 가장 엄격하게 설정된다. 이 요

68) 대판 2007.11.22, 2002두8626<전원합의체>.
69) 이를 인정한 원심판결인 서울고법 2002.8.27, 2001누5370 참조.

건에 의해 시장지배지위남용행위의 객관적 요건들만으로는 경쟁법적 제재만으로 충분한 행위와 형사처벌이 필요한 행위 사이의 경계를 명확하게 긋기 어렵다는 문제가 해결될 수 있다.

[독점화의도의 거래거절] Aspen회사는 자신보다 적은 스키 슬로프를 가진 경쟁사업자인 Highlands사와 4개의 산을 공동 이용하는 티켓을 발행·판매하고 그 수익을 분배하는 관계를 계속해오다이 거래를 중단·거절하였다. Aspen회사는 이 거절로 단기간 이익은 희생되지만 미래 독점적 이익을 얻으려고 하였다. 연방대법원[70]은 나쁜 의도가 있다는 점을 중시하여 셔먼법 제2조 위반을 인정하였다. Aspen사건은 흔히 이런 나쁜 의도가 없었다고 대법원이 인정한 사건인 Verizon v. Trinko사건[71]과 구별된다. Trinko사건은 뉴욕지역 전화시장을 지배하던 Verizon회사가 자신의 회선을 빌려 지역전화서비스를 하는 AT&T사의 고객들에게 — 이에는 Trinko로펌도 속하는데 — 자기 회사의 고객의 전화를 회선에 넣어 연결하고 남은 부분이 있을 때에만 전화를 연결해준 불완전한 거래거절사건이다. 대법원은 Trinko사건에서 셔먼법 제2조 위반도 인정하지 않았지만, 나쁜 의도는 인정되지 않아도 경쟁법적 제재는 필요하다고 볼[72] 여지도 있다.[73]

---

70) 472 U.S. 585 (1985).

71) 540 U.S. 398 (2004).

72) Aspen사는 거래거절 직전 연도에 Highlands사의 슬로프 이용자가 13.2%였고, 점차 감소하는 추세임을 고려하여 12.5%를 제안하였지만 Highlands사가 이를 거절하여 계약을 지속하지 못하게 된 점에 비추어 경쟁사업자를 축출할 의도가 없었다고 보는 반면, Trinko사건이 경쟁법적 제재가 필요한 사건으로 해석하는 Eleanor M. Fox, "Is there Life in ASPEN after Trinko? The silent revolution of section 2 of the Sherman Act", *Antitrust Law Journal* (No. 73, 2005/2006), 165쪽 아래 참조.

73) 미국의 해석론을 우리나라 법에 도입하는 자세한 논의로는 이기준, "공정거래법상 단독의 거래거절의 위법성 판단기준: 미국 셔먼법 제2조의 해석론의 도입가능성을 중심으로", *상사판례연구* (제14집, 2003), 107~160쪽 참조.

(2) 의도의 입증문제 그러나 시장지배지위남용을 의도했는지를 입증하는 것은 실무적으로 매우 어렵다.

1) 판례의 사실상 추정 그래서 판례는 경쟁제한효과가 입증되지 않고 경쟁제한효과에 대한 우려만 인정되는 경우와 경쟁제한효과가 입증된 경우를 구별하여, 후자의 경우에는 그에 대한 의도나 목적은 사실상 추정한다. 이런 사실상 추정을 더욱 확장하여 경쟁제한행위만 있으면 경쟁제한효과까지 추정하자는 견해[74]도 제시되고 있다. 이와 같이 강력한 사실상 추정은 헌법 제119조 제1항이 규정하고 있다고 해석되는 사회적 시장경제질서의 요청이라고 본다.

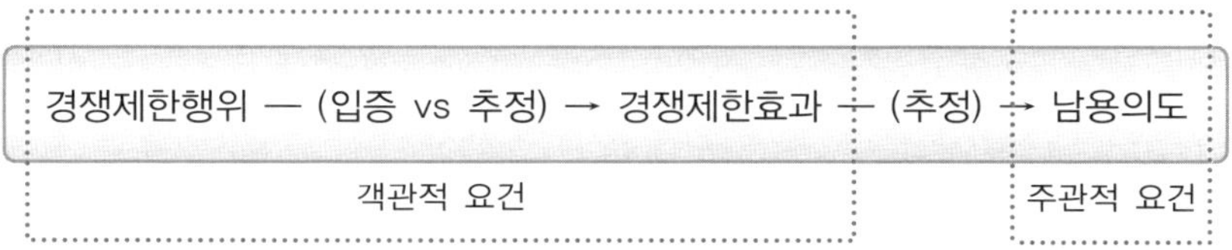

도표 30: 시장지배지위남용죄의 적용에서 판례의 사실상 추정

2) 남용의도의 독자적 입증 그러나 우리나라 헌법 제119조 제1항이 사회적 시장경제질서를 채택하였다고 해석하더라도 이로부터 시장지배지위남용죄의 고의가 객관적 구성요건의 충족만으로 추정될 수 있다는 결론이 도출되지는 않는다. 경제질서의 형태와 소송상 사실인정 사이에 어떤 필연적인 관련성을 인정하기에 그 둘은 너무나 멀리 떨어져 있기 때문이다. 그러므로 첫째, 형사소송법의 증거법원칙에 따라 경쟁제한효과가 확인되었어

74) 대판 2007.11.22, 2002두8626의 소수견해(안대희, 이홍훈) 참조.

도 남용의도를 사실상 추정해서는 안 된다. 왜냐하면 그런 사실상의 추정은 고의를 시장지배지위남용죄의 성립요건에서 사실상 제거해버리기 때문이다. 미국 연방대법원도 이런 추정은 셔먼법상의 반독점범죄(criminal antitrust offense)를 엄정책임[75](strict liability)의 법리로 재구성하는 결과를 가져온다는 점에서 허용하지 않는다.[76] 둘째, 비록 사실상 추정은 하지 않지만, 만일 경쟁제한행위나 경쟁제한효과를 입증하는 증거에 의해 남용의도도 함께 입증할 수 있는 것으로 본다면, 남용의도(목적)의 개념에 의해 시장지배지위남용죄의 (주관적) 요건을 매우 강화하려 했던 기획은 역시 수포로 돌아가기 쉽다. 그러므로 경쟁제한행위나 경쟁제한효과를 입증하는 증거와는 별개의 증거에 의해 입증될 수 있어야 한다.

Ⅳ 시장지배지위남용에 대한 제재

시장지배지위남용죄는 3년 이하의 징역 또는 2억원 이하의 벌금(법 제66조 제1항 제1호)에 처한다. 결코 약하지 않은 형벌이다. 그렇기 때문에 앞서 검토한 시장지배지위남용죄의 형사불법을 모두 충족하는 경우에도 형벌의 목적을 (때로는 더) 효과적으로 달성하면서도 형벌을 최후의 수단으로 사용하는 형법정책이 요

75) 여기서 엄정책임으로 번역되었지만, 그 내용은 위험책임처럼 책임원칙이 완화된 책임을 말한다. 그러므로 '엄정'의 개념은 책임을 엄정하게 묻는다는 의미로 이해되어야 하고, 엄격한 요건을 전제로 책임을 묻는다는 의미로 이해되어서는 안 된다. 엄정책임의 법리는 주로 불법행위책임에서 활용되고, 미국 형사법에서는 일반적으로 인정되지 않는다.

76) U.S. v. Gymsum Co. 438, 438 U.S. 422 이하 특히 438 (1978) 참조.

구된다.

1. 합리적인 제재법의 구축

먼저 현행 시장지배지위남용죄는 한편으로는 최대한 행정법적 제재(예: 과태료, 시정명령)나 중간법(middle law)의 제재(예: 과징금)로 대체될 필요는 있지만, 다른 한편으로는 결코 전면적으로 폐지되어서도 안 된다.

(1) 불법차등의 계량화와 형법적 과소규제 이런 법정책적 입장의 의미를 이해하기 위해 시장지배지위남용행위의 불법을 계량적으로 차등화해보기로 한다. 현재 공정거래위원회의 실무는 각종 제재의 수준을 벌점(조치수준별 벌점)에 비례하여 산정한다. 경고는 0.5점, 시정권고는 1.0점, 시정명령은 2점, 과징금은 2.5점, 고발은 3.0점의 벌점을 매긴다.[77] 이런 벌점체계는 고발조치를 받을 시장지배지위남용행위의 불법이 과징금이 부과될 시장지배지위남용행위의 불법에 비해 3÷2.5=1.2(배), 시정명령을 받을 시장지배지위남용행위의 불법에 비해 3÷2=1.5(배), 시정권고를 받을 행위의 불법에 비해 3÷1=3(배), 그리고 경고를 받을 행위의 불법에 비해 6(배)임을 보여준다.

이와 같은 벌점체계에서 1981년부터 2008년 사이에 과징금을 부과한 시장지배지위남용행위의 사건수와 고발조치한 행위의 사건 수는 약 34÷3=11.3(배)에 이른다. 이는 고발할 사건의 불법지수가 과징금을 부과할 사건에 비해 불과 1.2(배) 정

77) 공정거래위원회, *2009년판 공정거래백서*, 28쪽.

도 중대한 것임에 비해 지나치게 적은 수이다. 이로써 공정거래위원회가 시장지배지위남용에 대해 과도하게 비범죄화정책을 펼쳐온 것이라 평가할 수 있다. 그러므로 지금까지보다는 시장지배지위남용죄의 적용이 활성화될 필요가 있다. 물론 이 활성화는 시장지배지위남용죄의 엄격한 해석과 불법지수의 차이를 반영하는 해석을 기초로 이루어져야 한다.

(3) 불법의 차등화와 제재의 차별화 시장지배지위남용행위에 대한 제재의 형태는 남용행위의 행위반가치 측면, 특히 주관적 요건(의도)과 부당성 요건의 충족여부 그리고 그 강도의 측면에서 단계적으로 차등화되는 불법의 강약에 비례하여 결정될 수 있다.

1) 형사불법 시장지배지위남용죄의 형사불법은 앞 단락(III)에서 살폈듯이, 최대한 넓은 범위로 획정된 시장에서 일정 수준 이상의 시장점유율과 실질적 경쟁의 배제력을 모두 가지고 있는 사업자가 법시행령이나 고시에 이미 정립된 유형에 해당하면서도, 현저히 비신사적인 사업활동을 그것도 나쁜 의도를 갖고 행한 경우에만 인정되어야 한다.

[주식매수권유에 의한 사업활동방해] P(주)의 회장 甲은 체육복권의 독점사업자로 선정되고 정치적 영향력이 큰 국회의원 丁의 거듭된 부탁으로 그의 지역구를 연고지로 둔 구단 HT를 인수하게 된 T 인터내셔널(주)의 유상증자에 참여하기로 결심하고, P(주)의 자회사 PK의 대표 乙과 협력회사 S(주)의 대표 丙에게 T(주)의 주식을 매입할 것을 권유하였다. 乙과 丙은 T(주)의 사업내용과 전망

등을 다각도로 검토한 후, (투기적) 주식거래가 회사의 영업목적에 속하지 않음에도 각 이사회를 거쳐 각각 10만주씩 주당 35,000원에 매입하였다. 그러나 이후 <丁 게이트>가 발생하였고, T (주)의 주식은 폭락하였으며, 그에 따라 PK(주)와 S(주)도 큰 손실을 입었다. T (주)는 비상장·비등록기업으로서 객관적인 가격은 정해지지 않았지만,[78] 매입시점 전후로 15,000원에서 30,000원 사이에 거래된 바 있었다. ① 법원은 매입시점 적정가격이 35,000원 이하였다는 증거가 없어서 손해발생을 인정하지 않았고, 乙과 丙에게 경영판단원칙을 적용하여 배임고의도 인정하지 않았으며, 아울러 甲에게 공정거래법상 PK와 S(주)의 사업을 방해한 것도 아니라고 보았다.[79] 그러나 ② 그러나 비상장·비등록기업의 주식거래가 계약당사자간의 합의로 이루어지므로 부정거래의 위험이 높아 이를 법적으로 규제할 필요가 있다. 또한 丁의 계속된 요청에 미루어보면 경영판단이라기 보다는 정책적 매입이라고 볼 수 있어, 경영판단원칙을 적용함은 부적절하다. 다만 투자성공의 개연성에 대한 인식 등으로 배임고의를 인정하지 않을 수는 있다. ③ 그러나 甲의 주식매입권유는 시장지배지위를 이용하여 乙과 丙이 영업목적 외의 거래를 하도록 한 점에서 현저히 비신사적인, 즉 부당한 사업활동의 방해이며, 정경유착을 유지하려는 나쁜 의도가 사업활동방해의 의사에 포함되어 있다는 점에서 형사불법의 성격을 띠는 시장지배지위남용행위가 된다. ④ 乙과 丙의 출자가 영업목적에 포함되지 않아도 "회사의 각 자본금, 연간매출액, 이 사건 주식의 취득가액, 그리고 주식매입대금의 조성내역 및 단일한 거래횟수 등에 비추어" 볼 때, 회사의 물적 기초를 위태롭게 할 정도가 아니라면 상법 제

78) 다만 판례는 증권거래소에 상장되지 않거나 증권협회에 등록되지 않은 법인이 발행한 주식의 경우에도 그에 관한 객관적 교환가치가 적정하게 반영된 정상적인 거래의 실례가 있는 경우에는 그 거래가격을 시가로 보아 주식의 가액을 평가하여야 할 것이라고 본다(대판 2001.9.28, 2001도3191).

79) 서울고등법원 2004.8.18.선고, 2003노3054 판결; 다만 위 사례 ⓐ는 이 판결사안을 단순화하고 다소 변형한 것임. 그러나 판결이유의 분석비판으로는 여전히 유효한 변형임.

625조 제4호의 '회사의 영업범위 외에서 투기행위를 하기 위하여 회사재산을 처분한 때'에 해당하지는 않는다.

2) 중간법적 제재 과징금은 시장지배지위남용죄의 주관적 요건으로서 '나쁜 의도'가 없고, 단순 의도만 있는 반면, 부당성의 요건으로서 시정명령과는 달리 '현저하게' 비신사적인 시장지배지위남용행위에 대해 부과될 수 있다. 과징금은 형벌보다는 약하지만 그와 유사한 사회윤리적 비난의 기능을 수행한다. 이 점에서 과징금은 시정조치들과 차별화된다. 또한 사회윤리적 비난의 기능을 수행함으로써 과징금은 형벌을 대체하는 제재로서 자리 잡을 수 있다. 그렇기에 과징금에 대한 불복은 비송사건절차가 아니라 소송절차로 다루어진다. 그럼에도 불구하고 과징금은 실무에서는 형벌과 병과되고 있다. 이는 헌법 제13조 제1항을

도표 31: 시장지배지위남용죄의 불법지수와 제재의 종류

이중위험금지원칙으로 해석[80]할 경우에는 위헌적인 제재법의 현실이 된다. 물론 과징금은 위반한 행정법규가 지향하는 행정목적을 달성하는 재원으로 사용되므로 행정법적 제재의 성격도 띤다. 그러므로 과징금은 중간법(middle law)에 속하는 제재가 된다.

3) 행정법적 제재 시장지배지위남용행위가 과징금 부과대상 행위보다 부당성요건에서 '현저한' 비신사성이 없고, 보통의 비신사성만 있는 경우에는 시정명령이 부과될 수 있다. 이보다 더 약한 제재인 시정권고는 비신사성도 없고, 다만 경쟁제한효과의 적성이 있는 행위를 한 경우에 그리고 경고는 경쟁제한효과의 적성이 없으나 전형적인 경쟁제한행위를 한 경우에 취해질 수 있다. 시정명령은 형벌이나 과징금과 병과될 수 있다. 하지만 권고나 경고는 과징금이나 형벌과 병과할만한 행위가 아니므로 병과할 가능성은 전혀 없다.

2. 합리적인 형사처벌을 위한 절차법적 기제

(1) 체계통합의 절차법적 기제들 시장지배지위남용행위에 대한 처벌절차의 실제 진행 속에서는 입증의 어려움 때문에 형사불법과 비형사불법 사이의 경계가 명확하게 구분되기가 쉽지 않다. 공정거래위원회와 피심인 사이의 상호작용의 전개양상에 따라 피심인의 행위는 형사불법에 해당한다고 구성될 수도 있고, 그렇지 않을 수도 있다. 게다가 경쟁적 시장을 구축하는데 필요한 제재와 형사사법의 정의를 굴절 없이 관철하는 데 필요한 제

80) 이런 입장으로 이상돈, *조세형법론* (법문사, 2009), 77쪽 아래 참조.

재 사이에는 언제나 간극이 존재한다. 이처럼 형사불법적 시장지배지위남용행위의 입증에서 불확실성을 제거하고 경제체계와 법체계 사이의 간극을 메우고 체계통합을 달성하는 절차적 기제가 마련될 필요가 있다. 그 대표적인 기제가 전속고발제와 동의명령(consent order)이라고 할 수 있다.

1) 전속고발제 공정거래위원회의 고발이 있어야만 검사가 공소를 제기할 수 있게 하는 것(제71조 제1항)을 전속고발제라고 한다. 고발결정에서 공정거래위원회는 형사정의의 실현이란 목적이 아니라 경쟁적 시장구조의 실효적인 구축이라는 목적을 좇는다. 한미 FTA의 협정체결에 따라 도입이 논의되어 온 동의명령제도 같은 목적을 좇는다.

2) 동의명령제 동의명령제란 공정거래법 위반사건의 피심인이 혐의 사실을 인정하고 시정방안을 제안할 경우 공정거래위원회가 그 타당성 여부를 검토한 후 피심인과의 합의를 통해 조치방안을 결정하는 제도이다.[81] 이에 의하면 형벌권이 위축된다는 우려가 높으나 피심인이 경쟁제한 상태를 자발적으로 해소하게 함으로써 경쟁적 시장구조를 효과적으로 구축할 수도 있고, 소비자 등에 대한 피해의 구제나 예방을 위한 조치도 효율적으로 취해질 수 있는 장점이 있다.

(2) 중대 · 명백성의 예외 그러나 시장지배지위남용의 "정도가 객관적으로 명백하고 중대하여 경쟁질서를 현저히 저해한다

81) 미국의 연방거래위원회(FTC)가 관할하는 동의명령(consent order)에 관해서는 E. Thomas Sullivan/Herbert Hovenkamp, *ANTITRUST LAW, POLICY AND PROCEDURE: CASES, MATERIALS, PROBLEMS* (LexisNexis, 2003), 147~152쪽.

고 인정하는 경우"에 공정거래위원회는 검찰총장에게 고발하여야 하고(제71조 제2항), 검찰총장은 공정거래위원회에 고발을 요청할 수도 있다(제3항). 여기서 중대성은 부당성 요건에서 설명한 '현저한' 비신사성 이외에 경쟁제한효과가 현저한 경우를 의미한다. 또한 명백성은 합리적 의심을 남기지 않는 확실성이 있는 경우를 말한다. 이로써 수사개시의 요건인 범죄혐의의 단순 '가능성'이나 공소제기의 요건인 범죄혐의의 '개연성', 그리고 심지어는 구속영장청구의 요건인 범죄혐의의 '고도개연성'만으로는 공정거래위원회는 피심사건을 고발할 의무가 없으며, 검찰총장도 고발을 요청할 권리가 없다. 그렇기 때문에 공정거래위원회는 시장지배지위남용이 중대하지 않거나 법위반의 혐의가 명백하지 않은 사례군에서만 그의 전문성을 바탕으로 경쟁정책적 통제의 강약을 조절할 수 있다. 이와 같은 중대명백성의 예외는 동의명령제가 도입되는 경우에도 마찬가지로 인정되어야 할 것이다. 시장지배지위남용이 중대하고 명백한데 형사처벌의 가능성을 배제하는 것은 형법의 중대한 침윤이라고 볼 수 있기 때문이다. 그러나 중대명백성 판단은 고도로 전문적인 사항이며, 그 판단의 과정은 일반적으로 많은 사회적 비용(예: 공정위의 조사비용, 피심인 기업의 이미지 실추, 방어활동에 따른 기업활동의 지장초래, 주가하락 등)을 유발하기 때문에 중대명백성의 예외는 중대명백성 판단의 비용이 매우 적게 드는 예외적인 사안에서만 인정되어야 한다.

출처와 생성

동의명령제에 관한 나의 짧은 단상은 2007년 국가청렴위원회가 개최한 동의명령입법에 관한 회의에서 처음 선보였다. 그러나 이 글의 대부분은 한국경제법학회의 2008년 춘계학술대회에서 발표한 "동의명령제 도입의 형법이론적 쟁점"에서 비롯된 것들이다. 이 발표문을 토대로 제자 지유미 박사와 함께 영어논문 "Consent Order into the Monopoly Regulation and Fair Trade Act and Issues on Legal Policy", 기업소송연구 2007 (도서출판 다사랑, 2008, 127~147쪽)을 발표하기도 하였다. 제4장의 글은 이상의 글들을 종합하고, 학술대회에서 제기된 의문들에 답하는 내용들로 보완한 것이다.

제 4 장

동의명령제와 형법

I 동의명령의 의의

1. 동의명령의 의미

2007년 4월에 타결된 한미 FTA에서 "각국은 경쟁법 집행당국에 행정적 또는 민사적 집행조치를 상호 합의하에 의해 해결할 수 있는 권한을 부여하여야 한다. 국가는 그러한 합의가 사법적 승인을 거쳐야 함을 규정할 수 있다"고 합의함으로써,[1][2] 공정거

1) 원문은 다음과 같다: "each party shall provide its authorities responsible for the enforcement of its national competition laws with the authority to resolve an administrative or civil enforcement action by mutual agreement with the subject of such an enforcement action. A

래법상 동의명령제 도입이 불가피하게 되었다.

(1) **동의명령제의 개요** 이에 따라 공정거래위원회는 현재 동의명령제의 입법을 추진하고 있다.[3] 그 주된 내용을 요약해보면 다음과 같다.

1) **동의명령의 개념** 동의명령을 신청하는 피심인은 일정한 거래분야에서의 경쟁제한 상태를 자발적으로 해소하기 위해 ① 당해 행위의 중지 등 공정하고 자유로운 경쟁 또는 거래질서를 회복하기 위하여 필요한 시정방안(경쟁 및 거래질서의 회복), ② 거래상대방, 소비자 등에 대한 피해를 구제 또는 예방하기 위하여 필요한 시정방안(거래상대방 및 소비자 보호)을 공정거래위원회에 제시해야 하고, 공정거래위원회는 이와 같은 시정방안이 경쟁 또는 거래질서 회복과 거래상대방 및 소비자 보호를 위해 타당하다고 인정되는 경우 동의명령에 의해 사건을 종결지을 수 있다.[4] 경쟁질서 회복 방안에는 기업분할과 같은 기업구조조정까지도 포함될 수 있다. 대표적으로 1980년대 초반까지 세계 최대

---

party may provide for such agreement to be subject to judicial approval"

2) 미국이 동의명령제 도입을 강력히 요구한 계기 중 하나로 공정거래위원회의 마이크로소프트사건을 드는 견해는 윤세리, "세계화시대의 공정거래법의 전개방향", *저스티스* (통권 제98호, 2007), 8쪽. 이에 따르면, 동 사건에서 마이크로소프트측은 동의명령과 유사한 방식을 통한 신속한 사건처리를 원했지만, 우리 법제상 이를 수용하기 곤란하다는 점이 밝혀졌다고 한다.

3) 공정거래위원회는 사건처리절차의 선진화 차원에서 동의명령제 도입을 추진하여 2006년 12월 동의명령제 도입을 골자로 하는 공정거래법개정안을 마련하여 입법예고한 바 있다(공정거래위원회 공고 제1006-39호). 그러나 2007년 2월, 관련부처의 이견으로 동의명령제 도입은 보류되었다. 그러다 2007.8.7. 동의명령제 도입을 주요 내용으로 하는 공정거래법개정안을 입법예고한 바 있으나 현재까지 법개정이 이루어지지 못하고 있다.

4) 2007년 공정거래법개정안 제51조의2 제1항, 제2항 참조.

의 통신 업체였던 AT&T가 미국 법무부와의 동의판결(consent decree)로 1984년 1월 1일 8개의 독립회사로 분할되었던 예를 찾아볼 수 있다.[5] 게다가 동의명령에 의하면 거래상대방이나 소비자에 대한 직접적 손해배상까지도 가능해진다. 기존 시정명령에 의하는 경우에는 시정조치, 과징금 등 위반사업자에 대한 제재만이 가능하여 소비자가 피해를 보상받기 위해서는 별도의 민사소송 절차를 거쳐야 함에 반해, 동의명령에 의하는 경우 피심인은 거래상대방이나 소비자에 대한 피해보상까지도 시정방안으로 제시해야 하므로 소비자에 대한 실질적 권리구제가 가능해진다. 즉, 동의명령은 피심인과 공정거래위원회 사이의 '제3자를 위한 공법상 계약'으로서의 성격도 갖는다. 물론 이러한 경우에도 소비자들은 별도의 손해배상청구를 할 수 있다.

이와 같은 소비자 보호조치는 작게는 일정가액 할인과 같은 것에서부터 크게는 위에서의 기업구조조정에 이르기까지 넓은 범위를 아우르는 것일 수 있다. 또한 이런 소비자 보호조치는 단체소송을 인정하였지만 손해배상을 청구할 수 없는 「소비자기본법」[6]에 비해도 상당한 높은 수준의 것이라고 할 수 있다. 이상으로부터 동의명령은 단지 절차적 편의를 도모하기 위한 것만이 아니라,[7] 그 내용에 따라서는 기존의 형사·행정·민사제재를

5) United States v. AT&T, 552 F. Supp. 131, 149 (D.D.C. 1982). aff'd sub nom. Marryland v. United States, 460 U.S. 1001. 103 (1983).

6) 소비자기본법상의 단체소송이 공익소송으로서 갖는 특성과 한계에 대해서 이상돈, *공익소송론* (세창출판사, 2006), 103~115쪽.

7) 미국에서도 초기에는 동의판결(consent decree)을 단지 절차적 편의를 도모하기 위한 기제로만 바라보았다. 그리하여 독점금지국(Antitrust Division)은 소송으로 나아가더라도 처음부터 동의판결로 나아간 경우보다 공익을 위해 더 많은 것을 얻지 못할 경우에만 동의판결을 받아들일 의향을 표명해 왔다. 그러나 1938년 법무 장관(Attorney General)의 보고서는 정부

능가하는 것일 수도 있다는 점을 확인할 수 있다.

2) 연성법적 특성 전통적인 반독점규제의 방법인 시정명령이나 형벌 중심의 규제는 국가의 소극적인 질서형성행위이며 강제권력에 의해 그 행위를 집행하는 경성법(hard law)의 성격을 띤다. 이에 반해 동의명령은 규제당국과 기업, 공정거래위원회와 피심의인 사이의 합의에 바탕을 둔 해결방법이라는 점에서 시정명령에 비해 연성법(soft law)의 특성을 지닌다. 이 특성은 동의명령이 경쟁제한행위의 금지만이 아니라 적극적인 시장회복조치를 포함할 수 있고, 그렇지 않을 수도 있는 식으로 제재내용이 유연하며, 문제를 자율적으로 해결하며, 아울러 신속하게 해결한다는 특성으로 나타난다.

(2) 비교법적 검토 동의명령제란, 공정거래법 위반과 관련된 사건의 조사·심의 과정에서 피심인이 혐의 사실을 인정하고 시정방안을 제안할 경우 공정거래위원회가 그 타당성 여부를 검토한 후 피심인과의 합의를 통해 조치방안을 결정하는 처리방식이다. 즉, 동의명령제는 피심인의 행위가 위법한지의 여부를 결정하지 않은 상태에서 피심인과 공정거래위원회 사이의 합의로 사건을 종결한다는 점을 그 핵심으로 한다.

1) 미국 이 제도는 미국의 연방행정절차법(Administrative

가 동의판결을 단순한 절차적 편의 이상으로 간주함을 명확히 했고, 그 이후 독점금지국은 판결에 동의하는 당사자들로 하여금 공익에 부합하면서도 법이 요구하는 것을 넘어서는 구조적인 제안(constructive proposal)을 하도록 요구했다(Maxwell S. Isenbergh/Seymour J. Rubin, “Antitrust Enforcement Through Consent Decrees”, *Harvard Law Review* (Vol. 53, No. 3. 1940), 387~388쪽).

Procedure Act) 제554조에서 유래한 것으로 두 가지가 있다. 첫째는 이 규정과 반독점절차 및 제재법(Antitrust Procedures and Penalties Act)에 근거하여 법무부 독점금지국(Antitrust Division)이 피조사인과 합의안을 만들고 연방법원이 승인을 하는 동의판결(consent decree)이다. 둘째, 연방행정절차법 제554조와 연방규정집(Code of Federal Regulations)에 근거하여 연방거래위원회(FTC)가 피조사인이 동의명령(consent order)을 신청하면 그에 대해 결정하는 방법이다.[8] 미국의 동의판결과 동의명령이 내용 면에서 크게 차이가 나는 것은 아니지만, 둘 중 절차적 측면에서나 담당기관의 측면에서나 앞서 간단히 소개한 우리나라의 동의명령제와 좀 더 유사한 유형은 후자, 즉 연방거래위원회에 의한 동의명령이다. 하지만 한미 FTA는 "국가는 그러한 합의가 사법적 승인을 거쳐야 함을 규정할 수 있다"고 규정함으로써 법무부 독점금지국의 개입에 의한 동의판결과 같은 제도의 도입가능성을 열어 놓고 있다.

2) 유럽 유럽연합은 EU 이사회규칙(No.1/2003) 제9조에서 동의명령제도인 화해결정(Commitment Decision)을 도입하였다. 이 제도의 영향 아래 프랑스나 독일 등 각국이 동의명령제도를 국내법에 도입하였다. 대표적인 예로 독일은 2005년 경쟁제한방지법(GWB)을 개정하여 제32조b(Verpflichtungszusagen)에서 의무부담부 확약처분의 제도를 도입하였다. 의무부담부 확약처분제도는 경쟁당국이 갖는 의혹을 제거하기에 적합한 의무부담을 이행하

8) 미국의 동의판결(consent decree) 및 동의명령(consent order)에 대한 일반론은 E. Thomas Sullivan/Herbert Hovenkamp, *ANTITRUST LAW, POLICY AND PROCEDURE: CASES, MATERIALS, PROBLEMS* (LexisNexis, 2003), 147～152쪽 참조.

겠다고 제안하면 경쟁당국이 처분을 통해 그 약속을 구속력있는 것으로 확정하게 한다(동조 제1항). 의무부담의 이행은 기한을 정해서 할 수 있다. 그러나 사실관계가 확약처분 이후에 변경되거나, 기업이 의무부담을 이행하지 않거나, 처분이 기업의 불완전하거나 정확하지 않거나 혼동을 주는 정보제시에 기초한 경우에는 그 처분을 취소할 수 있다(동조 제2항).

2. 기대와 우려

이런 동의명령제는 공정경쟁질서를 구축하는데 어떤 기능을 발휘할 것인지에 관해서 속단하기는 이르다. 대체로 경제계는 환영하는 반면, 법조계와 시민단체는 우려의 목소리를 내는 듯하다. 경제계의 환영은 공정거래법 위반으로 인한 갈등을 해소하는 또 다른 방편을 갖게 된다는 점에 기초하는 반면, 시민단체와 법조계의 우려는 특히 중대한 경제범죄가 은폐되고, 정의가 거래될 수 있다는 점에 기초한다. 특히 경쟁법학자들은 동의명령이 법원의 판결형태로 이루어지지 않는다면 더욱 더 남용될 것이라는 우려를 갖곤 한다. 이 우려는 공정거래형법의 부적절한 위축으로 이어질 것이라는 전망으로 이어진다. 그러나 다른 한편 그와 같은 환영과 우려의 엇갈림은 경제적 합리성과 법적 정의 사이의 괴리를 반영하는 것이기도 하다. 다시 말해 그 괴리는 공정거래형법과 반경쟁적 시장현실의 괴리가 아니라 그 영역에서 형법을 철수해야 하는지 아니면 계속 관철해야 하는지에 관한 형법정책이 펼쳐지는 공간이기도 하다. 이 글은 동의명령제가 우리사회에 합리적인 형법정책을 수립하는 것인지를 논의하려고 한다.

Ⅱ 동의명령제의 기능조건

형법의 부적절한 위축에 대한 우려는 동의명령이 기능하는 영역에 대한 이해가 충분하지 못한데서 비롯되는 측면이 많다. 여기서 동의명령제가 작동하기 위한 조건을 먼저 살펴볼 필요가 있다. 동의명령이 성립하려면 피심인과 공정거래위원회 사이에 합의가 이루어져야 한다. 이와 같은 합의는 다음 세 가지 조건 때문에 가능하며, 동시에 동의명령은 이들 조건이 충족되는 영역에서 기능하게 될 것이다.

— 첫째, 승패에 대한 구조적 불확실성
— 둘째, 중대·명백성 판단을 함에 있어 당사자들이 부담하는 과다한 거래비용
— 셋째, 시장 그 자체가 갖는 부담, 또는 경쟁법적 제재의 역기능 회피가능성

1. 승패의 불확실성

우선 피심인과 공정거래위원회 모두가 승패에 대한 불확실한 전망을 갖고 있어야 한다. 공정거래위원회의 조사, 심의, 의결절차를 거쳐 행해진 시정명령, 과징금 납부명령, 형사고발 등이 결국 모두 소송으로 귀결될 수 있다는 점을 고려할 때, 시정명령과 과징금 납부명령의 경우에는 이의신청을 거친 후 이의신청 재결에 대해 다시 불복의 소를 제기하거나(제53조 제1항, 제54조 제1

항), 이의신청을 거치지 않고 바로 불복의 소를 제기할 수 있고(제54조 제1항), 형사고발의 경우에는 검사의 기소에 의해 형사소송으로 나아갈 수 있다(형사소송법 제247조 제1항).

(1) 타협지점 여기서 승패에 대한 불확실한 전망이란 결국 승소에 대한 불확실한 확률을 의미한다고 할 것이다. 따라서 만약 피심인이나 공정거래위원회가 사전에 소송결과를 확실히 예측할 수 있는 경우라면, 피심인과 공정거래위원회 사이에 합의는 성사될 수 없을 것이다. 왜냐하면 피심인이 승리할 것이 확실한 경우 피심인은 동의명령에 따른 경쟁질서 회복 및 소비자 보호조치와 같은 부담을 감수하면서 동의명령에 임하려 하지 않을 것이고, 반대로 공정거래위원회가 승리할 것이 확실한 경우 공정거래위원회는 피심인의 행위에 대해 위법결정을 내리지 않고 동의명령으로 사건을 종결하려 하지 않을 것이기 때문이다. 즉, 타협의 묘미는 양 당사자가 결과를 알 수 없다는 점에 있는 것이며, 동의명령 또한 이와 같은 타협의 묘미가 존재하는 한에서만 성립될 수 있는 것이다.

(2) 대상행위의 유형 형벌권이 위축된다는 우려에서 보면 동의명령은 주로 고발의 대상이 되는 법위반의 영역에서 기능한다고 볼 수 있다. 그러나 법위반이 중대하고 명백한 경우(법 제71조 제2항)에는 동의명령이 아니라 시정명령, 과징금, 고발과 형사처벌 등의 전통적인 경성법(hard law) 형식의 경쟁형법이 적용된다. 정반대의 경우 법위반이 사소하고 명백하지 않은 경우에는 동의

	중대성	경미성
명백성	×	○
불명확성	○	×

명령과 같은 적극적 보호조치를 포함한 제재를 받지 않으려 하고, 그럴 필요도 없을 것이다. 따라서 법위반이 중대하지만 명백하지 않은 경우, 법위반이 중대하지 않지만 명백한 경우의 경우에 동의명령이 기능할 것이다.

2. 제재절차의 거래비용 감소

다음으로 중대·명백성 판단에 따라 당사자인 공정거래위원회와 피심인이 부담하게 되는 당사자들의 거래비용(transaction costs)이 동의명령절차를 따를 경우보다 (상당히) 더 커야한다. 여기서 중대·명백성 판단에 따른 당사자들의 거래비용이란 누가 승리할지를 밝혀내는데 따른 비용을 의미한다.

(1) **공정거래위원회의 거래비용감소** 공정거래위원회의 입장에서 보면 이와 같은 판단에 이르기 위해 조사하고, 협의하는 등에 필요한 일체의 인적·물적 비용을 말한다. 공정거래법 위반이 문제된 대부분의 사안에서 공정거래위원회의 이와 같은 거래 비용은 매우 커질 수밖에 없다. 왜냐하면 예컨대 경쟁제한성에 대한 판단에 있어서와 같이, 중대·명백성에 대한 판단은 고도로 전문적이고, 불확실하며, 정책적일 수밖에 없기 때문이다. 게다가 중대·명백성에 대한 판단이 이처럼 전문적이고, 불확실하며, 정책적이라는 사실은 수많은 불복소송을 야기하는데,[9] 이는 공정거

9) 불복소송의 증가는 이처럼 중대· 명백성 판단이 고도로 전문성, 불확실성, 정책성을 갖는다는 측면에서만이 아니라, 공정거래법 위반에 대한 수단의 증가와 규제강도의 강화에도 기인한다. 공정거래법 위반을 이유로 한 처분에 대한 불복률이 증가하는 이유를 첫째, 공정거래법의 수차례 개정으로 규제수단이 다양화되고 규제 강도가 강화됨에 따라 공정거래위원회가 규제수

래위원회의 중대·명백성 판단에 따른 거래비용을 한층 더 증가시키는 원인이 된다. 그러므로 공정위 입장에서 동의명령은 자신의 규제권력을 약화시키지 않으면서도 법위반의 통상적인 제재절차가 부담지우는 업무량을 현저히 줄일 수 있는 제도로서만 의미가 있다.

(2) 피심인의 거래비용감소 또한 피심인의 입장에서는 사안의 성격상 예상되는 과징금이나 소송비용 등보다 이미지 실추 등에 의한 무형의 영업이익 손실이 더 크다고 예측되는 경우이어야 한다. 즉, 동의명령제에서 피심인이 피하고자 하는 부담은 동의명령이라는 제재내용에 따른 부담을 의미하는 것이 아니라, 그 기업이 공정거래법 위반을 이유로 언론보도에 따라 입게 되는 이미지 실추, 회사기밀의 유출, 기업활동에 대한 지장의 초래,[10] 주가하락 등의 부담이다.

이와 같이 중대·명백성 판단에 따른 사회적 비용이 피심인과

위를 높였고, 둘째, 공정거래법의 수범자들인 사업자들이 종래와 다른 강도 높은 규제를 모두 그대로 수용하기 어렵다는 판단을 한 것에서 찾는 견해로는 박해식, "공정거래법 위반사건의 행정처분에 대한 최근의 판례동향과 그 시사점", *공정경쟁* (제90호, 2003), 2~3쪽.

10) 동의판결에 의하는 경우가 소송으로 가는 경우보다 일상적 기업활동에 가져다주는 혼란이 더 적다는 점에 대해서는 Paul R. Haerle, "Regulation of Business: Sherman Act: Administration and Enforcement: A Re-Analysis of Consent Decree", *Michigan Law Review* (Vol. 55, No. 1, 1956), 93~94쪽. 이에 따르면, 피고인의 관점에서 동의판결을 이용하는 이유로는 이 외에도 ① 더 적은 비용, ② 덜 알려짐, ③ 클레이튼법(Clayton Act) section 5(a)에 따르면 독점금지법에 따라 연방정부에 의해 제기된 소송에서 피심인인 기업에게 불리하게 내려진 평결은, 당해 기업을 상대로 한 이후의 사적 당사자 소송인 '3배배상소송'에서 일응 추정의 증거(prima facie evidence)로 작용하게 되는데, 동의판결로 사건이 종결되었다는 사실을 3배배상소송에서 이와 같은 일응 추정의 증거로 사용될 수 없다는 점을 들 수 있다고 한다.

공정거래위원회 모두에게 클 경우에만 양자는 이에 대한 판단을 중단하고 합의로 나아갈 인센티브를 갖게 된다.

3. 경쟁법적 제재의 역기능 회피가능성

마지막으로 공정거래법 위반여부를 가리는데 따른 시장 자체의 부담, 바꿔 말해 경쟁법적 제재의 역기능을 줄일 가능성이 존재해야 한다. 시장 자체의 부담으로는 예컨대 공정거래법 위반여부가 문제되어 공정거래위원회의 심사를 받고 있는 활동과 동일하거나 유사한 활동을 계획하고 있던 기업의 활동이 이로 인해 위축되고 이것은 급기야 시장 전체에서 기업들의 활동을 위축시키는 요인으로 작용하게 되는 것을 들 수 있다. 이는 경성법 형태의 경쟁법이 공정경쟁질서를 통해 시장의 효율성을 높이지 못하는 역기능을 발휘한다는 것을 의미한다.

뿐만 아니라 기업활동이 위축되게 되면 동시에 이러한 기업들에 투자하고자 했던 투자자들의 투자심리 또한 위축될 수밖에 없게 된다. 따라서 기업활동 및 투자심리의 위축이라는 시장의 부담은 당사자인 피심인과 공정거래위원회에게 종국적으로는 모두 소송으로 귀결되게 되는 지리한 조사, 심의, 의결 절차를 거치는 대신 동의명령으로 사건을 조기에 종결하라는 압력으로 작동하게 된다.

Ⅲ 동의명령제와 형사사법적 정의의 침윤

1. 형벌권 침해 여부

동의명령제가 기능하기 위한 세 가지 조건들은 동의명령이 피심인과 공정거래위원회 모두에게 아직 공정거래위원회 조사의 전개와 그 파장 그리고 조사결과에 대한 불확실성이 남아 있을 때까지만 가능한 것임을 말해준다.

(1) 다이버전 유사기능 그런데 이런 상황에서 동의명령은, 형법이론적 용어로 일종의 다이버전(Diversion)과 유사기능을 수행한다. 다이버전이 가장 활성화되어 있는 영역은 소년형법 분야인데, 여기서 다이버전은 소년의 교육을 위해 비행소년을 가급적 절차로부터 조기에 해방시키면서도 소년의 비행원인이나 개인적 환경에 맞는 적절한 선도조치를 강구한다.[11] 이와 유사하게 동의명령은 피심인을 공정위의 조사·심의·의결, 검사의 수사, 그리고 법원의 재판이라는 장황한 절차로부터 조기에 해방시키되, 피심인으로 하여금 자신의 행위로 초래된 경쟁제한 상태를 회복시키는 조치를 취하도록 하거나, 자신의 행위로 피해를 입은 거래상대방이나 소비자에게 직접적으로 손해를 배상하도록 함으로써 자신의 행위로 인한 결과를 제거하고 이와 같은 행위의 재발을 방지하는 데에 중점을 둔다.

11) 소년형법, 특히 소년경찰단계에서의 다이버전의 필요성에 대해서는 김재봉, "소년경찰과 다이버전", *형사정책* (제17권 제1호, 2005), 33~36쪽 참조.

⑵ 형벌권의 훼손여부 그러나 이와 같은 다이버전의 확대는 법무부나 검찰의 입장에서 볼 때, 형벌권을 훼손하는 것으로 비춰질 수 있다.

1) 형벌권 훼손의 우려들 법무부나 검찰의 입장에서는 그렇지 않아도 공정거래법상의 전속고발권으로 인해 형벌권이 훼손되고 있는데, 이에 더하여 동의명령제까지 도입된다면 다시 한 번 형벌권이 훼손될 것이라고 우려한다. 따라서 법무부와 검찰은 동의명령제를 도입하는 조건으로 공정위의 전속고발권을 폐지하거나, 동의명령 승인 전에 법무부장관이나 검찰총장과 협의를 거치도록 해야 한다고 주장[12]하기에까지 이른다. 동의명령의 도입으로 인한 형벌권 훼손의 우려는 미국의 경우와 달리 아직까지는 형사재판에서 유죄협상제도(Plea Bargaining)를 받아들일 수 없는 우리나라 국민들의 법 감정에 비추어 한층 더 강화될 수 있다. 동의명령은 공정거래위원회가 공정거래법 위반에 대해 일정한 혐의를 두고 있음에도 불구하고 조사·심의를 중단하고 형사처벌의 대상에서 제외시키는 것이라는 점에서 사실상 유죄협상으로서의 성격도 갖는다. 그러나 대검찰청의 주도로 우리 형사소송법에도 이와 같은 제도를 도입하고자 하는 강력한 움직임이 있었음에도 불구하고 아직 그 도입이 현실화되지 못하고 있는 실정에 비추어 볼 때,[13] 피고인과 검사의 협상에 의해 피고

12) 인터넷 동아일보(www.donga.com) 2007. 9. 4자 기사 "공정위 동의명령제안 법무부서 제동" 참조.

13) 검찰이 유죄협상제 도입을 검토하는 이유로 법원의 공판중심주의 강화 움직임과 사법개혁추진위원회의 검찰 입지에 대한 압박을 제시하는 견해는 류전철, "형사소송에서 유죄협상제도(Plea Bargaining)의 도입 가능성", *비교형사법연구* (제7권 제1호, 2005), 203~204쪽.

인의 형을 감경시켜주는 것을 용인할 것인가에 대한 국민적 공감대가 아직은 형성되어 있지 못하다고 볼 것이다. 이러한 시각은 사실상 유죄협상의 성격을 갖고 있는 동의명령에 대해서도 마찬가지일 것이다.

2) 형벌권 실현의 가능성 훼손 그러나 위에서 살펴본 바와 같이 승패라는 결과가 구조적으로 불확실할 때까지만 동의명령이 성립하는 것이라면, 동의명령으로 침해되는 것은 '형벌권'이라고 볼 수 없다. 동의명령으로 인해 '형벌권'이 침해된다고 하려면, 법위반이 중대·명백하여 형사소송으로 갈 경우 형사제재가 부과될 것이 확실한 경우임에도 불구하고 피심인과 공정거래위원회 사이의 합의로 사건을 종결시켜 버리는 경우라야 할 것이다. 그러나 승리 아니면 패배라는 일도양단의 상황에서 당사자간에 타협이 성립하려면 양 당사자 모두가 그 결과를 모르고 있는 경우여야 한다는 점을 고려할 때, 공정거래법 위반이 중대하고 명백한 사안에서 — 아래(Ⅲ. 2)에서와 같이 당사자간의 은밀한 거래에 의해 동의명령이 남용되는 경우를 제외하고는 — 당사자간의 합의로 동의명령이 성립되지는 않을 것이다. 따라서 동의명령으로 인해 형벌권은 침해되지 않는다. 다만 동의명령으로 침해되는 것이 있다면, 그것은 단지 '형벌권 실현의 가능성'에 불과할 것이다.

(3) 체계통합의 기제 동의명령은 오히려 체계통합(Systemintegration)의 기제로 작동할 수 있다. 다른 영역에서와 마찬가지로, 경제영역에서도 법적 정의와 경제적 합리성 사이에 충돌이 존재한다. 공정거래법 위반이 문제된 경우에도 법적 정의를 내세

운 '사법의 논리'는 법위반 사건에 대해 엄중한 제재를 가할 것을 요구하는 반면, 경제적 합리성을 내세우는 '경제의 논리'는 법위반 여부를 조사하는 과정에서 발생할지 모를 시장의 반응, 즉 기업의 주가하락, 주가하락에 따른 투자자들의 손실 등이 경제적 합리성을 해하는 것으로 본다. '사법의 논리'와 '경제의 논리' 사이의 이와 같은 대립은 전속고발에 대해서 뿐만 아니라 동의명령에 대해서도 동일하게 발생한다. 법무부나 검찰의 우려와 같이 동의명령이 형벌권을 훼손한다고 보는 입장은 '사법의 논리'만을 맹목적으로 관철시킨 결과이다. 그러나 이와 같이 어느 한 극단에 치우친 입장에 의해서는 법체계와 경제체계가 서로 상대방의 합리성을 높여주는 관계에 놓이지 못하고, 법체계는 경제체계의 합리성을, 경제체계는 법체계의 합리성을 파괴하게 될 뿐이다. 전속고발권과 동의명령은 바로 이와 같은 경우 두 체계간의 합리성 간극을 메워주는 역할을 할 수 있다.[14]

전속고발권이 두 번째 단계, 즉 1차적으로 어느 정도 중대·명백한 법위반 혐의가 있다는 잠정적 판단을 내린 후 공정위 조사를 거쳐 전체회의에서 최종적인 중대·명백성 판단을 내리는 단계에서 작동하는 체계통합의 기제라면, 동의명령은 이보다 한 단계 앞선, 즉 중대·명백성에 대한 1차적인 잠정적 판단이나 공정위 조사단계에서 작동하는 체계통합의 기제인 것이다. 따라서 체계통합의 기제라는 면에서는 동의명령이 전속고발권보다 선진화되었다고 볼 수 있다. 이상에서 볼 때, 동의명령은 공정거래위원

14) 공정거래위원회의 전속고발권을 체계통합(Systemintegration)의 기제로 바라보는 입장으로는 이상돈, "공정거래질서와 형법정책", *법제연구* (통권 제25호, 2003.12.), 171～172쪽.

회가 전문성을 갖고 경쟁 질서를 형성해가는 과정일 뿐, 형벌권을 훼손하는 것이 아니라 할 것이다.

2. 법무부나 검찰의 개입 형태

(1) 남용의 통제 필요성 이와 같이 비록 동의명령제의 도입 그 자체가 형벌권을 침해하는 것은 아니라 할지라도, 동의명령제는 그 운영에 따라서는 충분히 남용될 여지가 있다. 바꿔 말해 공정거래법 위반행위가 형사 불법성을 갖고 있음이 분명한 경우에도 피심인과 공정거래위원회가 은밀한 거래를 통해 동의명령으로 사건을 종결해 버리는 결과 또한 충분히 초래될 수 있다. 따라서 법무부나 검찰이 피심인과 공정거래위원회 사이의 동의명령절차에 개입할 수 있도록 하여 이와 같은 남용의 발생가능성을 통제할 필요가 있다. 공정거래법개정안은 공정거래위원회가 동의명령을 하기 전 관계 행정기관의 장, 검찰총장에게 잠정적인 동의명령안을 통보하고, 30일 이상의 기간을 정하여 그들로 하여금 이에 대해 의견을 진술할 수 있는 기회를 부여하도록 하고 있다(공정거래법개정안 제53조의3 제2항).[15] 그러나 관계행정기관의 장이나 검찰총장의 의견에 대해 구속력을 인정하고 있지는 않으므로, 이와 같은 절차만으로 피심인과 공정거래위원회의 은밀한

15) 물론 공정거래법개정안 제53조의3 제2항에 따르면 신고인 및 기타 이해관계인에게도 잠정적인 동의명령안을 통보하고 30일 이상의 기간을 정하여 의견을 진술할 수 있는 기회를 부여하도록 되어 있다. 그러나 본 장에서는 피심인과 공정거래위원회가 은밀한 거래를 통해 동의명령을 남용할 수도 있다는 전제 아래 그에 대한 통제방안에 대해 논의할 것이므로, 여기서는 관계 행정기관의 장 및 검찰총장에 대한 의견진술권에 대해서만 언급하도록 하겠다.

거래를 통한 동의명령의 남용가능성을 적절히 통제하기는 불가능할 것으로 보인다.

따라서 어느 정도 구속력을 가질 수 있는 개입권을 법무부나 검찰에게 인정할 필요가 있는데, 이와 같은 개입의 형태로는 그 강도에 따라 세 가지를 생각할 수 있다.

— 첫째, 공정위의 조사에 대해 승인권을 갖는 것
— 둘째, 동의명령에 대해 심의권을 갖는 것
— 셋째, 동의명령에 대한 공정위 내부심의에 대해 참가권을 갖는 것

⑵ 법무부장관의 승인권 우선 법무부장관이나 검찰총장에게 승인권을 부여한다면, 이는 법무부장관이나 검찰총장에게 가장 강한 형태의 개입권을 인정하는 것이 될 것이다. 그러나 이러한 형태의 개입권은 시민의 기본권에 대한 법치국가적 보장의 방벽을 무너뜨린다는 점에서 타당성을 갖기 어렵다.

1) 공정거래위원회의 행정적 조사 공정거래법은 공정거래위원회에 행정적 조사(administrative investigation)를 할 수 있는 권한을 부여하고 있다(제50조). 통상 이와 같은 행정적 조사는 ① 행정행위로서의 조사와 ② 수사로서의 성격을 모두 갖는다. 이 행정적 조사는 다음 두 경우와 비교될 수 있다.

㈎ 통합모델 물론 공정거래위원회의 행정적 조사가 갖는 수사로서의 성격은 근로기준법상 근로감독관이나 약사법상 약사감시원의 그것이 갖는 수사로서의 성격과 같이 법제화되어 있지는 않다. 즉, 근로기준법은 근로감독관에게 지도·감독과 조사권한

을 부여하면서(근로기준법 제104조, 제105조) 동시에 그 법 위반의 죄에 대하여 사법경찰관의 직무권한을 부여(제105조 제5항)함으로써 법률상 행정적 지도감독과 수사를 통합해 놓고 있다(통합모델).

(나) **협조모델** 또한 약사감시원의 경우에도 약사법에 의해서는 행정적 지도·감독 및 조사권한만을 부여받고 있지만(제64조[보고와 검사 등], 제64조의2[업무개시명령 등], 제65조 제2항[폐기명령]), 사법경찰관리의직무를행할자와그직무범위에관한법률 제5조 제11호가 소속관서의 장의 제청과 근무지 관할 지방검찰청검사장의 지명에 의해 7급 이상의 공무원 등에게는 사법경찰관의 직무를, 8, 9급의 공무원에게는 사법경찰리의 직무를 수행할 수 있도록 하여, 검찰과 협조체제를 구축함으로써 행정적 지도·감독 및 조사와 수사가 통합될 가능성을 마련해 두고 있다(협조모델).

(다) **분리모델** 그러나 공정거래법은 공정거래위원회 소속공무원에게 행정적 조사·감독권만을 부여하고 있고(제50조 제2항), 사법경찰관리의직무를행할자와그직무범위에관한법률도 공정거래위원회 소속공무원에 대해서는 사법경찰관리의 직무를 수행하도록 할 수 있는 길을 열어 놓고 있지 않다(분리모델).[16] 따라서 공정거래위원회가 행하는 행정적 조사의 수사로서의 성격은 특별사법경찰권이란 형태로 법제화되어 있지는 않다. 하지만 여전히 수사에서 공정거래위원회의 조사 결과를 활용하고 있고, 심지어 이에 크게 의존하고 있는 점에 비추어 볼 때, 공정거래위원회에

16) 특별사법경찰권의 법제형식을 이와 같이 통합모델, 협조모델, 분리모델의 세 가지 유형으로 분류하는 견해는 이상돈, *의료용 향정신성의약품 관리법제의 개선방안에 관한 연구* (대한의사회/대한병원협회/대한약사회, 2006), 131~132쪽 참조.

의한 행정적 조사에 실질적인 수사의 성격도 가미되어 있음은 부인할 수 없다.

2) 행정적 조사의 수사화 그러나 만약 법무부장관이나 검찰총장에게 공정거래위원회의 조사 결과에 대해 승인할 수 있는 권한을 부여하게 된다면, 이는 마치 검찰의 경찰에 대한 수사지휘권과 유사하게 되어 행정행위로서의 조사를 완전히 수사화해버리는 문제가 발생할 수 있다. 앞에서 살펴본 바와 같이 공정거래위원회가 행하는 행정적 조사에 실질적인 수사로서의 성격도 일정부분 가미되어 있는 것은 사실이지만, 행정적 조사에는 이 외에도 미래의 질서나 상태를 설계하기도 하는 행정행위로서 조사의 성격도 있음을 간과해서는 안 된다.

(2) 심의권 다음으로 법무부나 검찰에게 동의명령에 대해 심의할 수 있는 권한을 부여하는 방안이 있을 수 있다. 이는 다양한 형태로 실현될 수 있을 것이며, 대표적인 예로 '동의명령심의위원회'[17]와 같은 위원회를 설치하는 방안을 생각해볼 수 있다. 그러나 만약 이와 같이 심의위원회를 설치하여 법무부나 검찰에게 심의권을 부여한다고 할 때, 법무부나 검찰이 위원회의

17) 동의명령에 있어서는 경쟁당국과 피조사자 또는 피심인 간의 유착 가능성이 높아 동의명령안을 '공고'하고 위원회 '의결'을 거치는 것만으로는 절차적 투명성을 확보하기 어려울 뿐 아니라, 피조사자나 피심인이 제출한 시정방안에 대해 공정위의 동의만 있으면 별도의 조사·심의절차가 종결되고 공정위에 전속고발권이 있는 이유로 과징금과 형사책임까지 면책되는 결과가 초래됨에도 이에 대한 통제장치가 부족하다는 이유로, 공정거래위원회 내에 공정거래위원회, 법무부, 대검찰청, 외부전문가로 구성된 '동의명령심의위원회'(가칭)의 설치 및 운영방안을 논의해야 할 필요가 있다는 입장으로는 국가청렴위원회, "동의명령 도입에 따른 '독점규제및공정거래에관한법' 개정안에 대한 부패영향 주요 토론사항" (2007. 9), 4쪽.

다수를 점하는 일이 있어서는 안 될 것이다. 만약 이렇게 된다면, 동의명령은 법체계와 경제체계 사이의 합리성 간극을 메우는 체계통합의 기제로 작동하지 못하고, 단지 사법의 논리만을 맹목적으로 관철시키는 도구로 전락하게 될 것이다. 따라서 위원회의 구성이 법무부나 검찰에게 편중되지만 않는다면, '동의명령심의위원회'를 설치하여 법무부나 검찰에게 동의명령에 대해 심의할 권한을 부여하는 것은 동의명령의 남용 가능성을 적절히 통제할 수 있는 방안이 될 수 있으리라 본다.

(3) 내부심의참여 마지막으로는 가장 약한 형태의 개입권으로 공정거래위원회 파견검사에게 공정거래위원회의 내부심의 절차에 참가할 수 있는 권한을 부여하는 방법이 있다. 이는 바꿔 말해 공정거래위원회에 대해 공정거래위원회 내부심의 절차에 공정거래위원회 파견검사를 참가시킬 의무를 부과하는 것이다. 그러나 공정거래위원회 심의단계에서는 참가인에게 의견진술권 등 일체의 권리를 보장하지 않고 있으므로, 공정거래위원회 파견검사로 하여금 공정거래위원회 내부심의 절차에 참가할 수 있도록 하는 것만으로는 동의명령에 대한 적절한 통제를 기대할 수 없을 것이다. 그러므로 동의명령의 남용가능성을 통제하기 위한 개입권으로는 법무부나 검찰에게 심의권을 주는 방안이 가장 적절할 것으로 보인다. 그러나 앞에서도 언급한 바와 같이 동의명령이 체계통합의 기제로서 작동할 수 있게 하기 위해서는, 이 경우 법무부나 검찰이 심의권을 장악할 수 있는 틀로 제도를 짜서는 안 될 것이다.

3. 동의명령 기준의 절차적 구성

(1) 일반원칙과 심결례의 한계 공정거래법개정안에 의하면 공정거래위원회는 피심인이 제출한 시정방안이 적정성을 갖추었는지를 판단함에 있어 ① 공정하고 자유로운 경쟁 및 거래질서를 회복시킬 수 있을지 여부, ② 거래상대방 기타 소비자를 보호하는데 타당할지 여부를 고려하도록 하고 있다(제51조의2 제2항). 하지만 이와 같이 일반적이고 추상적인 기준만으로는 시정방안의 적정성을 판단함에 있어 공정거래위원회의 자의가 개입될 여지를 충분히 통제할 수 없을 뿐 아니라, 피심인은 자신이 제안한 시정방안이 공정거래위원회에 의해 받아들여질지에 대해 예측불가능한 상태에 놓기에 된다.

물론 공정거래위원회의 심결례가 있긴 하지만 이는 특정한 사건을 전제로 하는 것이므로, 당해 사안과 완전히 동일한 사실관계를 갖는 경우가 아닌 한 공정거래위원회의 판단을 예상할 수 있는 근거를 제공할 뿐 어떤 의미 있는 기준을 제시해 주진 못한다.

따라서 동의명령이 남용되지 않도록 하기 위해서는 공정거래법개정안상의 일반원칙보다는 구체적이면서, 공정거래위원회의 심결례보다는 일반적인 원칙을 정립해야 할 것이다.

(2) 동의명령의 결정지침 이러한 원칙은 예컨대, 2006년 12월 27일에 개정된 공정거래위원회의 「독점규제및공정거래에관한법률등의위반행위의고발에관한공정거래위원회의지침」[18]상의 고

발기준과 유사한 형태를 띨 수 있을 것으로 보인다. 기존의 고발지침에서는 예컨대 '부당한 공동행위 또는 사업자단체 금지행위 중 가격담합·공급량 제한·입찰담합·시장분할·공동의 거래거절에 해당하는 행위로서 경쟁제한효과가 크고, 국가경제 및 국민생활에 광범위한 영향을 미치는 경우로서 행정처분만으로는 법목적의 달성이 어렵다고 판단되면 원칙적으로 고발'하도록 하여 그 기준을 포괄적·추상적으로 정했던 것에 반해, 개정된 고발지침은 각 행위유형별로 위반행위의 내용, 위반사업자의 매출액·시장점유율, 위반행위의 지역적 범위, 위반기간 등에 따라 일정한 점수를 산정하고, 그 점수가 일정기준 이상이면 고발하도록 함으로써 고발 여부를 결정함에 있어 공정거래위원회의 자의가 개입될 여지를 현저히 줄이고, 고발 여부에 대한 예측가능성을 높인 바 있다.[19] 공정거래위원회가 이와 유사한 형태의 기준을 마련하여 피심인이 제안한 시정방안의 적정성을 평가하는데 — 일반원칙 및 심결례와 함께 — 고려한다면, 공정거래위원회에 의해 동의명령이 남용되는 결과를 방지할 수 있을 것이다.

18) 이하에서는 "고발지침"이라고 약칭함.

19) 공정거래위원회의 "고발지침" 개정에 대해서는 공정거래위원회, *공정거래백서* (2007), 53~55쪽 참조.

Ⅳ 카르텔(부당한 공동행위) 제외의 형법이론적 타당성

1. 정치적 배제

공정거래법개정안 제51조의2는 사업자나 사업자단체의 부당한 공동행위(법 제19조 제1항, 제26조 제1항 제1호)를 동의명령의 대상에서 제외시키고 있다. 이에 대해서는 사업자나 사업자단체의 부당한 공동행위야말로 동의명령의 제도적 취지가 잘 발휘될 수 있는 영역이므로 동의명령의 대상에서 부당한 공동행위를 제외시킨 것은 동의명령의 도입취지를 무색케 하는 것이라며 부정적으로 보는 입장이 있는가 하면,[20] 동의명령을 통해 경쟁법의 집행 목적을 달성하기 어려운 사안의 경우에는 동의명령의 대상에서 제외시킬 수 있는데 경성카르텔(즉 부당한 공동행위)이 이와 같은 대표적인 예가 된다며 긍정적으로 보는 입장도 있다.[21] 부당

20) 홍준형 · 김정희, "공정거래법상 동의명령제 도입방안에 대한 연구", *기업법연구* (제21권 제4호, 2008), 377쪽.

21) 박성엽, "한미 FTA 체결 그 이후 공정거래법의 과제 — 심포지엄에서 지정토론 요지", *저스티스* (통권 98호, 2006), 46~47쪽 참조. 이에 따르면 카르텔의 경우에는 기업이 동의명령으로 카르텔 행위의 중지를 약속하더라도 과거 위반행위로 취득한 부당이득을 계속 보유할 수 있다면 또 다시 카르텔 행위를 할 유인이 남을 수 있으므로, 카르텔의 경우에는 과징금으로 제재하여 부당이득을 누리지 못하게 할 필요가 있다고 한다. 그러나 공정거래법개정안에 따르면 피심인이 동의명령 사안을 이행하지 않는 경우 이행강제금을 부과할 뿐 아니라(제51조의4 제2항), 동의명령을 취소할 수 있도록 하고 있으므로(제51조의2 제5항 제2호) 피심인이 동의명령을 불이행할 가

한 공동행위를 동의명령의 대상에서 제외시킨 것은 동의명령으로 인해 형벌권이 침해될지 모른다는 우려를 불식시키고자 하는 공정거래위원회의 노력에 기인하는 것으로 볼 수 있다. 공정거래위원회에게는 형사제재가 부과될 수 있는 공정거래법 위반행위 중 현실적으로 형사소추의 대상이 되는 것은 부당한 공동행위 등 중대한 위반행위에 한정되므로, 이를 동의명령의 대상에서 제외한다면 결과적으로 형벌권은 침해되지 않을 것이라는 계산이 있었던 것으로 보인다. 그러나 이는 지극히 정서적이고 정치적인 논증일 뿐이다. 부당한 공동행위만을 동의명령의 대상에서 제외시키는 것은 다음과 같은 이유로 형법이론적 타당성을 가질 수 없다.

2. 형법이론적 부정합

카르텔(부당한 공동행위)은 공정거래법상 범죄화 되어 있는 중요 불공정 거래행위 — ① 시장지배적 사업자의 지위남용행위(제3조의2, 제66조 제1항 제1호), ② 경쟁 제한적 기업결합(제7조, 제66조 제1항 제2호), ③ 경제력집중(제8조의2, 제8조의3, 제9조, 제10조, 제10조의2, 제11조, 제66조 제1항 제3호~제7호), ④ 부당한 공동행위(제19조, 제66조 제1항 제9호), ⑤ 개별적 불공정거래행위(제23조, 제29조, 제32조, 제67조) — 중 하나이다. 이와 같은 다섯 가지 유형의 중요 불공정 거래행위를 소비자 관련성, 즉 소비자의 이익을 해하는 정도가 큰 순서대로 나열해 보면, ⑤(개별적 불공정거래행위) → ①(시장지배적 사업자의 지위남용행위)와 ④(부당한 공동행위)

능성은 그리 크지 않아 보인다.

→ ②(경쟁 제한적 기업결합) → ③(경제력집중)의 순이 된다.[22] 소비자의 이익을 해하는 정도가 크면 클수록 구조적으로나마 형사불법(Strafunrecht)에 접근하는 정도도 커지므로, 카르텔 공동행위보다는 개별적 불공정거래행위가 형사불법에 더 근접해 있다고 할 것이다. 따라서 만약 공정거래위원회가 동의명령제 도입으로 인해 형벌권이 훼손될 수 있는 가능성을 진정으로 우려하여 공정거래법상 범죄화되어 있는 중요 불공정 거래행위 중 최소한 하나만이라도 그 대상에서 제외시키고자 한 것이라면, 부당한 공동행위가 아니라 개별적 불공정거래행위를 제외시키는 것이 우선이었을 것이다. 그렇지 않고 더 큰 형사불법성을 갖는 개별적 불공정거래행위는 그 대상으로 남겨두고, 그보다 형사불법성이 덜한 부당한 공동행위만을 동의명령의 대상에서 제외시킨 것은 형법 이론적 타당성을 근거짓기 어려울 것으로 보인다.

하지만 부당한 공동행위를 제외시키기 전에 개별적 불공정거래행위를 제외시키는 것이 우선이었을 것이라는 비판은 단지 부당한 공동행위만을 동의명령의 대상에서 제외시키고 있는 공정거래법개정안을 형법이론적 관점에서 비판하기 위한 것일 뿐, 이와 같은 비판이 개별적 불공정거래행위를 동의명령의 대상에서

22) 다섯 가지 유형의 중요 불공정 거래행위를 '소비자 이익'이라는 법익에 대한 공격의 정도를 기준으로 이와 같이 나타내는 견해는 이상돈, 「공정거래질서와 형법정책」, *법제연구* (통권 제25호, 2003. 12), 178~180쪽 참조. 이에 따르면 개별적 불공정거래행위(유형 ⑤)는 소비자의 이익을 '직접' 그리고 '인과적'으로 침해하고, 시장지배적 사업자의 지위남용행위(유형 ①)와 부당한 공동행위(유형 ④)는 소비자의 이익을 '집단'으로 '직접' 그리고 '인과적'으로 침해할 위험을 초래하며, 경쟁 제한적 기업결합행위(유형 ②)는 소비자의 이익을 '일반적'으로, 즉 간접적이지만 인과적으로 침해할 가능성을 발생시키고, 경제력집중(유형 ③)은 소비자 이익에 단지 간접적으로만, 그것도 인과적이라고 단정 지을 수 없는 영향만을 미친다.

제외시켜야 한다는 당위적 주장으로까지 나아가는 것은 아니다. 오히려 개별적 불공정거래행위는 소비자관련성이 매우 크고, 가장 빈번히 발생한다는 면에서 볼 때, 그 어느 유형의 불공정 거래행위보다도 동의명령의 필요성이 큰 불공정 거래행위이다. 따라서 현재 입법예고 되어 있는 공정거래법개정안과 같이 동의명령의 대상을 제한할 것이 아니라, 모든 유형의 불공정 거래행위에 대해 동의명령이 가능하도록 하는 것이 더욱 바람직하리라 본다.

사항색인

ㅅ

ㅈ

ㅊ

〔저자약력〕

서울 고등학교 졸업
고려대학교 법과대학 졸업(총장상 수상)
고려대학교 대학원 법학과 졸업(법학석사)
독일 프랑크푸르트 대학교 대학원 졸업(Dr.jur.)
현 고려대학교 법과전문대학원 정교수
　고려대학교 기초법연구센터 소장

공정거래형법

2010년 11월 25일 초판 1쇄인쇄
2011년 9월 23일 초판 2쇄발행

저 자 이 상 돈
발행인 배 효 선
발행처 도서출판 法 文 社

413-756 경기도 파주시 교하읍 문발리 526-3
등 록 1957년 12월 12일/제2-76호(윤)
전 화 (031)955-6500~6 FAX (031)955-6525
E-mail (영업) bms@bobmunsa.co.kr
(편집) edit66@bobmunsa.co.kr
홈페이지 http://www.bobmunsa.co.kr

조 판 법 문 사 전 산 실

정가 25,000원 ISBN 978-89-18-08502-9

BUM MOON SA

이 책의 무단전재 또는 복제행위는 저작권법 제136조 제1항에 의거, 5년 이하의 징역 또는 5,000만원 이하의 벌금에 처하게 됩니다.